教育部人文社会科学基金项目"东部发达省区'双重目标'下的区域协调发展机制及路径研究"(项目号:12YJCZH127)

江苏高校哲学社会科学重点研究基地——淮河生态经济带研究院、江苏省区域现代农业与环境保护协同创新中心、江苏高校"青蓝工程"联合资助

省域国土空间主体功能区建设研究

刘传明 著

东南大学出版社
SOUTHEAST UNIVERSITY PRESS
·南京·

内 容 提 要

本书基于国家主体功能区战略实施需要，聚焦省域国土空间治理与国土空间规划的基础性工作——主体功能区建设开展研究。从主体功能区建设的时代背景和内涵、基础理论与模型构建、主体功能区划与空间区划、主体功能区规划与空间规划体系变革、主体功能区建设区域政策体系和实施成效监测评估等方面，对省域主体功能区建设进行全过程系统性研究。全书理论研究与实证研究相结合，体现了多学科交叉融合特点，可为主体功能区建设和国土空间规划提供决策和研究参考。

图书在版编目（CIP）数据

省域国土空间主体功能区建设研究 / 刘传明著. —南京：东南大学出版社，2022.12
　　ISBN 978-7-5766-0273-9

Ⅰ.①省… Ⅱ.①刘… Ⅲ.①省-国土规划-研究-中国　Ⅳ.①F129.9

中国版本图书馆 CIP 数据核字（2022）第 190135 号

责任编辑：夏莉莉　陈　淑　责任校对：韩小亮　封面设计：顾晓阳　责任印制：周荣虎

省域国土空间主体功能区建设研究
Shengyu Guotu Kongjian Zhuti Gongnengqu Jianshe Yanjiu

著　　者	刘传明	
出版发行	东南大学出版社	
社　　址	南京市四牌楼2号（邮编：210096　电话：025-83793330）	
网　　址	http://www.seupress.com	
电子邮箱	press@seupress.com	
经　　销	全国各地新华书店	
印　　刷	广东虎彩云印刷有限公司	
开　　本	700 mm×1000 mm　1/16	
印　　张	15.5	
字　　数	270千字	
版　　次	2022年12月第1版	
印　　次	2022年12月第1次印刷	
书　　号	ISBN 978-7-5766-0273-9	
定　　价	75.00元	

本社图书若有印装质量问题，请直接与营销部联系，电话：025-83791830。

前 言

推进主体功能区建设,是《中华人民共和国国民经济和社会发展第十一个五年规划纲要》(简称"国家'十一五'规划纲要")提出的一项重大战略决策,旨在规范空间开发秩序、优化国土空间格局和促进区域协调发展。2006年,全国启动了国家和省级主体功能区划试点工作,2010年《全国主体功能区规划》正式发布,此后各省区主体功能区规划陆续发布,部分地级市也展开了主体功能区规划编制工作,主体功能区规划正式成为我国空间规划体系的重要一员。2019年,中共中央、国务院印发了《中共中央 国务院关于建立国土空间规划体系并监督实施的若干意见》(中发〔2019〕18号),要求把主体功能区规划、土地利用规划、城乡规划等空间规划融合为统一的国土空间规划,拉开了我国空间规划史上的重大改革序幕。自此,主体功能区规划结束了短暂的独立的基础性空间规划地位,但主体功能区建设始终是国家坚持推进的重大发展战略,国家"十一五""十二五""十三五"和"十四五"规划纲要对此均有明确要求。其中,《中华人民共和国国民经济和社会发展第十四个五年规划和2035年远景目标纲要》指出:"深入实施区域重大战略、区域协调发展战略、主体功能区战略,健全区域协调发展体制机制,构建高质量发展的区域经济布局和国土空间支撑体系。"党的二十大报告明确提出,要深入实施主体功能区战略,健全主体功能区制度,优化国土发展格局。因此可以预见,主体功能区战略仍然是我国新时代长期坚持的重大战略遵循,而主体功能区建设则是落实主体功能区战略的具体行动。按照国家规划制度设计,省域国土空间要实现主体功能区全覆盖,省市级政府是制定实施主体功能区政策、推进主体功能区建设的责任主体。因此,本书对省域国土空间主体功能区建设进行理论和实证的系统性研究,具有强烈的时代意义和实践意义。主体功能区建设作为国土空间治理和区域协调发展的创新性战略部署,并无成熟经验和理论借鉴,迫切需要系统性的理论研究和支撑,这也是本书的另一研究缘由。

本书以著者全程参与的"湖北省主体功能区划试点研究"(湖北省是全国启动主体功能区建设工作的八个试点省份之一,该项目是特别委托研究项目)和湖北省主体功能区规划编制研究实践为基础,结合近 10 年来的教学科研探索成果总结,对博士学位论文进行大幅修订完善后撰写而成。全书遵循主体功能区建设"是什么—为什么—如何做—效果如何"的全过程研究的逻辑思路。"是什么",即解析主体功能区建设、战略、规划等相关概念内涵和主体功能区战略提出的时代背景与推进过程。"为什么",就是回答"为什么进行主体功能区建设",即寻求主体功能区建设的理论基础和理论创新,从理论层面解析"主体功能区建设是优化国土空间格局和促进区域协调发展的必要途径"这一重大时代命题。"如何做",包括如何进行主体功能区划、"多规合一"改革之前主体功能区规划在空间规划体系中的法律地位及编制方法、新时期国土空间规划中如何划定主体功能区、如何构建主体功能区建设的区域政策体系等。"效果如何"主要回答如何对主体功能区建设效果进行监测评估。

按照以上研究思路,本书内容共分 10 章。第 1 章绪论,重点分析主体功能区建设历程与背景、厘清概念和内涵、拟定研究框架和研究方法。第 2 章国内外研究进展,主要对发达国家和地区推行的区域发展政策项目进行介绍和借鉴,对国内主体功能区战略提出以来开展的工作和研究进行梳理,并提出研究评述和研究展望。第 3 章相关理论基础,全面梳理与主体功能区建设相关的地理学、经济学、区域科学、生态学等学科理论,主要研究相关理论内涵及其对主体功能区建设的理论价值。第 4 章理论模型构建,主要基于空间稀缺性和空间供需关系,创新性构建空间供需模型,用以论证"主体功能区建设是优化国土空间格局和促进区域协调发展的主要途径"的科学论断。第 5 章空间区划与主体功能区划,主要研究空间区划理论体系、主体功能区划与各类空间区划的关系、可达性在主体功能区划中的重要作用。第 6 章省域主体功能区划方法与应用,主要研究省域主体功能区划指标体系和区划方法,并以湖北省为案例进行验证。第 7 章主体功能区规划与空间规划体系变革,主要研究主体功能区规划出台之前(2010 年以前)、主体功能区规划实施期间(2010—2020 年)、"多规合一"改革之后(2020 年以后)三个阶段的区域或空间规划体系,剖析变革原因及主体功能区规划在当时空间规划体系中地位。需要强调的是,国家推进"多规合一"和建立国土空间规划体系之后,主体功能区规划不再作为独立的空间规划,但主体功能区建设仍是国土空间规划的一项重要内容。第8章"多规合一"改革前的省域主体功能区规划,着重以对比分析法研究了传统区域规划、当代区域规划和省域主体功能区规划的编制理念方法、编制程序和内容框架三个核心问题。第9章主体功能区建设的政策体系构建,主要研究主体功能区建设的政策保障体系的框架和各类政策导向。第10章主体功能区建设监测评估,主要研究主体功能区建设监测评估的类型、内容侧重点、指标体系和方法。

本书的主要创新点可以总结为:① 创建了空间供需模型,为主体功能区建设提供了全新的理论解读;② 基于省级主体功能区划技术规程,改进并提出一套相对成熟的省域主体功能区划方法体系;③ 研究提出包括基础监测评估、专项监测评估和总体绩效监测评估的主体功能区建设监测评估体系。

主体功能区建设是一项兼具创新性与实践性的工作,理论基础相对薄弱,建设起步相对较晚,自身尚未发展成熟又进入了国土空间规划体系改革。因此,对主体功能区建设进行研究,难度可想而知。本书仅尝试从省域主体功能区建设全过程对其进行相对系统的研究,以期达到抛砖引玉之效,如能为新时期国土空间规划工作提供些许启发,或者为学者开展相关研究提供些许帮助,将不失为本书之价值。需要特别说明的是,在本书研究过程中参考借鉴了国内外诸多学者的研究文献,虽然尽力标出文献出处和相关作者信息,但也难免挂一漏万。在此,向所有文献作者表示诚挚感谢,对遗漏的文献作者表示深深歉意。由于主体功能区建设涉及多学科多领域,实践性强,作者才疏学浅,研究中肯定存在诸多不足之处,敬请学界同仁和相关工作者、读者慷慨指正。

刘传明

2022年8月8日

目 录

第1章 绪论 ………………………………………………………………… 001
  1.1 主体功能区战略的提出与推进脉络 ……………………………… 001
  1.2 概念辨析与界定 …………………………………………………… 004
    1.2.1 主体功能区、功能区域、功能区 …………………………… 004
    1.2.2 主体功能区、标准区域与问题区域 ………………………… 007
    1.2.3 主体功能区类型与内涵 ……………………………………… 007
    1.2.4 主体功能区划、主体功能区规划、主体功能区建设、
          主体功能区战略 ……………………………………………… 010
  1.3 研究内容与本书框架 ……………………………………………… 011
  1.4 研究方法 …………………………………………………………… 013

第2章 国内外研究进展 …………………………………………………… 014
  2.1 国外研究 …………………………………………………………… 014
    2.1.1 欧洲空间发展展望 …………………………………………… 014
    2.1.2 欧洲空间规划研究项目 ……………………………………… 016
    2.1.3 空间规划实践 ………………………………………………… 017
    2.1.4 标准区域划分 ………………………………………………… 020
    2.1.5 问题区域识别 ………………………………………………… 021
    2.1.6 国外研究对主体功能区规划的借鉴意义 …………………… 022
  2.2 国内研究 …………………………………………………………… 023
    2.2.1 主体功能区建设理论认知 …………………………………… 024
    2.2.2 主体功能区划 ………………………………………………… 025
    2.2.3 主体功能区规划 ……………………………………………… 028

  2.2.4　主体功能区实施政策 ·································· 029
  2.2.5　主体功能区实施效果 ·································· 033
 2.3　研究评述 ··· 035
第3章　相关理论基础 ·· 037
 3.1　人地关系地域系统理论 ····································· 037
 3.2　地域功能理论 ·· 040
 3.3　区域分工理论 ·· 041
  3.3.1　成本学说 ·· 042
  3.3.2　要素禀赋学说 ·· 042
  3.3.3　新贸易理论 ·· 043
  3.3.4　竞争优势理论 ·· 043
 3.4　区域空间结构理论 ··· 044
  3.4.1　区域空间结构理论内涵 ·································· 044
  3.4.2　极核式空间结构 ·· 045
  3.4.3　点轴式空间结构 ·· 046
  3.4.4　双核结构 ·· 047
  3.4.5　核心—边缘结构 ·· 047
 3.5　区域空间管治理论 ··· 048
 3.6　可持续发展理论 ··· 049
 3.7　生态产品价值理论 ··· 050
第4章　理论模型构建：空间供需模型 ···························· 052
 4.1　空间结构组成与空间类型划分 ······························· 052
  4.1.1　区域的空间尺度 ·· 052
  4.1.2　空间结构内涵及要素构成 ································ 052
  4.1.3　空间类型划分 ·· 053
 4.2　空间需求多样性与空间需求模型 ····························· 054
  4.2.1　空间需求多样性 ·· 054
  4.2.2　空间需求模型 ·· 055
 4.3　空间稀缺性与空间供给模型 ································· 060
  4.3.1　空间稀缺性 ·· 060
  4.3.2　空间供给模型 ·· 060

目 录

- 4.4 空间供需分析与空间结构状态判断 ·············· 061
  - 4.4.1 空间供需静态分析 ·············· 061
  - 4.4.2 空间供需动态分析 ·············· 062
- 4.5 空间结构优化途径选择 ·············· 064
  - 4.5.1 宏观途径:主体功能区建设 ·············· 065
  - 4.5.2 中微观途径:具体功能区建设 ·············· 065
- 4.6 本章小结 ·············· 066

第5章 空间区划与主体功能区划 ·············· 068

- 5.1 空间区划 ·············· 068
  - 5.1.1 区划概念与中国区划现状 ·············· 068
  - 5.1.2 区划类型划分 ·············· 069
  - 5.1.3 区划理论体系构成 ·············· 070
- 5.2 主体功能区划与相关区划比较 ·············· 072
  - 5.2.1 主体功能区划与经济区划 ·············· 072
  - 5.2.2 主体功能区划与生态功能区划 ·············· 073
  - 5.2.3 主体功能区划、区域开发管制区划与土地用途管制区划 ··· 074
  - 5.2.4 主体功能区划与国土综合整治区划 ·············· 075
- 5.3 主体功能区类型 ·············· 076
  - 5.3.1 主体功能区类型划分 ·············· 076
  - 5.3.2 主体功能区内在联系 ·············· 079
- 5.4 可达性与区域经济发展关系 ·············· 080
  - 5.4.1 可达性与县域经济发展关系的静态分析 ·············· 081
  - 5.4.2 可达性与城市经济耦合协调性动态变化 ·············· 094
- 5.5 本章小结 ·············· 101

第6章 省域主体功能区划方法与应用 ·············· 102

- 6.1 区划原则 ·············· 102
  - 6.1.1 以人为本与尊重自然相结合 ·············· 102
  - 6.1.2 有序开发与整治保护相结合 ·············· 102
  - 6.1.3 现状分析与远景发展相结合 ·············· 103
  - 6.1.4 科学合理与可操作性相结合 ·············· 103
  - 6.1.5 区域协调与内部均质相结合 ·············· 103

6.2 区划思路与区划流程 …… 104
6.3 区划单元 …… 104
6.4 区划指标体系 …… 106
  6.4.1 资源环境承载力指标项 …… 107
  6.4.2 现有开发密度指标项 …… 113
  6.4.3 未来发展潜力指标项 …… 116
6.5 区划技术方法群 …… 121
  6.5.1 指标权重赋值方法 …… 121
  6.5.2 指标项指数合成方法 …… 127
  6.5.3 区域类型划分方法 …… 127
  6.5.4 区划方案集成方法 …… 132
6.6 省域主体功能区划实证：以湖北省为例 …… 135
  6.6.1 湖北省情概述 …… 135
  6.6.2 湖北省主体功能区划指标体系 …… 136
  6.6.3 湖北省主体功能区划方法步骤 …… 137
  6.6.4 区划方案生成 …… 148
6.7 本章小结 …… 156

第7章 主体功能区规划与空间规划体系变革 …… 158

7.1 主体功能区规划之前的区域规划体系 …… 158
  7.1.1 区域规划与区域规划体系 …… 158
  7.1.2 主体功能区规划之前的区域规划体系与问题诊断 …… 159
7.2 主体功能区规划实施期间的空间规划体系 …… 160
  7.2.1 空间规划体系框架 …… 160
  7.2.2 不同空间层次的重要规划及规划侧重点 …… 161
  7.2.3 主体功能区规划地位分析：核心规划 …… 162
  7.2.4 主体功能区规划与其他空间规划关系 …… 163
7.3 "多规合一"改革后的国土空间规划体系 …… 165
  7.3.1 "多规合一"改革历程 …… 165
  7.3.2 "多规合一"改革前规划体系存在的问题 …… 166
  7.3.3 "多规合一"改革前规划体系存在问题的成因剖析 …… 167
  7.3.4 改革后的现行空间规划体系框架 …… 169

7.4 本章小结 ……………………………………………………… 170

第8章 "多规合一"改革前的省域主体功能区规划 ……………… 171
8.1 规划编制理念与方法 …………………………………………… 171
 8.1.1 传统区域规划理念与方法的新发展 ……………………… 171
 8.1.2 主体功能区规划目标分析 ………………………………… 178
 8.1.3 省域主体功能区规划理念与方法选择 …………………… 178
8.2 规划编制程序 …………………………………………………… 180
 8.2.1 传统区域规划编制程序 …………………………………… 180
 8.2.2 当代区域规划编制程序的创新 …………………………… 182
 8.2.3 省域主体功能区规划编制程序 …………………………… 184
8.3 规划内容框架 …………………………………………………… 186
 8.3.1 传统区域规划内容框架 …………………………………… 186
 8.3.2 当代区域规划内容革新 …………………………………… 187
 8.3.3 省域主体功能区规划内容框架 …………………………… 189
8.4 本章小结 ………………………………………………………… 192

第9章 主体功能区建设的政策体系构建 ………………………… 194
9.1 财政政策 ………………………………………………………… 194
 9.1.1 建立完善省级财政转移支付制度 ………………………… 194
 9.1.2 建立完善直通县的横向对口帮扶制度 …………………… 195
 9.1.3 建立健全生态补偿机制 …………………………………… 195
9.2 投资政策 ………………………………………………………… 195
 9.2.1 出台分主体功能区的政府重点投资目录 ………………… 195
 9.2.2 加大政府对农业和生态环境项目的投资力度 …………… 196
 9.2.3 引导社会资本对不同主体功能区的合理投资 …………… 196
9.3 产业政策 ………………………………………………………… 196
 9.3.1 调整完善产业分类指导目录 ……………………………… 196
 9.3.2 严格市场准入标准和建立产业退出机制 ………………… 196
9.4 土地政策 ………………………………………………………… 197
 9.4.1 实行差别化的土地利用政策 ……………………………… 197
 9.4.2 实行城乡建设用地增加挂钩和人地挂钩政策 …………… 197
 9.4.3 坚持用地结构调整与社会经济发展相适应导向 ………… 198

9.4.4 改革完善土地供应管理制度 ·················· 198
9.5 人口政策 ··· 198
9.5.1 实施差异化的人口迁移政策 ················ 198
9.5.2 实施积极的人口增长和配套政策 ············ 198
9.6 双碳政策 ··· 199
9.6.1 实行适度区别的环境标准 ···················· 199
9.6.2 建立完善的碳核算标准体系 ·················· 199
9.6.3 建立统一的碳排放权交易市场 ··············· 199
9.7 本章小结 ··· 200

第10章 主体功能区建设监测评估 ····················· 201
10.1 监测评估内涵与意义 ···························· 201
10.1.1 监测评估内涵 ······························ 201
10.1.2 监测评估意义 ······························ 201
10.2 监测评估类型与内容 ···························· 202
10.3 监测评估依据 ··································· 203
10.4 监测评估单元与数据来源 ······················· 203
10.4.1 监测评估单元选择 ·························· 203
10.4.2 监测评估数据来源 ·························· 204
10.5 监测评估指标体系与指标算法 ·················· 204
10.5.1 监测评估指标选取原则 ····················· 204
10.5.2 基础监测评估指标体系与指标算法 ········· 204
10.5.3 专项监测评估指标体系与指标算法 ········· 205
10.5.4 总体绩效监测评估指标体系与指标算法 ···· 207
10.6 监测评估方法 ··································· 208
10.6.1 基础与专项监测评估方法 ·················· 208
10.6.2 总体绩效监测评估方法 ····················· 209
10.7 本章小结 ·· 210

参考文献 ··· 211

后记 ··· 232

第1章 绪 论

1.1 主体功能区战略的提出与推进脉络

自改革开放以来,在"效率优先、兼顾公平"的总体发展原则下,中国经济社会发展取得了举世瞩目的成绩。经济持续快速增长,工业化和城镇化水平不断提高。1995年国民生产总值(GNP)比1980年翻两番,2006年比2000年又翻一番,经济总量跃居世界第四位,全国人均国民收入(GNI)达到2010美元,进入了中等收入国家行列(世界银行标准)。2005年中国工业化水平综合指数达到50,已进入工业化中期后半段,而同年城镇化水平已由1978年的17.9%提高到43%。

在取得上述巨大成就的同时,资源衰竭、环境退化、城乡区域发展差距日趋扩大、空间开发无序和空间结构失衡等问题却愈演愈烈。比如,仅"十五"期间中国耕地面积就净减少9 240万亩,截至2005年10月31日,全国仅有耕地面积18.31亿亩(约1 220 666.67 km^2),人均耕地面积1.40亩(约933.33 m^2),约为世界人均水平的三分之一,耕地资源严重退化。又如,2003年开始的各类开发区清理整顿工作共清理出各类开发区6 000多个,规划面积达38 500 km^2,超过了全国城市建成区面积,空间开发秩序混乱可见一斑。人口分布、经济分布与资源环境承载力空间错位,是空间结构失衡的主要表现。如中国经济最发达的长三角、珠三角和京津冀三大区域经济总量占全国的36%,而人口却仅占全国的15%左右。上述现象严重威胁着中国的可持续发展,有悖于科学发展观。这些问题的产生有着多方面原因,其中缺乏宏观空间管治和忽视区域开发适宜性是重要原因。

为有效解决上述问题，《中华人民共和国国民经济和社会发展第十一个五年规划纲要》（简称"'十一五'规划纲要"）正式提出了推进形成主体功能区的战略任务。而"主体功能区"一词雏形是在2005年10月召开的中共十六届五中全会通过的《中共中央关于制定国民经济和社会发展第十一个五年规划的建议》中提出的，即"各地区要根据资源环境承载能力和发展潜力，按照优化开发、重点开发、限制开发和禁止开发的不同要求，明确不同区域的功能定位，并制定相应的政策和评价指标，逐步形成各具特色的区域发展格局"。

在"十一五"规划纲要正式颁布之后，国务院和各级地方政府非常重视推进主体功能区规划编制工作。为此，国务院办公厅印发了《关于开展全国主体功能区划规划编制工作的通知》（国办发〔2006〕85号），明确全国主体功能区规划分为国家和省级两个层次。紧接着国家发展和改革委员会（简称"国家发展改革委"）办公厅印发了《关于开展省级层面主体功能区划基础研究工作的通知》（发改办规划〔2006〕2361号），明确了浙江、江苏、辽宁、河南、湖北、重庆、新疆和云南等8省区为主体功能区规划先行研究省份。而先行试点省区人民政府办公厅也均下发了开展各省区主体功能区规划编制工作的通知，成立了领导小组和研究团队，开展了省级主体功能区划基础研究，并如期提交了基础研究报告，对主体功能区划的技术方法等系列问题进行了深入研究。同期，中国科学院地理科学与资源研究所、遥感与数字地球研究所和清华大学等单位受国家发展改革委委托分别承担了国家主体功能区规划等研究任务，并多次与先行研究省份进行成果交流衔接。2006年中央经济工作会议又把"分层次推进主体功能区规划工作"作为2007年的主要工作之一。此后，在十六届中共中央政治局第三十九次集体学习时，时任中共中央总书记胡锦涛同志明确指出推进形成主体功能区是当前和今后一个时期需要重点抓好的四项工作之一。2007年3月，国务院在《2006年国民经济和社会发展计划执行情况与2007年国民经济和社会发展计划草案》中要求"分层次开展主体功能区规划的编制工作。编制完成国家主体功能区规划，扎实推进省级主体功能区规划的编制"。为把该项工作由先行基础研究推向全国正式展开，2007年5月国家发展改革委组织召开了全国主体功能区规划编制工作座谈会，对全国主体功能区规划工作进行了初步部署。同年8月，国务院印发了《关于编制全国主体功能区规划的意见》（国发〔2007〕21号），并于9月召开了全国主体功能区规划编制工作电视电话会议，时任国务院副总理曾培炎对该项工作进行了全面部署。而2007年10月份召开的党的十七大再次对推进形成主体功能区做出重要论述。2008年3月,时任国务院总理温家宝同志在政府工作报告中再次指出要制定和实施主体功能区规划和政策。2010年底,全国主体功能区规划正式印发,部分省市主体功能区规划编制工作基本完成,陆续进入报批阶段。主体功能区建设完成了政策构想、基础研究和实施准备,为后续实施建设奠定了基础。

"十二五"时期,主体功能区建设上升为国家战略。《中华人民共和国国民经济和社会发展第十二个五年规划纲要》在第十九章明确提出实施主体功能区战略,要求优化国土空间开发格局、实施分类管理的区域政策、实行各有侧重的绩效评价和建立健全协调机制。期间各省和直辖市主体功能区规划陆续发布。2012年,党的十八大报告指出,要加快实施主体功能区战略,推动各地区严格按照主体功能定位发展,构建科学合理的城市化格局、农业发展格局、生态安全格局。2013年,国家发展改革委发布了《国家发展改革委贯彻落实主体功能区战略推进主体功能区建设若干政策的意见》(发改规划〔2013〕1154号)。2014年,结合全国第一次地理国情普查工作,部分省市开展了主体功能区建设地理国情监测工作。2015年,原环境保护部和国家发展改革委联合发布了《关于贯彻实施国家主体功能区环境政策的若干意见》(环发〔2015〕92号)。可以说,"十二五"时期主体功能区建设进入实质推进阶段。

"十三五"时期,国家加快建设主体功能区。《中华人民共和国国民经济和社会发展第十三个五年规划纲要》第四十二章要求加快建设主体功能区,提出"十三五"期间要推动主体功能区布局基本形成、健全主体功能区配套政策体系、建立空间治理体系。2017年,中央全面深化改革领导小组第三十八次会议审议通过了《关于完善主体功能区战略和制度的若干意见》。此后,中共中央和国务院印发了该意见(中办〔2017〕27号),意见提出:推进主体功能区建设,是党中央、国务院作出的重大战略部署,是我国经济发展和生态环境保护的大战略;要坚持保护优先、坚持以承载力为基础、坚持差异化协同发展、坚持生态就是生产力等战略取向;完善主体功能区战略和制度,将国家和省级层面主体功能区战略格局在市县层面精准落地;健全各类主体功能区空间发展长效机制。同年,党的十九大报告指出,主体功能区制度逐步健全,要继续完善主体功能区配套政策。2019年,中共中央、国务院印发了《中共中央 国务院关于建立国土空间规划体系并监督实施的若干意见》(中发〔2019〕18号),要求把主体功能区规划、土地利用规划、城乡规划等空间规划融合为统一的国土空间规划。主体功能区规划结束了短暂的独立的基础性空间规划地位,但主体功能区建设始终是国家坚持推进的重大发展战略。2020年,自然资源部发布的《省级国土空间规划编制指南(试行)》和《市级国土空间规划编制指南(试行)》均明确提出,主体功能区划分和分区管控是国土空间规划的主要内容。

"十四五"时期,国家深入实施主体功能区战略。《中华人民共和国国民经济和社会发展第十四个五年规划和2035年远景目标纲要》第三十章明确要求完善和落实主体功能区制度,细化主体功能区划分,分类精准施策。部分省市陆续公示了国土空间总体规划方案,主体功能区建设在国土空间规划中得到了充分体现。党的二十大报告明确提出,深入实施主体功能区战略,健全主体功能区制度,优化国土空间发展格局。可见,主体功能区建设将成为我国新时代长期推进的战略遵循。

1.2 概念辨析与界定

1.2.1 主体功能区、功能区域、功能区

对主体功能区(Major Function Oriented Zoning,MFOZ)的内涵研究,是在国家"十一五"规划纲要的初步界定基础上而不断深化的。学术界主要观点有四种:其一,认为主体功能区是根据资源环境承载力、现有开发密度和未来发展潜力,统筹谋划未来人口分布、经济布局、国土利用、城镇化格局以及生态功能,从空间开发适宜性的角度而划分的具有特定主体功能定位的不同空间单元,其实质上是具有综合功能的功能区(张莉,2007)。其二,认为主体功能区属于类型区(均质区)范畴,不属于功能区范畴。因为功能区重视的是内部组成部分的功能联系,而主体功能区侧重内部均质性(张可云,2007)。其三,认为主体功能区是为规范和优化空间开发秩序,按照一定指标划定的在全国或上级区域中承担特定主体功能定位的地域,其属于经济类型区和功能区的范畴(魏后凯,2007)。其四,认为主体功能区是根据不同区域的资源环境承载力和发展潜力,按区域分工和协调发展的原则划定的具有某种主体功能的规划区域(朱传耿,

2006)。显然，上述观点的争议主要集中在主体功能区是否属于功能区范畴之上。虽然学术界对主体功能区的属性认识存在较长时间的争议，但对其基本内涵和特征的认识却基本统一：普遍认为，主体功能区具有明确的开发导向性质，而开发主要是指进行大规模工业化和城镇化所需要的建设活动过程；主体功能区不同于一般功能区和特殊功能区，但又不排斥一般功能区和特殊功能区；主体功能区边界范围具有相对稳定性和长期动态变化的特征。

在官方文件中，起初并没有明晰的主体功能区概念界定。2007年，国务院印发的《关于编制全国主体功能区规划的意见》指出："编制全国主体功能区规划，就是要根据不同区域的资源环境承载能力、现有开发密度和发展潜力，统筹谋划未来人口分布、经济布局、国土利用和城镇化格局，将国土空间划分为优化开发、重点开发、限制开发和禁止开发四类，确定主体功能定位，明确开发方向，控制开发强度，规范开发秩序，完善开发政策，逐步形成人口、经济、资源环境相协调的空间开发格局。"这里可以看出主体功能区的基本内涵。2020年，自然资源部发布的《省级国土空间规划编制指南（试行）》中给出了明确的界定："主体功能区是以资源环境承载能力、经济社会发展水平、生态系统特征以及人类活动形式的空间分异为依据，划分出具有某种特定主体功能、实施差别化管控的地域空间单元。"

综合前述主体功能区内涵理解和文件界定，本书认为，主体功能区是中国发展到一定阶段，为优化国土空间开发格局，规范空间开发秩序，促进区域协调发展，在区域资源环境承载力和开发适宜性评价的基础上，由中央和地方政府共同协商划定和推动实施，凸显开发导向并在大区域中承担特定主体功能的区域。该界定具有以下特点：① 指出了主体功能主要是指地方在大区域中承担的主要功能，而不是承担的具体功能，其可通过开发导向得以体现。因此，主体功能区并不排除一般功能区（农业区和工业区等等）和特殊功能区（防洪区和自然保护区等等）的存在。② 明确了主体功能区存在的意义，即优化空间开发格局，规范空间开发秩序，促进区域协调发展。③ 指出了主体功能区是中国特有的产物，这一概念为中国首创（杨伟民，2012）。同时，其必要条件是社会经济发展到一定阶段。因为，只有社会经济发展到一定阶段，政府才有足够能力去解决空间开发无序和区域发展失衡的问题。④ 揭示了主体功能区是主客观要素综合考量的产物，是"地理空间＋功能空间＋政策空间"的复合体。因为确立主体功能区的客观基础是区域资源环境承载力评价和土地开发适宜性评价(简称"双评价"),考虑要素包括社会、经济和自然等众多方面。同时,主体功能区不仅是承担主体功能的功能空间,而且也是实施区域政策的政策空间。⑤ 明确了主体功能区的确立和实施主体是中央和地方政府,并强调了其确立是中央和地方政府共同协商(包括中央与地方之间和地方与地方之间的协商)的结果。

功能区域(Functional Regions)在区域经济学和区域科学中也称为节点区域(Nodal Region)或极化区域(Polarized Region),是两种基本区域类型(均质区域和功能区域)之一,是一种相对抽象的概念(郝寿义等,1999)。主要是指具有一定的内聚性和内部差异性、各组成部分在功能上相互依赖的空间单元,其识别基础是各组成部分的功能联系而非同质性(Brown et al.,1971)。此时功能区域通常不能简称为功能区。

功能区在空间规划领域通常也称为功能片区,主要是指在城镇空间布局或土地利用布局中承担特定功能的空间单元。以往的城镇规划往往把城镇开发边界内空间划分为居住区、工业区、商业区、中央商务区、政务服务区、文旅区等不同功能区,也就是常说的城镇功能分区(吴志强等,2010)。土地利用规划中的功能分区类型则主要包括基本农田集中区、一般农业发展区、城镇发展区、独立工矿区、自然与历史文化遗产保护区、生态环境安全控制区等(王万茂,2010)。功能区严格意义上属于类型区(均质区)范畴,内部功能上具有较强的均质性和功能上的排他性。由此可见,功能区是一个相对具体的空间概念,其范围认定既有对现实布局格局和发展远景的客观评价,也有规划意志的影响。

从上述定义可以看出,功能区域、功能区和主体功能区是一组具有一定联系但又存在较大差别的空间概念。从研究用途看,功能区域与均质区域(Formal Region)和规划区域(Planning Region)常用于理论研究中的区域分类,功能区和主体功能区常用于规划实践。就功能区和主体功能区关系而言,功能区是对主体功能区的进一步落实,主体功能区中可以存在不同类型的功能区,功能区集中体现为区域主体功能。从区域属性看,功能区和主体功能区同属于规划区域范畴,也兼有均质区域属性,另外主体功能区还兼具功能区域属性。因为主体功能区不仅注重内部同质性,也注重功能联系(如重点开发区域的界定必须考虑对周边区域的带动作用)。由此,功能区和主体功能区的区域属性可以表示为图1-1。

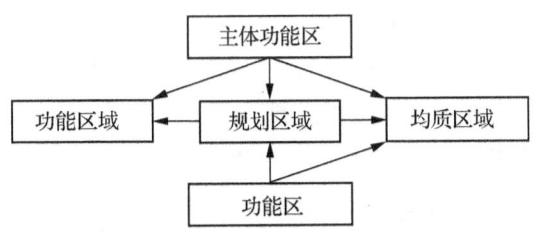

图 1-1 主体功能区与功能区的空间属性

1.2.2 主体功能区、标准区域与问题区域

标准区域是名称被标准化并被编码的、范围相对固定的作为区域政策与规划编制基础的多级规划区域。其划分属于空间区划范畴,是一个相对独立的研究领域。发达国家比较注重标准区域划分,并且已形成了相对成熟的划分方法和动态调整方法,最具代表性的是欧盟的 NUTS 和美国 EA 划分(Johnson et al.,2004)。

问题区域(Problem Areas)是患有一种或多种区域病且若无援助则难以依靠自身力量医治的区域,是区域管理机构依据一定的规则和程序确定的区域政策受援对象。其通常分为落后区域(Backward Regions)、萧条区域(Depressed Regions)和膨胀区域(Excessive Growth Regions)三种类型(张可云,2005)。

通过定义可以看出,主体功能区与标准区域、问题区域之间的内涵差别。另外,三者在国土覆盖程度上也存在不同,标准区域和主体功能区通常坚持国土全覆盖原则,而问题区域是国土部分覆盖,因此可以说问题区域解决的是局部问题,而主体功能区解决的是全局问题。尽管这样,但三者的功能联系却非常紧密。通常认为,标准区域的设置可以为识别问题区域和划分主体功能区奠定基础;而主体功能区建设在一定程度上能够避免问题区域的产生。

1.2.3 主体功能区类型与内涵

主体功能区从开发方式上分成优化开发区域、重点开发区域、限制开发区域和禁止开发区域四大类型(表 1-1)。这四类主体功能区既有主体功能区的共同特征,也有明显的内涵和发展导向上的差异。其中,优化开发区域是指国土开发密度已经较高、资源环境承载力开始减弱的区域。今后要改变依靠大量占用土地、大量消耗资源和大量排放污染实现经济较快增长的模式,把提高经济增长质量和效益放在首位,提升参与全球或区域分工与竞争的层次,继续成为带动全国或全省经济社会发展的龙头,成为参与经济全球化或区域经济一体化的主体区域。重点开发区域是指资源环境承载力较强、经济和人口集聚条件较好的区域。今后要充实基础设施,改善投资创业环境,促进产业集群发展,壮大经济规模,加快工业化和城镇化进程,承接优化开发区域的产业转移和限制开发区域与禁止开发区域的人口转移,逐步成为支撑全国或全省经济发展和人口集聚的重要载体。限制开发区域是指资源环境承载力较弱,或生态环境恶化问题严峻,或具有较高生态功能价值和粮食安全意义,大规模集聚经济和人口条件不够好的区域。今后要坚持保护优先、适度开发、点状发展的基本方针,因地制宜发展资源环境可承载的特色产业,加强生态修复、耕地和环境保护,引导超载人口逐步有序转移。主要包括生态本地脆弱的区域、生态环境恶化问题严峻的区域、具有重要生态服务功能的区域、粮食主产区和矿产资源衰竭或富集区。禁止开发区域是指依法设立的各类自然保护区域。主要包括国家级、省级和部分市县级自然保护区、世界历史文化遗产、重点风景名胜、森林公园、地质公园和重要水源地等。需要指出的是,这里的"开发"是指大规模的工业化和城镇化活动,在内涵上远比"发展"狭隘,限制开发和禁止开发不等于限制发展和禁止发展,而是限制和禁止大规模的工业化和城镇化。在发展上,限制开发区域和禁止开发区域依然可以通过发展特色产业和国家财政转移支付等途径获得发展。

表1-1 按照开发方式划分的四类主体功能区比较

主体功能区	主体功能	基本条件	发展导向	绩效评价
优化开发区域	带动全国或全省社会经济发展的龙头,参与全球竞争的主体	开发密度较高且资源环境承载力开始减弱	改变粗放型经济增长模式,促进产业升级,控制建设用地总量	侧重产业结构升级、土地集约化利用和自主创新能力
重点开发区域	集聚人口和经济的重要载体(承接优化开发区域产业转移和限制与禁止开发区域人口转移)	资源环境承载能力较大且发展潜力较好	充实基础设施,改善投资环境,产业集群化发展,壮大经济规模,加速工业化和城镇化	侧重经济增长、质量效益、工业化、城镇化和相关领域的自主创新等

续表

主体功能区	主体功能	基本条件	发展导向	绩效评价
限制开发区域	提供生态服务和保障粮食安全	资源环境承载力较弱或发展潜力小或具有特殊功能	保护优先、适度开发，点状发展，培育特色产业，加强生态修复、耕地和环境保护，培训劳动力与转移人口	突出生态环境建设和保护、基本农田保护、劳动力培训与转移，弱化工业化城镇化建设评价
禁止开发区域	自然文化资产保值增值	各类自然和历史文化遗产保护区域	加强生态环境、历史文化遗产建设与保护	突出自然文化资产保值增值评价

资料来源：根据《中华人民共和国国民经济和社会发展第十一个五年规划纲要》和国务院印发的《关于编制全国主体功能区规划的意见》（国发〔2007〕21号）整理汇总。

按开发内容，分为城市化发展区、农产品主产区和重点生态功能区。按照2020年自然资源部颁布的《省级国土空间规划编制指南（试行）》界定，城市化发展区是指经济社会发展基础较好，集聚人口和产业能力较强的区域。该区域的功能定位是推动高质量发展的主要动力源，带动区域经济社会发展的龙头，促进区域协调发展的重要支撑点，重点增强创新发展动力，提升区域综合竞争力，保障经济和人口承载能力。农产品主产区是指农用地面积较多，农业发展条件较好，保障国家粮食和重要农产品供给的区域。该区域的功能定位是国家农业生产重点建设区和农产品供给安全保障的重要区域，现代化农业建设重点区，农产品加工、生态产业和县域特色经济示范区，农民安居乐业的美好家园，乡村振兴的示范区。重点生态功能区是指生态系统服务功能重要、以生态脆弱区域为主的区域。该类区域的功能定位是保障国家生态安全、维护生态系统服务功能、推进山水林田湖草沙系统治理、保持并提高生态产品供给能力的重要区域，是推动生态文明示范区建设、践行绿水青山就是金山银山理念的主要区域。

按照开发方式划分的主体功能区与按照开发内容划分的主体功能区有着内在的联系（图1-2）。就对应关系看，优化开发区域和重点开发区域主要集中在城市化地区，承担着提供工业品和服务产品主导功能。限制开发区域则包括农产品主产区和重点生态功能区，分别承担农产品生产和生态产品保障功能。禁止开发区域则是各级各类自然文化遗产保护区。

按照级别划分，主体功能区分成国家级主体功能区和省级主体功能区两级。国家级主体功能区是指在全国主体功能区规划或全国国土空间规划纲要

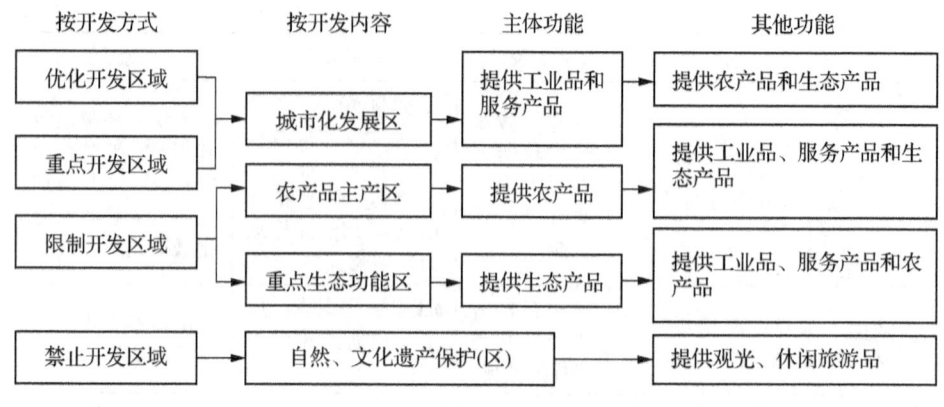

图 1-2 主体功能区类型及其功能

资料来源:樊杰,2013

中划定,在全国具有重要地位、对优化全国国土空间开发格局具有重要影响的主体功能区。省级主体功能区是指在省级主体功能区规划或省级国土空间规划中划定,除国家级主体功能区之外的对全省社会经济发展和生态文明建设具有重要影响的主体功能区。

省域主体功能区是指在省级行政区(省、自治区和直辖市)范围内形成的各级各类主体功能区,在省域国土空间上具有全覆盖特性,严格意义上包括海洋主体功能区。因资料所限,本书研究的省域主体功能区仅限于省域的陆域部分,不包括海洋主体功能区。

1.2.4 主体功能区划、主体功能区规划、主体功能区建设、主体功能区战略

主体功能区划是指在界定主体功能区内涵与类型的基础上,按照一定的原则和标准,将一定地域划分成不同主体功能区的过程(杜黎明,2007)。

主体功能区规划是指在主体功能区划的基础上,对一定地域范围内的各类主体功能区在一定规划期内的发展目标、功能定位、发展方向和管治策略等诸方面所做的总体部署和安排。

主体功能区建设是一个内涵较为宽泛的概念,主要指为促进形成主体功能区所进行的各类活动和所采取的各项措施的总称。包括主体功能区划、主体功能区规划、分类管理的区域政策制定与实施、绩效评价与政绩考核、主体功能区

管理与管治等方面。

主体功能区战略就是要遵循城市化、生态安全、粮食安全和遗产保护等主体功能定位,按照优化开发、重点开发、限制开发和禁止开发的开发方式,优化国土空间开发格局,实施分类管理的空间治理工具,基本形成适应主体功能区要求的法律法规和政策;对不同类型主体功能区实行差别化的评价考核;发挥全国主体功能区规划在国土空间开发方面的战略性、基础性和约束性作用。战略内涵可以从以下几个方面理解:第一,人口经济与资源环境相协调,坚持因地制宜、走绿色发展道路。第二,服从全国一盘棋的总要求,以全面建成现代化为总目标,坚持发挥地区比较优势。第三,不同主体功能区都要实现高质量的发展,都要体现以人的发展为中心,在经济社会生态效益相均衡的原则下,坚持全民共享现代化成果。第四,突出城市群的空间主体地位、生态安全屏障的战略格局、农业主产区的基地部署,坚持发展与保护的协调(樊杰,2021)。

从上述概念内涵可以看出:主体功能区划、主体功能区规划、主体功能区建设和主体功能区战略是一组具有紧密联系而又相互区别的概念(图1-3)。其中:主体功能区划是主体功能区规划的基础和主要内容;主体功能区划和主体功能区规划是主体功能区建设的重要手段和措施;主体功能区建设是落实主体功能区战略的所有举措和具体行动;实施主体功能区战略的目的是形成主体功能区,优化国土空间开发格局,构建高效、协调、可持续的美好家园(杨伟民,2012)。

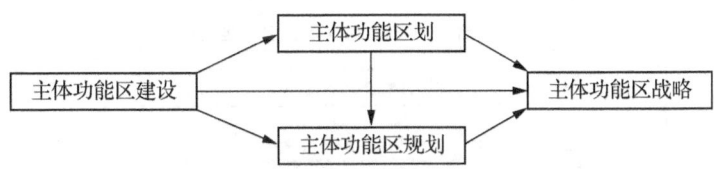

图1-3 主体功能区划、规划、建设与战略之间联系

1.3 研究内容与本书框架

省域主体功能区建设是一项持久的创新性工作,主体功能区划是其工作基础,分类管理的区域政策体系和监测评估体系是其成功实施的保障。本书紧扣"省域国土空间主体功能区建设"这一主题,遵循"是什么—为什么—怎么做—

效果如何"的全过程系统性研究的逻辑思路,对省域主体功能区建设理论和方法做出相对全面而又突出重点的研究。研究内容可以概括为:

第一,全面解析主体功能区战略提出背景、主体功能区建设相关概念及其内涵。研究梳理"十一五"到"十四五"期间主体功能区战略发展历程、国内外相关研究成果借鉴意义、主体功能区、主体功能区划、主体功能区规划、区域开发管制区划和土地用途管制区划等概念内涵,即研究回答"主体功能区建设是什么"的问题。

第二,梳理和创新主体功能区建设的理论基础。全面研究地理学、经济学、区域科学、生态学等学科相关理论,从经典理论中探寻主体功能区建设的科学依据。从空间稀缺性和空间供需的视角,创新构建空间供需模型,为主体功能区建设提供针对性理论阐释。研究回答"为什么进行主体功能区建设"的问题。

第三,研究省域主体功能区划方法、"多规合一"改革之前主体功能区规划在空间规划体系中的法律地位及如何编制、新时期国土空间规划中如何划定主体功能区、如何构建主体功能区建设的区域政策体系等,即研究回答"如何进行主体功能区建设"的问题。

第四,研究省域主体功能区建设监测评估理论与方法。这是主体功能区建设中的一个重要环节,直接影响着主体功能区建设成效,即研究回答"主体功能区建设的成效如何"的问题。

根据研究思路和研究内容,本书主要研究框架如图1-4。

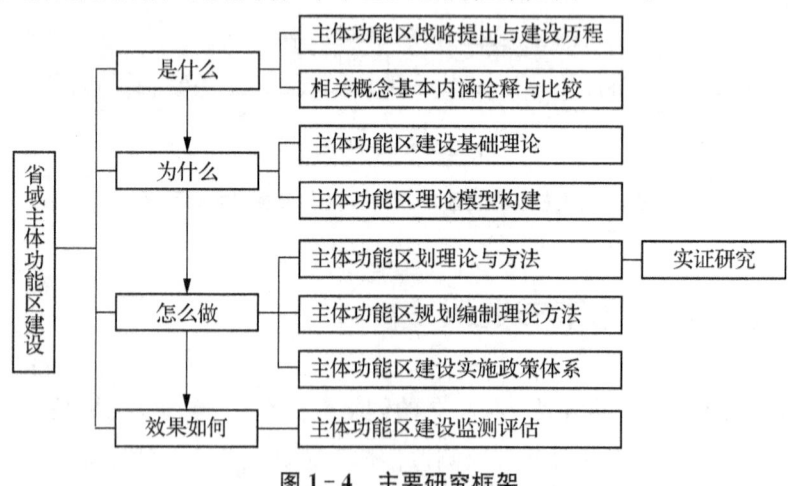

图1-4 主要研究框架

1.4 研究方法

1) 系统分析法

主体功能区建设是一个开放、复杂的系统工程。之所以推进该项工作是着眼于其规范空间开发秩序和优化国土空间整体功能,而整体功能的有效发挥取决于各子系统构成及其协作程度。因此,必须以系统的观点来研究各子系统和整体结构。系统分析法是贯穿全书的一种基本研究方法,一方面体现为研究内容的系统性、全面性和层次性,另一方面表现为各研究内容之间的有机关联性和分析方法的系统论立足点。

2) 定性与定量分析法

主体功能区建设涉及理论基础、区划、规划、政策实施、监测评估等众多内容。有些内容以定性研究为主,有些则以定量研究为主。其中,主体功能区划研究为采用定量和定性相结合的方法提供了切入点,定量方法主要集中体现在区域主体功能适宜性的评价方面。再如,主体功能区建设监测评估也是定性与定量研究相结合的重要内容。

3) 逻辑推理演绎法

主体功能区建设的理论基础、国土空间规划体系变革、区域政策体系等研究内容采取逻辑推理演绎的分析方法,层层剖析,步步深化,最终推导出可供检验的研究结论。

4) 对比分析法

一方面,用于主体功能区建设与国外相关规划或战略项目的对比研究,以更好地借鉴国外经验和做法;另一方面,由于主体功能区规划是一项具有中国特色的创新型空间规划,必须借鉴传统和当代区域规划理论和方法。因此对比分析还将用于传统区域规划、当代区域规划和省域主体功能区规划之间的对比研究。另外,在诠释主体功能区相关概念内涵时,也主要运用对比分析法,对比分析法贯穿研究全过程。

5) 实证分析法

理论只有结合实践,才有生命力。主体功能区建设是一个极具实践性的研究领域,因此必须进行实证研究。本书选择具有一定代表性的案例省份进行实证分析以检验理论方法的科学性和正确性。

第 2 章 国内外研究进展

由于"主体功能区"由我国首次提出,国外并没有直接以"主体功能区"为主题的研究成果和案例。国内也只是在 2006 年才兴起"主体功能区"研究浪潮。但在一定程度上,现有相关研究成果对"省域主体功能区建设"研究仍起到了积极的推动作用。

2.1 国外研究

国外没有直接以"主体功能区"为命题的研究成果,更没有针对省域主体功能区建设的研究成果。但是,主体功能区建设是一项涉及社会经济自然等众多因素的复杂系统工程,主体功能区规划也属于空间(区域)规划范畴,其目的在于规范空间开发秩序、形成合理有序的国土空间格局、实施差异化的区域政策以促进区域协调发展。这与国外部分发达国家的空间规划指导思想具有一定的相似性。因此,国外部分空间规划实践和相关研究在一定程度上可为主体功能区建设研究提供些许参考。另外,由于主体功能区划是主体功能区规划编制和主体功能区建设的基本前提和重要内容之一,因此研究主体功能区建设必然要首先研究主体功能区划。同样,国外也没有主体功能区划的直接研究成果。但是,国外问题区域的识别与划分以及功能区域划分的理论与方法,都是值得借鉴的。

2.1.1 欧洲空间发展展望

针对欧盟内部存在的经济严重不平衡,以及自然文化遗产正受到经济现代化和社会现代化威胁的问题,1999 年欧盟空间规划部长级非正式会议通过了欧洲空间发展展望(European Spatial Development Perspective, ESDP),以寻求欧盟地域范围内平衡和可持续的发展。该文件并不具有法律约束力,只是为欧盟成员国提供政策框架。其提出的三个基本政策目标是经济和社会协调、自然资源和文化遗产保护、欧洲地域范围内更加平衡的竞争力分布。显然,ESDP的目标与我国主体功能区战略的初衷具有高度的一致性。ESDP同时指出,区域必须保持发展、平衡和保护三者的协调,各地方应根据自身情况确定这些目标各自应得到的重视程度以及协调彼此关系。

据此,ESDP提出了欧盟空间发展的指导方针:发展多中心与均衡的城市体系,强化城乡地区之间的合作伙伴关系;倡导交通与通信整体发展,实现使用基础设施和获得知识的机会均等;以明智的管理手段开发保护自然与文化遗产。

就其实施而言,ESDP提供了寻求整体性空间发展的政策整体框架,并建议各部门和各地方展开广泛的合作,同时要求欧盟整体发展政策也应与具体地区发展政策相结合。不同的地理区域政策选择应有所不同。ESDP提倡在欧洲共同体、跨国/国家、区域/地方三个层面展开空间合作,并且从欧盟的视角看,跨国合作最为重要。

在欧洲共同体层面,ESDP建议欧洲委员会定期系统地检验政策的空间影响。各成员国的国家空间发展报告,应以ESDP的结构为基础,定期提供空间发展政策及其实施情况的标准化信息,以便各成员国对空间发展趋势的描述具有可比性。欧洲委员会及成员国应构建可靠的空间发展评价标准和指标,目前正在接受检验的7项标准是:地理位置、经济实力、社会整合度、空间整合度、土地利用压力、自然资产和文化资产。基于共同标准和可比性空间数据,欧盟对有关空间问题进行的长期研究作为ESDP不断调整的一个必要组成部分,为此,ESDP要求各成员国空间研究机构应建立起长期稳定的网络关系,以便收集和交换信息。

在各成员国的跨国合作上,ESDP建议在INTERREGⅢ(区域间合作计划Ⅲ)框架下继续谋求以项目为导向的空间发展跨国合作。

在跨境合作和区域间合作上,ESDP建议:应构想跨境空间发展的目标和策略,并在空间发展规划和部门规划中予以考虑;对所有与空间相关的规划和措施定期进行跨境范围的调整;广泛制定跨境区域规划,并在适当的时候制定土地利用规划;区域和地方政府应在空间可持续发展领域进行更为紧密的合作。

就 ESDP 在成员国中的实施而言，ESDP 建议各成员国应在各自的空间规划体系中将 ESDP 的政策目标和选择纳入考虑；地方和区域政府及行政机构在考虑自己的地域问题时，应克服一切孤立的思想，从一开始就应该充分考虑欧洲层面的因素以及欧洲各国的相互依存关系。

2.1.2 欧洲空间规划研究项目

欧洲空间规划研究项目（SPESP）是针对 ESDP 迫切需要提高政策制定依据的科学性而获得立项的。其只是结构基金（Structure Funds，欧盟促进经济平衡布局的空间政策之一，其主要做法是依据空间分类进行差异化基金资助）第 10 款中的一个试点行动，主要任务是进一步完善城乡合作概念、将 ESDP 提出的空间区分标准概念化和指标化、为空间政策的图形化阐释提供方案。

1）空间区分标准

SPESP 认为该项研究工作的最大挑战是将空间区分标准概念化，并构建一套指标体系，以监测和预测欧洲的空间发展。而最大障碍是数据可获得性，该问题也曾是我国主体功能区研究过程中的最大障碍。目前，在我国相继进行七次全国人口普查、三次全国土地调查、一次基本地理国情调查并初步建立起区域资源环境承载力预警监测机制等系列工作后，主体功能区建设的基础数据得到了根本性保障。

关于空间分区指标体系的构建，SPESP 认为，应对 ESDP 所提七项标准的相互关系进行评价，从而对一些指标做出修正；选择恰当的地理规模是指标体系构建的重要环节，一些指标有必要选择新的方法以获取一定地理范围的相关数据；建立一套可比的基础数据为实际操作手段的建立奠定基础。为此，SPESP 利用二元和多元相关分析、因子分析、聚类分析、回归分析等方法对指标的相互关系进行了研究，并按照每一个标准需要一个或多个指标、每个指标在不同地区间应具有较大的分辨力、具有能够预测地区发展的解释力以及与 ESDP 目标政策具有相关性的要求，建立了以 7 项标准为支撑的指标体系，如地理位置标准选择通达性指数指标。为了便于政策导向分析，通达性指数具体又分为参考指标（地理经纬度、平均海拔、海岸线长度、平均年日照、主要语言、人口的公路、铁路通达性和 GDP 的航空通达性）和专项指标（通达性，包括每个国家平均区域通达性、主要公路铁路的连接性、从鲁尔到大型经济盆地的城市间最小旅行时间通达性、从鹿特丹开始的货车旅行时间通达性等)两个层面。在空间分析单元上主要是 NUTS 区域(欧盟标准地区统计单元目录所界定的区域,包括 NUTS2、NUTS3、NUTS4 等不同层面),有些指标分析则基于 250 m×250 m 地理网格单元。同时,SPESP 也做出了主要指标的评价图。从中可以发现,上述思路和方法对我国主体功能区划具有良好的借鉴意义。

2) 空间政策可视化

SPESP 认为空间政策的可视化方法应在"干中学"的工作程序中不断完善。目前,绘图法和 Infography 是两种可供选择的方法。前者作为一种理性的和客观的现实表现方法,以科学方法论为导向;后者运用地图产品和方法作为输入,但较少受到严格的科学规则约束,是一种创造性的方法,具有艺术导向性。在具体实践中应把两者有机结合,并由此创造了多种空间政策可视化方法。

2.1.3 空间规划实践

空间规划在欧洲具有比较悠久的历史,其中荷兰、德国、爱尔兰等国的空间规划具有一定的代表性。就其对我国空间规划的借鉴意义而言,德国空间规划最具典型性。因为德国人多地少的基本国情与我国具有很大相似性,且其在空间规划领域进行了长期探索和实践,形成了比较完善的规划体系,在编制和实施空间规划、优化空间结构、促进区域均衡发展等方面积累了丰富的经验。因此,本节重点介绍德国空间规划实践经验。

1) 空间规划体系

德国空间规划可分为联邦政府规划、州规划(地区规划)和市镇规划三级。空间规划法定权限在各州和地方政府,联邦政府仅拥有确立空间规划总体框架的权限。但联邦政府和各州共同制定空间开发模式和指导原则,由各地方政府以具有法律约束力的空间规划来组织实施。空间规划的重点在州一级,越到基层,内容越具体,约束性越强。一般来说,上一级的规划相对原则,主要起导向作用,并且每一级规划都有权威的法律为依据。如联邦空间规划依据《空间规划法》和《空间规划条例》;州规划依据各州自己制定的规划法,同时也受《空间规划法》约束。不同层次的规划相互衔接,一般上层规划要适应下层规划的要求,下层规划要遵从上层规划的基本原则。

除此之外,美国、英国、法国、韩国、日本等发达国家的空间规划体系与德国相比,既有相似性又存在明显差别。表 2-1 列出了主要发达国家空间规划运作体系(与法规体系、行政体系共同构成空间规划体系),可以看到,发达国家的空间规划运作体系具有三个显著特点:① 运作体系层次简单明了,一般不超过 4 个层级;② 运作体系的最高层次都是覆盖全部国土的国家空间(区域)规划(纲要),如日本的全国综合开发规划、德国的联邦空间发展规划等;③ 德国、日本和韩国空间规划运作体系都重视乡村区域规划,如德国的市镇村规划、日本的市村町综合发展规划、韩国的农村综合开发规划等。另外,这些发达国家的空间规划还具有两个明显不同于我国的特点:① 具有权威的核心法律作指导,如英国的《城乡规划法》、美国的《区域开发法》、日本的《国土综合开发法》等等;② 空间规划具有明确的问题导向,这在日本的五次国土综合开发规划中体现得最为明显,空间规划在不同的社会发展阶段和不同时期所针对的主要问题明显不同。

表 2-1 主要发达国家空间规划运作体系比较

国家	运作体系	核心法律
美国	联邦区域开发规划—独立州综合规划—州中区域规划—地方综合规划	《区域开发法》
英国	国家规划—地方圈规划(共 9 个圈)—地方自治发展规划	《城乡规划法》
德国	联邦空间发展规划—州规划—市镇规划	《空间规划法》
法国	国家综合公共服务规划—州规划、特定地区规划—地方自治体土地规划	《国土建设开发基本法》
日本	全国综合开发规划—三大都市圈等典型区域规划—都道府县综合发展规划—市村町综合发展规划	《国土综合开发法》
韩国	国家建设综合规划—首都圈建设规划/特定地区建设综合规划—郡/道建设规划—农村综合开发规划	《基本国土法》

资料来源:刘传明等,2005;高毅存,2005;刘黎明等,2004

2) 联邦空间规划报告

德国宪法规定,联邦政府必须向各州提供空间发展方面的指导,目前形式是提供并不具有法律约束力的空间发展和规划报告。2006 年发布的《德国空间规划的概念与战略》报告主要内容包括描述欧洲及德国的空间类型和空间结构、阐述德国面临的重要区域性问题、分析空间发展趋势、提出空间规划和政策措施。不同时期报告的内容有所差异,2006 年报告相对 2000 年报告就增加了地区生活质量分析和有空间效果的联邦财政手段等内容。而空间类型划分在不同报告中也有所不同,如2000年报告分为密集地区、乡村地区和居住区与交通走廊三种类型,2006年报告则把空间分为中心地区、边缘地区和过渡地区三种类型。虽然两次报告的主要内容存在一定差异,但其实现的目标却是相同的,即实现德国可持续空间发展、均衡德国各地生活条件、加强各地区自我发展能力和加强开敞空间的保护等。这与ESDP所倡导的目标具有极高的一致性,也体现了不同层次规划间的衔接和协调。

3)州(域)规划

德国各联邦州自行制定空间规划的法律法规,并以此为依据编制空间布局规划和发展规划,部分内部存在行政管理区(相当于我国的地区)的州还编有以行政管理区为地域单元的州(域)规划。一般而言,只有州(域)规划具有问题针对性和具体的处理措施,而州空间布局规划和发展规划仍然是指导性和纲领性的,一般需要确定城镇等级次序、空间发展轴、开放空间与保护用地体系、重要交通与基础设施廊道等,对地区规划和地方土地利用规划具有指导作用。

4)市镇规划

市镇规划也称为建设指导规划,是具有约束力的强制性规划。《建筑法典》和《建筑法典实施法》是该类规划的主要法律依据。其通常分为土地利用规划(准备性的建设指导规划)和建设规划(强制性的建设指导规划)两级结构。

5)规划协调和决策

根据评估,德国规划编制工作仅有20%的工作量用于编制规划文件,而近80%的工作量则用于协调规划编制过程中的各种矛盾和问题。具体协调机制由纵向协调和横向协调组成。其中,纵向协调是指联邦政府和州政府之间的协调,主要通过部长会议或联邦有关法律进行,信息交流和辩论是最重要形式;横向协调是指政府各部门之间、政府与市场主体之间的协调,主要通过讨论协商来进行,如本级协调不成功可以逐级上升,直至内阁。涉及矛盾与冲突的有关利益方可以向上级政府或中央政府进行申诉,也可以上诉法庭来进行裁决。这种做法能够反映绝大多数民众的意愿,增强了规划的科学性、合理性、合法性,使规划出台后能够得到各方面的支持,从而有利于规划的贯彻和实施。另外,联邦政府规定州与州之间的空间规划必须进行协调,但并没有固定的协调程序,通常做法是在规划通过前将规划草案送有关州过目。联邦规划的决策权在内阁,但必须征得议会同意。议会是站在人民代表的立场来审查规划,而不是站在立法机构的立场来审批规划。各州制定的空间规划草案,要提交联邦政府过目,联邦政府可以提出意见,但没有批准权或否决权。州规划一旦通过,联邦政府也必须受此约束。市镇规划和区域规划必须得到州政府批准,但州政府一般不是审定规划的具体内容,主要是审查规划编制程序的合法性。

2.1.4 标准区域划分

标准区域是名称被标准化并被编码的、范围相对固定的作为区域政策与规划编制基础的多级规划区域。其划分属于空间区划范畴,是一个相对独立的研究领域。发达国家比较注重标准区域划分,并且已形成了相对成熟的划分方法和动态调整方法,最具代表性的是欧盟的标准地区统计单元目录(Nomenclature of Territorial Units for Statistics,NUTS)和美国经济地区(Economic Areas,EA)划分。通常,标准区域划分坚持相对同质性、内聚性、行政可行性、历史性、系统性和完整性等划分原则。

1)美国经济分析局的经济地区划分

美国经济地区的划分始于1977年,由美国经济分析局(Bureau of Economic Analysis,BEA)负责,后经1983年、1993年和2004年等多次调整。2004年新调整的区划框架包括344个成分经济区(Component Economic Areas,CEA)和179个EA(Johnson et al.,2004)。其目的是为了确定经济分析和区域政策的基本区域框架。其划分所依据的基本空间单元是县级行政区。划分流程主要包括三步:第一步是节点认定,即选取可作为经济活动中心的大都市区及非都市县作为节点;第二步是依据通勤量指标确定节点周边县的节点归属,由节点和确立为该节点的周边县构成CEA;第三步是将CEA组成新的EA,在本过程中通勤模式和经济规模是两个重要因素。

2)欧盟的标准地区统计单元目录

欧盟的标准地区统计单元目录始于1988年,由欧洲统计局建立,后经多次变动,2003年获得了法律地位。其目的是为欧盟提供一个独一无二的和统一的地域单元划分,并主要用于欧盟区域统计资料的收集、开发与协调,以便为区域经济分析提供可比和可靠的系统数据,从而为共同体制定区域政策奠定科学基础(张可云,2005)。

建立 NUTS 目录依据三个主要原则：其一，照顾习惯划分。主要以目前成员国使用的习惯性行政区划分为基础。其二，照顾具有一般特点的区域单元。某些特殊地区单元（矿区、农作区等）有时也为一些成员国利用。其三，实行三级分类（图 2-1）。2003 年以前为五级分类，即 NUTS1、NUTS2、NUTS3、NUTS4、NUTS5；2003 年以后为三级分类，即将第四级和第五级改为地区行政单元（Local Administrative Units，LAU；LAU1 对应于 NUTS4，LAU2 对应于 NUTS5），该类区域不受 NUTS 规定约束，LAU 两级分类延续运用到 2016 年，自 2017 年 LAU 不再划分等级。在 2021 版目录中，欧盟全境共分为 92 个 NUTS1 区域、242 个 NUTS2 区域和 1 166 个 NUTS3 区域，LAU 单元 95 201 个。其中，NUTS1 为主要社会经济区域，NUTS2 为区域政策应用的基本区域，NUTS3 为特别议题小区域。

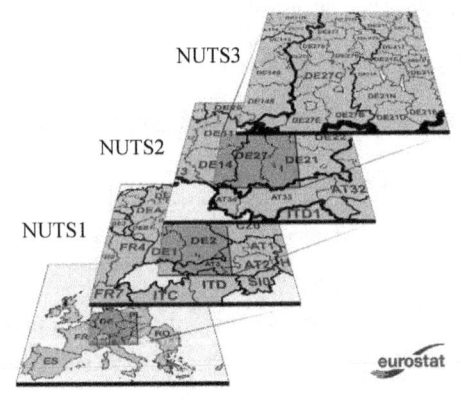

图 2-1 欧盟 NUTS 划分体系

资料来源：https://ec.europa.eu/eurostat/web/nuts/background

2.1.5 问题区域识别

问题区域（Problem Areas）是患有一种或多种区域病且若无援助则难以依靠自身力量医治的区域，是区域管理机构依据一定的规则和程序确定的区域政策受援对象，通常分为落后区域（Backward Regions）、萧条区域（Depressed Regions）和膨胀区域（Excessive Growth Regions）三种类型（Martin，1979）。显然，问题区域只是一个国家的部分国土空间，如何识别这些区域是实施区域政策的关键。欧美发达国家对问题区域的识别是在标准区域的基础上进行的。

由于落后区域和萧条区域属于均质区域,膨胀区域属于功能区域。因此,不同问题区域的识别方法也有所不同。均质型问题区域识别常采用指数加权法、聚类分析法和因子分析法。识别的关键环节是建立指标体系、确定指标权重和区域范围。一般而言,失业率是识别该类问题区域的最常用指标。此外,行业从业人员数量及所占比重、人均国内生产总值、人口密度及人口数量变化、家庭收入水平、住房、健康、教育水平、劳动力及资金的流出率、区域生产指数、投资水平、基础设施水平、生活水平、环境污染程度、犯罪率等社会经济和环境指标也是重要参考指标。功能问题区域(膨胀区域)识别常用的方法则是空间作用分析和流分析,分析对象包括客流、货流和信息流等。

2.1.6 国外研究对主体功能区规划的借鉴意义

如前所述,国外并没有"主体功能区"的直接研究成果。上述几方面可对我国主体功能区规划建设提供一些借鉴(表 2-2)。

表 2-2 国外研究对主体功能区建设的借鉴

相关研究	借鉴之处	借鉴意义
欧洲空间发展展望(ESDP)	① 总体目标 ② 基本政策目标 ③ 空间发展指导方针 ④ 实施措施	① 目标定位均衡可持续空间发展 ② 人口、经济与资源环境的空间协调 ③ 培育增长极;重视城乡协调;基础设施一体化建设;自然文化遗产的保护 ④ 省区建立共同可比性标准;鼓励合作协调
欧洲空间规划研究项目(SPESP)	① 空间划分指标体系 ② 空间分析单元选择 ③ 空间政策可视化方法	① 区划指标体系构建应注意指标关系分析 ② 国土分析可采用多样化空间单元 ③ 区划规划方法坚持"干中学"
德国空间规划	① 规划体系 ② 规划协调方法	① 加强规划立法与完善规划体系 ② 注意纵向和横向协调
标准区域划分	① 划分目的 ② 划分方法	① 以主体功能区规划为契机推动标准区域划分,建立标准区域信息数据库 ② 划分时以县级行政区为基本单元
问题区域识别	识别方法	① 主体功能区类型可分为均质区和功能区 ② 区划可考虑主导因素法及其他多种方法

2.2 国内研究

国内学术界对主体功能区建设的研究是在国家"十一五"规划纲要颁布之后开始的,2006年起主体功能区研究迅速成为学术界的一个研究热点,但随着国家"多规合一"改革和国土空间规划体系的逐步建立,主体功能区建设研究热度明显下降,但依然是当前国土空间规划研究中的一个重要议题(图2-2)。据中国知网检索结果,2006—2022年7月期间,以"主体功能区"为关键词的学术期刊论文共有1 300篇,硕士博士学位论文413篇,年均学术论文发文量78.8篇,其中2008—2010年每年发文均在120篇以上,2010年最高达到135篇。研究领域涉及经济、管理、建筑、地理、资源、环境、农业等20余个学科。

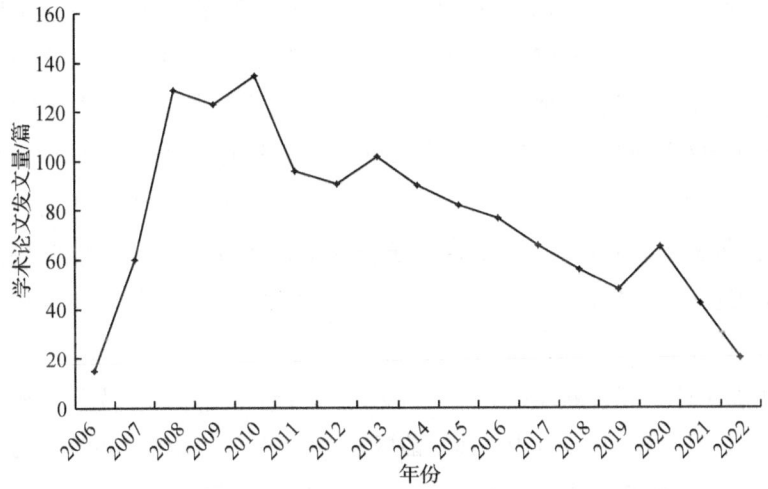

图2-2　以"主体功能区"为关键词的学术论文发文量变化

主体功能区研究与主体功能区建设基本同步进行,主体功能区研究属于典型的"干中学",而主体功能区建设也必然属于典型的"学中干"。经过近16年的实践和研究,国内主体功能区研究成果已逐步走向成熟,研究体系日趋完善。但在新时代国土空间规划改革背景下,主体功能区战略实施仍将继续推进,配套政策还不够健全,建设成效和远期目标尚有不少差距。因此,主体功能区建设研究仍然任重道远。国内对主体功能区的现有研究主要集中在主体功能区建设的理论认知、主体功能区战略、主体功能区划、主体功能区规划、主体功能区实施政策、主体功能区监测评估等方面。现就主要研究内容概述如下：

2.2.1 主体功能区建设理论认知

1) 主体功能区建设的科学基础

主体功能区建设是针对我国空间开发无序和空间结构失衡的现实问题提出的，其现实意义非常明确。但主体功能区建设的科学依据是什么，这一命题对学术界来讲无疑是一个全新的挑战，不少学者从不同视角对此进行了研究。一是从已有的学科理论出发寻找与主体功能区建设相契合的理论支撑（孙鹏，2013）。比如传统的自然地理地域分异理论、人地关系地域系统理论、区位论和空间结构理论、空间管治理论、区域协调发展理论、可持续发展理论、复合生态系统理论，在一定程度上都可为主体功能区建设提供一定理论支撑（冯德显等，2008；秦岭，2010；孙鹏等，2013；盛科荣等，2016）。但是，这些理论对主体功能区建设来讲缺乏明显的针对性。为此，部分学者试图从全新视角探索主体功能区建设的科学理论问题，如樊杰（2007）首次提出了区域发展空间均衡模型，认为主体功能区形成有利于实现空间均衡正向演变过程，空间均衡的前提是资源要素在区域间的合理流动。杜黎明（2007）从区域可持续发展的角度提出了主体功能区划模型。刘传明等（2009）基于空间稀缺性概念，构建了空间供需模型为主体功能区建设提供了理论支撑。丁四保（2009）认为主体功能区划给地理学提出了许多重大的理论问题都有待深入研究，如基于外部性定义下"空间作用"视角的主体功能区划理论等。盛科荣等（2016）初步总结了现代地域功能理论的形成发展与框架体系，为主体功能区建设的科学性提供了系统性的理论提升。樊杰（2019b）进一步提出地域功能—结构的空间组织规律是开展国土空间规划、塑造可持续地理格局的基础理论，也是主体功能区战略的理论基础，实现了主体功能区建设到主体功能区战略和国土空间规划的理论衔接，进一步丰富了现代地域功能理论。

2) 主体功能区建设的理论贡献

主体功能区建设不仅具有较高的实践意义，而且对于区域发展理论的创新也作出了重要贡献。主要体现在：拓展了空间资源价值的内涵，深化了对空间功能互补性和区域发展规律的科学认识（姜安印，2007）；提供了更好的区域定位方法，促使衡量区域发展的指标多元化和科学化，找到了区域可持续发展战略在区域发展中的落脚点,提供了区域协调发展的新思路(孙姗姗,2006);丰富完善了国土空间治理战略内涵,为国土空间治理提供了新的路径(樊杰等,2021a);助推了中国人文—经济地理学的学术创新和学科发展,并在支撑国家科学决策、促进国土有序开发方面发挥了突出作用(樊杰等,2013a)。

2.2.2 主体功能区划

该领域是主体功能区建设研究的核心内容之一。主体功能区划是编制主体功能区规划、推进主体功能区建设和落实主体功能区战略的基础工作。主体功能区划是区别于传统自然地理区划、经济区划、地理区划的功能区划,面临诸多理论和方法难点(丁四保,2009)。因此,国家选择部分省市进行主体功能区划基础研究和试点工作是推进主体功能区建设的必然要求,同时学术界也进行了广泛的探讨,有利推进了主体功能区划研究和区划的科学性。2007年,国家下发了《省级主体功能区划分技术规程(试行)》,有效指导了各地主体功能区划的科学开展。2019年,由樊杰研究员主编的《主体功能区划技术规程》在科学出版社正式出版,标志着主体功能区划技术方法的成熟。就主体功能区划的研究内容看,主要涉及区划层级、主体功能区类型、区划空间单元与分析单元选择、指标体系构建、具体评价和区划方法等。

1) 区划层级及主体功能区类型划分

由于主体功能区战略的实施要依赖区域政策的保障,而区域政策的制定和实施权限主要集中在中央政府和省政府。因此,为了保持事权与财权的统一,政府和学者都认同主体功能区划分为国家级和省级两个层级。其中,国家主体功能区划主要负责对全国具有重要影响的主体功能区的划分识别,省级主体功能区划负责本省内全部国土空间上的主体功能区划分。当然也有学者在流域(唐常春,2011;王振波等,2012)、市级(刘金花等,2013;林锦耀等,2014;黄杉等,2017;鲁的苗等,2018;罗伟玲等,2020)、县级(曹伟等,2011;陈焕珍,2013)等不同层面进行了主体功能区划分的探索。

虽然有不同划分层次,但是对主体功能区类型的划分则存在不同观点。起初部分学者认为,四类主体功能区的划分比较适合国家级主体功能区划,省级应当增加一些过渡类型或把四类进一步分解出亚区(姜广辉等,2011)。而政府层面主张分为四类即可,"十四五"之前已按四类划分法进行了主体功能区规划和建设。但从学术角度讲,对此问题还应进行深入系统研究。因为以县域为区划基本单元,有些县域主体功能的确不够突出,很难归为四类主体功能区。另外,同一类型主体功能区之间的差异如何体现,这就关系到同一类型主体功能区享受的区域政策是完全相同,还是差异化对待等问题。因此,《中华人民共和国国民经济和社会发展第十四个五年规划和 2035 年远景目标纲要》提出"细化主体功能区划分"要求。解永庆等(2021)研究提出了在省级国土空间规划中构建起包括重点生态功能区、农产品主产区、城市化地区三个一级类和生态功能核心区、生态—城市过渡区、农业生产核心区、农业—城市过渡区、城市化核心区、城市—农业过渡区、城市—生态过渡区等 7 个二级类的主体功能区类型体系。在市县层面研究中,主体功能区类型更具有多样性。如罗伟玲等(2020)把广州市主体功能区类型分为核心提升区、调整优化区、重点拓展区、适度发展区和禁止开发区。

2) 区划基本空间单元与分析单元选择

主体功能区划基本空间单元是指各类主体功能区(禁止开发区域除外)落实的最小空间地域。一般而言,基本空间单元越小,内部均质性就越好,主体功能越突出。但主体功能区战略的实施必须兼顾行政区的相对完整性和财政权限的有无及大小,故多数研究成果和政府都认同以县级行政区为主体功能区划的基本空间单元。

主体功能区划基本分析单元是指用于分析识别区划基本空间单元主体功能的最小地域单元,也是获取分析数据的地域空间。由于区划中的部分自然属性数据在县级或乡镇行政区单元具有空间差异性,与行政区边界存在错位,因此,该部分数据的提取与分析应基于自然实体单元或网格。这样,用于主体功能区划分析的基本分析单元就包括了县级行政区、乡镇行政区和自然地理单元(常用公里网格)多种选择(张虹鸥等,2007)。为了便于数据分析比较,究竟以哪种基本分析单元为标准,尚无定论。大多数学者主张以县级行政区为基本分析单元,部分学者主张以乡镇行政区为基本分析单元,也有学者主张以公里网格为基本分析单元,在市级主体功能区划中也有学者主张使用村域或居委会为基本分析单元(罗伟玲等,2020),王振波等(2012)在流域主体功能区划中则把四级子流域作为基本分析单元。而在研究和区划实践中,各种基本分析单元均有采用,甚至把几种基本分析单元综合使用,实现优势互补。

3）区划指标体系

主体功能区划指标体系是主体功能区划中的重点和难点。正如欧洲空间规划研究项目指出的一样，要考虑指标选取的科学性、可获得性、可比性等原则。

在全国是否采用统一的区划指标体系上，政府倾向于采用统一标准，以便于横向比较。这显然有利于具体操作和宏观监测，但其对部分省区的科学解释性和针对性可能会有欠缺。因此，部分研究认为不应强求统一，应根据各地实际选择符合本地的指标，各省区指标体系可以不同；也有部分研究认为全国应保持指标体系的骨干指标或指标项的统一，具体指标可以根据本地条件有所差异（李宪坡等，2007）。

在各类主体功能区识别指标体系是否统一上也存在不同观点。其一，四类主体功能区应采用统一的区划指标体系，有的建议以资源环境承载力、发展潜力和开发强度为支持层（王新涛等，2007），有的建议以保护价值和开发价值为支持层，各支持层大小的不同组合对应于不同的主体功能区。其二，禁止开发区直接按照国家和省级各类保护区的定性标准直接划定，其他三类主体功能区坚持统一的指标体系进行识别（张广海，2007）。该观点也是当前的主流观点。其三，禁止开发区直接按照国家和省级各类保护区的定性标准直接划定，其他三类主体功能区也使用不同的指标体系进行识别，如限制开发区域主要考虑环境承载力，重点开发区域和优化开发区域综合考虑资源环境承载力、发展潜力和开发强度（李军杰，2006；魏后凯，2007）。

综合来看，主流观点构建区划指标体系时主要遵循两种思路：其一，以资源环境承载力、发展潜力和开发强度为支持层，分别选取各支持层下的指标（张广海等，2007）；其二，部分研究成果认为应打破三个支持层的划分，因为相当多的指标具有多重解释力，既可以反映资源环境承载力，也能反映发展潜力或开发强度，从而不易确定这些指标的归属。建议以可利用土地资源、可利用水资源、环境容量、生态系统脆弱性、生态重要性、自然灾害危险性、人口集聚度、经济发展水平、交通可达性、战略选择等为指标项，分别选取各指标项下的具体指标构建指标体系，国家发布的《省级主体功能区划分技术规程（试行）》即采用该种思路。这两种观点都具有一定的可取性，前者三个支持层意义明确，可以分别组合识别主体功能区；后者则避开了指标的归属问题，指标选取更加全面。

4）区划方法

关于区划方法的选择，多数研究赞同把定量分析方法与定性分析方法相结合，认为单纯的定性或定量方法均无法科学完成主体功能区划。具体区划方法包括指标权重赋值方法、指标项指数合成方法、区域类型划分方法、区划界限空间分析方法、区划方案集成方法等。这些方法又包括很多具体的数理方法。因此，区划方法研究结果很难也不可能完全达成一致。就指标权重赋值而言，在全国指标体系统一的前提下，部分研究认为各地相同指标的权重应保持相对一致，具体方法是给出每个指标的权重取值范围，各地按照本地实际进行适当赋值。若指标体系都不统一，则指标权重赋值方法也没有必要强求统一。而常用的赋值方法有层次分析（AHP）法、德尔菲法、主成分分析法、熵值法等（刘传明等，2007）。在指标项指数的合成上，由于赋值方法的不同也存在较大争议，有的主张用加权求和法，有的主张用主成分分析或因子分析法。关于区域类型划分的方法，总结起来主要有加权求和法、主导因素法、聚类分析法、判别分析法、模糊综合评价法、组合评价法（二分法和三分法）等等（张虹鸥等，2007）。关于区划界限空间分析方法的研究，《省级主体功能区划分技术规程（试行）》提出了人口和GDP的空间分布特征线分析法、城市相互作用分析法和中心城市的吸引范围分析法。同时，该技术规程也对区划方案的集成方法做出了规定：上述方法生成的省级区划备选方案要与邻省和国家主体功能区划方案相衔接、与国土开发空间结构相协调、定性分析与定量分析相结合，最终集成为省级区划方案。在市域主体功能区划方面，李力等（2013）提出了基于可开发度指数的石家庄市主体功能区划方法；刘金花等（2013）提出了基于改进生态足迹模型的济南市主体功能区划方法；刘建文等（2018）探讨了基于自组织映射和层次聚类法的北京市主体功能区划分方法。

2.2.3 主体功能区规划

1）主体功能区规划性质与地位

主体功能区规划是我国首次提出的一项新型规划，其性质定位在法律上并无明确规定。在国土空间规划体系改革之前，曾菊新等（2006）认为主体功能区规划属于区域规划范畴，在区域规划体系中应居于核心地位，是指导其他相关规划的依据。杨伟民（2012）认为，主体功能区规划是以国土空间为对象编制的战略性、基础性、约束性的规划,是其他各类规划在空间开发和布局方面的依据,并指出了主体功能区规划与区域规划的关系,可见其认为主体功能区规划不属于区域规划。樊杰(2013b)则认为主体功能区规划是具有创新高度和面向现实需求的战略性、基础性、约束性规划。在国家层面,国务院印发的《关于编制全国主体功能区规划的意见(国发〔2007〕21号)》,明确提出主体功能区规划是战略性、基础性和约束性的空间规划,是国民经济和社会发展规划、城市规划、土地利用规划、区域规划和其他综合或专业规划关于空间开发和布局的基本依据。

2) 主体功能区规划编制

在实践中,2010年国务院发布了《全国主体功能区规划》,此后各省也陆续发布了本省主体功能区规划。从发布的省级主体功能区规划文本看,基本框架基本类似,主要包括发展条件与基础分析、指导思想与规划目标、主体功能区划与主体功能区战略格局、各类主体功能区定位与发展方向或管制原则、规划实施区域政策、绩效评价与保障措施等内容。可以说,这与国务院印发的《关于编制全国主体功能区规划的意见》要求完全相符,即意见中提出的主体功能区规划的编制任务——"在分析评价国土空间的基础上,确定各级各类主体功能区的数量、位置和范围,明确不同主体功能区的定位、开发方向、管治原则和区域政策等"。

在学术研究中,关于主体功能区规划编制的研究成果比起主体功能区划、实施政策和监测评价等研究成果要明显缺乏。仅有的少数成果也多集中在主体功能区规划编制中技术支撑层面,如可视化表达与优化整合技术(罗建军等,2008)、基于GIS(地理信息系统)的规划支持系统(杨瑞霞等,2009)。另外,任唤麟等(2008)提出编制主体功能区规划需要具备全球、全国和代际三种视野。刘洋(2009)探讨了主体功能区规划的编制思路和方法,认为主体功能区规划编制思路应从完整构成土地开发权的土地使用性质和土地开发强度两个方向出发,共同叠加确定主体功能区,并建立"空间+政策"的规划思路。魏宗财等(2012)研究了广州市主体功能区规划管制指标体系,提出了全市和分主体功能区两个层面的指标体系。杨正先等(2014)则重点分析了主体功能区规划中的不确定性,并提出相对应的应对策略。

2.2.4 主体功能区实施政策

主体功能区分类管理的区域政策关系到主体功能区建设的成功,是主体功能区战略得以贯彻执行的保障。无论学术研究还是政府推动层面均认为应构筑完整协调的分类管理的区域政策体系,主要包括人口政策、土地政策、财政政策、税收政策、投资政策、产业政策、生态环境政策、自然资源政策等(国家发展改革委宏观经济研究院国土地区研究所课题组等,2007;徐诗举,2016;周嘉鑫,2021)。《全国主体功能区规划》更是明确提出要构建"9+1"配套政策体系。从纵向层面看,该体系应分成国家和省级两个层次;从横向层面看,该体系应分成优化开发区域、重点开发区域、限制开发区域和禁止开发区域四类区域政策,并且区域政策应突出四类主体功能区的重点差异。比如,国家发展改革委宏观经济研究院国土地区研究所课题组等(2007)认为优化开发区域政策导向应侧重促进产业优化和转移、控制建设用地总量等方面;重点开发区域政策导向重点应放在完善基础设施、增加建设用地供给、提高重大项目和产业支撑能力、促进人口集聚等方面;限制开发区域政策导向应侧重建立生态补偿机制、完善财政转移支付制度、推进生态移民、加大劳动力培训与转移、培育特色优势产业等方面;而禁止开发区域政策导向的重点则放在促进自然保护区核心区人口搬迁、扭转"重开发、轻保护"势头、强化禁止开发区管理机构设置和协调等方面。杜黎明(2010)认为只有主体功能区配套政策形成合理分工、相互促进的体系,配套政策系统功能才可能达到最优。

另外,部分学者针对特定类主体功能区的区域政策体系做了研究。贾若祥(2006b)研究了限制开发区域的政策,认为限制开发区域分类政策体系的重点内容应包括生态补偿政策、财政转移支付政策、生态移民政策和特色产业扶持政策,显然该类政策体系主要针对的是生态保护类限制开发区域。曾繁盛(2008)基于经济学分析框架,立足可持续发展视角,提出限制开发区域的政策重点导向体系包括政绩考核、减少经济活动、特色产业发展、生态补偿和财政转移支付等五方面。陈映等(2011)研究了四川农产品主产区限制开发区域的政策体系,认为仍要从财税、投资、土地、产业、人口、环境、应对气候变化、绩效评价等方面加以构建,各类政策应体现对农产品主产区和限制开发的适用性。陈映(2016)还研究了欧盟、美国、日本、荷兰、巴西等主要国家和地区的空间规划政策,认为相关的生态补偿政策、农业地区发展政策以及支持落后地区发展的政策等将为我国限制开发区域配套政策的制定提供有益的国际经验借鉴。马金强等(2017)重点研究了农产品主产区的支持政策设计,认为应完善强农惠农政策、健全农业补贴制度、建立纵向和横向财政转移支付制度、加大产业和社会事业扶持力度、完善农产品市场调控体系、建立跨区域人口转移转化体系等。徐诗举(2017)认为重点开发区域在新增建设指标分配上,应探索构建人地挂钩的"增量指标""流量指标"以及市场化的"平衡指标"激励制度。姜莉(2013)针对优化开发区域企业创新和经济转型发展的激励政策进行了研究,认为应将企业创新成效作为评判标准、实行有等级的差别激励政策。

区域政策体系需要横向和纵向的协调,也需要与现有各类区域政策的协调。2013年,国家发展改革委发布了《国家发展改革委贯彻落实主体功能区战略推进主体功能区建设若干政策的意见》(发改规划〔2013〕1154号),对实施主体功能区战略的总体政策方向、各类主体功能区政策导向和保障措施提出明确要求。2015年原环境保护部和国家发展改革委联合发布了《关于贯彻实施国家主体功能区环境政策的若干意见》(环发〔2015〕92号)。在地方政府层面,广东省按照国家要求印发了《广东省主体功能区投资政策指导意见》和《广东省主体功能区产业准入负面清单》。国家和地方相关配套政策的出台有力促进了主体功能区建设。但对于主体功能区建设的实际需求和涉及面而言,配套政策仍然不成体系,政策力度和实施效果都有待加强。

在学术研究层面,对区域政策体系框架设计、各项政策间的内在关系、单项政策作用边界与内容等一系列问题的研究整体还比较薄弱。相对而言,近些年学者对土地、财税、投资、人口、生态环境等单项政策的研究日益增多。关于土地政策,许根林等(2007)认为主体功能区差别化的土地政策受现行土地法律、政策和规划的影响。杜黎明(2009)从宏观和微观两个层面研究了不同类型主体功能区的土地政策选择,比如优化开发区域应建立和实施严格控制建设用地增量、优化土地利用结构、强化集约节约利用的土地政策。操小娟等(2020a)认为各类主体功能区建设中,强制性、混合型和志愿性土地政策工具的组合应用差别不明显,未能体现主体功能区差异,为此提出了分别针对城镇化发展区、农产品主产区和重点生态功能区的配套政策建议。关于财政和税收政策,王双正等(2007)提出要构建与主体功能区相协调的财政转移支付制度,合理确定转移支付目标、合理划分各级政府事权和财权、推进财政转移支付法制化。王卉彤等(2008)提出应按照有利于形成主体功能区、协调搭配财政金融、实现基本公共服务均等化和"谁受益、谁补偿,社会受益、政府补偿"的原则建立主体功能区财政金融政策。马海滨(2009)针对河南省主体功能区建设中的财政政策,提出合理界定中央和省级财政支出责任、完善省以下财政管理体制、规范中央和省财政转移支付制度、建立健全补偿机制等建议。贾康(2009)提出了推动主体功能区协调发展的财税政策总体框架,认为税收、转移支付、共同投资、政府采购、公债等是主体功能区财税政策工具选项,优化、重点、限制和禁止四类主体功能区应分别采取创新型、激励型、支持—补偿型、保障—补偿型财税政策。郑涌(2011)、程岚(2014)、廖晓慧(2016)、操小娟等(2020b)等都对主体功能区建设中的财政转移支付制度进行了不同视角的研究。关于投资政策,司劲松(2007)最早探讨了主体功能区实施的公共投资政策,提出了合理确定公共投资政策边界、处理好政策连续性与变化性、完善投资改革内容、与财税体制改革相配套等建议。王青云等(2018)从总体思路、投资领域、投资方式和投资方案等方面,提出了各类主体功能区系统化、差别化和精细化的具体方案。关于人口政策,欧阳慧(2008)针对促进主体功能区人口迁移,提出应简化人口流入程序、降低流入门槛、加快流入人口本地化、建立健全包括流入人口的公共服务体系等政策建议。牛雄(2009)提出了主体功能区构建的差别化人口政策体系,并从人口政策目标、迁移政策、社会配套政策、产业政策、教育政策等多方面对四类主体功能区提出针对性政策建议。关于环境政策,程克群等(2009)研究了安徽省推进主体功能区建设的环境政策,提出了构建环境政策体系的基本思路及框架设计方案,对比提出各类主体功能区的环境政策取向和实施力度。周丽旋等(2010)研究提出由四大综合政策与四类主体功能区差异化政策组成的广东省环境政策框架。郭培坤等(2011)提出的主体功能区环境政策体系包括政策目标、政策手段和政策保障三个方面,适用于主体功能区建设的环境政策手段有环境准入、污染控制、生态补偿和环境经济政策。周民良(2012)从主体功能区环境承载力的差异出发,对四类主体功能区提出了差别化的环境政策方向。杨悦等(2020,2021)把近年来实施的主体功能区环境政策分成空间管控类、环境准入类、综合治污类、污染减排类、生态保护类、环境经济类等六类,并指出目前的环境政策存在对不同类主体功能区的统筹不够、政策破碎化突出、市场化政策等不足,并为此提出了完善的政策建议。从以上研究可以发现,对单项政策研究数量和深度还远远不足,多数还停留在政策导向研究阶段。即使这样,主体功能区分类管理区域政策的实施保障和主体功能区的管治问题还是引起了部分学者的关注(刘玉,2007b;孟召宜等,2007)。

2.2.5 主体功能区实施效果

主体功能区建设是政府和市场共同推进的过程,建设成效需要实践检验,更需要通过评估加以检视,以便及时调整区域政策或主体功能区定位。为此,主体功能区实施效果评估或绩效评价也是主体功能区建设的重要内容之一。

1) 主体功能区建设预期实施效果

主体功能区建设的目的在于规范空间开发秩序、优化国土空间格局、实施差异化的区域政策,以促进区域协调发展。现有研究普遍认为,其实施效果如何关键在于差异化的区域政策的配套和顺利实施,主体功能区建设应该能够实现区域协调发展的目标(邓玲等,2006;刘玉,2007b)。但也有学者认为,即使区域政策能够配套和顺利实施,主体功能区也未必能实现区域的协调发展,甚至可能导致区域差距的进一步扩大,因为主体功能区建设的出发点是"人的繁荣"而不是"区域繁荣",所以不要认为主体功能区能包治百病(魏后凯,2007)。还有学者认为,主体功能区只是一种过渡性的制度安排,区域政策的落脚点最终要回归到问题区域上,对主体功能区的预期实施效果也不看好(张可云,2007)。显然,后两种观点具有一定的局限性,前者持反对态度的根源在于对区域协调发展的内涵理解存在偏差,认为区域协调发展应该是不同区域的发展水平或经济总量大体相当,而实际上主体功能区战略已经赋予区域协调发展全新内涵:各地区人民生活水平大体相当、人口分布与经济布局大体均衡、人口和经济的分布与资源环境承载力相协调(杨伟民,2012);后者则混淆了问题区域与主体功能区之间实施层面的差别。主体功能区的实施针对区域发展空间均衡和地域主体功能空间均衡,而非特定问题区域,是一种宏观的战略性安排;问题区域实施只是针对区域发展的特定问题(膨胀、萧条和落后),是一种微观的战术性安排。主体功能区的实施在一定程度上能够避免问题区域的产生。如果没有宏观的主体功能区调控,那么问题区域会层出不穷,将影响国土空间开发的整体效益。

2) 主体功能区实施效果评估

王倩(2007)探讨了主体功能区绩效评价内涵、实质、意义、动因和评价指标体系设计的思路与原则等,认为主体功能区绩效评价是以不同类型的主体功能区为评价单元,通过建立与主体功能定位和发展方向相一致的综合评价指标体系,对其发展绩效的综合评价。评价时立足区域差异,注重主体功能协同、开发秩序规范的区域协调发展。黄海楠(2010)建立了包括经济发展、社会进步、人民生活、资源环境等四大类指标分不同类型主体功能区的政府绩效评价指标体系,定量评价了陕西省主体功能区政府绩效,为评估实证研究做了探索。但其具体指标选择时部分忽视了"建设成效需要通过指标变化加以体现"的绩效本意。丁于思等(2010)着重对重点开发区域建设绩效评价指标体系进行了研究,通过问卷调查确定了包括经济增长、工业化发展、城镇化发展、公共服务水平和生态环境保护在内的 5 类 35 个指标在内的评价指标体系。王传胜等(2012)认为主体功能区规划绩效评价指标应坚持开发强度控制、分主体功能区设定、跟踪区划指标和关注问题区域的原则,提出了包括集聚效应、社会发展、食物与资源保障、生态与环境保护等 4 个方面的评估指标体系。王茹等(2012)认为主体功能区绩效评价应坚持分类评价,兼顾指标绝对水平和变化,注重指标权威性、可获得性等原则,针对不同主体功能定位提出不同指标体系,如优化开发区域应侧重经济增长及质量、资源利用和生态环境保护、自主创新能力和区域协调发展四个方面。重点开发区域应侧重经济增长及其质量、工业化发展、城镇化发展、基础设施改善等方面。赵景华等(2012)则研究了国家主体功能区整体绩效评级模式,从主体功能区绩效和政府绩效耦合的角度设计了主体功能区整体绩效管理的评价矩阵。万纤等(2015)基于地理国情普查数据,结合《省级主体功能区划分技术规程(试行)》和《地理国监测内容查指南》,分别提出了优化开发区域、重点开发区域、农产品主产区和重点生态功能区的实施效果监测评估指标体系。唐常春等(2015)建立了主体功能区建设的政府绩效考核指标体系,在四类主体功能区采用统一的指标体系,但同一指标在不同主体功能区赋予不同权重。张路路等(2016)对不同主体功能区分别建立评价指标体系,利用 TOPSIS 方法对湖南省主体功能区的规划实施绩效进行了评估。任启龙等(2016)虽然也是针对优化开发区域、重点开发区域、农产品主产区和重点生态功能区分别建立绩效考核指标体系,但其又把考核指标分为主体考核指标和辅助考核指标两类,然后利用求积计算法测算绩效考核得分。李旭辉等(2017)针对生态主体功能区建设绩效的动态评价进行了研究,建立的评价指标体系包括资源环境、科技创新、经济发展、社会发展、民生改善五个方面,采用的评估方法为二次加权的"纵横向"拉开档次法。杨丝雨等(2019)运用空间叠加法和指标体系法分别从空间格局实现、功能区功能落实、实施保障机制等方面对吉林省主体功能区规划绩效进行评价。刘和涛等(2019)利用地理国情普查数据对重点开发区域的国土空间、经济社会和生态环境进行了主体功能区规划实施前后的效果评估对比研究。岳立等(2020)则立足绿色经济发展对优化开发区域进行绩效评估。李乃强(2021)利用 AHP 方法从经济质量效益、产业结构、资源环境、城镇化进程等方面对江苏省重点开发区域建设绩效进行评价。李辉等(2022)采用倾向得分匹配(PSM)与双重差分方法(DID)从城镇发展功能、农业生产功能和生态保护功能三个方面构建指标体系,对重点开发区域、农产品主产区和重点生态功能区进行了绩效评价。陈子琦等(2022)则从生态多样性保护成效视角评估了全国重要生态功能区建设成效。

2.3 研究评述

综上所述,主体功能区建设从提出(2006 年)到 2022 年虽然已有 16 年,但相对而言仍然是一项新的研究领域,主体功能区规划虽然命运短暂但不可否认其是一项创新性战略性空间规划,主体功能区战略实施是一项复杂的系统工程,涉及面广,需要庞大的理论体系和创新性技术方法支撑。在新时代国土空间规划体系改革背景下,主体功能区建设任重道远,需要不断革新。主体功能区建设仍需要不断完善分类管理的区域政策体系,并革新区域发展绩效评价与政绩考核体系,同时也需要健全的主体功能区管理机制和方法。国内外现有研究成果固然对主体功能区建设起到了积极的推动作用,但无论研究范围还是研究深度还远远不能适应主体功能区建设要求。

就国外研究看,现有研究成果主要侧重空间规划实践研究。而其规划实践背景和所针对的特定问题与我国所倡导的主体功能区理念不完全相同,因此很难对其做出全面客观评价,尤其是评价其不足之处。著者认为只能从国外相关规划实践中汲取有益成分,借以用作主体功能区建设。比如,欧洲空间发展展望(ESDP)中的可持续空间发展目标、具体战略指针,欧洲空间规划研究项目(SPESP)中的空间分区标准和指标体系的建立,德国空间规划的规划体系、规划做法等。另外,国外标准区域的建设、区域政策的实施经验和问题区域的识别,对于我国主体功能区划的编制和实施均具有一定的启发作用。比如,我国可以借鉴国外标准区域的设置,尤其是欧洲的 NUTS 设置,建设我国的标准区域用以区域发展分析和主体功能区建设的动态监测等。因此,主体功能区建设应进一步深化对国外上述研究成果和具体做法的研究,以便更好地把国外先进经验与我国具体国情相结合。

就国内研究看,由于主体功能区建设是由我国首次提出的,其迅速引起各级政府的高度重视,掀起了研究热潮,取得了系列众多研究成果。但客观讲,国内研究成果仍不系统全面,主体功能区建设的各子领域研究也不均衡,研究深度也有待于进一步挖掘。具体表现为:一方面,国内对主体功能区建设研究还存在"重此薄彼"现象。学者对主体功能区划的技术方法、主体功能区建设绩效评价等领域研究较多,成果丰富。但在主体功能区建设的理论体系构建、主体功能区的动态调整措施机制、主体功能区协调机制、主体功能区区域政策体系、国土空间规划背景下主体功能区建设路径等方面重视程度不够,研究不足;另一方面,研究成果仍缺乏深度,如对主体功能区建设的科学基础、主体功能区类型细化、分类管理的区域政策设计、主体功能区发展绩效评价、管理模式等研究都明显缺乏深度。

总之,学术界对主体功能区建设的研究不能因为主体功能区规划的独立规划地位消失而不再关注。相反,主体功能区已由最初的规划上升为长远的国家战略,并在国家空间规划体系中赋予新的内涵,《中华人民共和国国民经济和社会发展第十四个五年规划和 2035 年远景目标纲要》也提出了新的要求。因此,主体功能区建设仍需要继续给予关注,并且仍具有相当大的研究空间。对该领域研究仍具有极强的理论和现实意义。

第3章 相关理论基础

主体功能区建设作为一种创新型国家行为，需要科学理论支撑。本章主要从现有科学理论中进行挖掘，探求与主体功能区建设相关的理论基础。

3.1 人地关系地域系统理论

人地关系地域系统理论是由我国著名经济地理学家吴传钧先生所建立的。他认为"人地关系地域系统是由地理环境和人类活动两个子系统交错构成的复杂的开放的巨系统，是以地球表层一定地域为基础的人地关系系统，也是人与地在特定的地域中相互联系、相互作用而形成的一种动态结构"（吴传钧，1991）。人地关系地域系统研究的核心目标是协调人地关系，探求系统内各要素的相互作用及系统的整体行为与调控机理，需要从空间结构、时间过程、组织序变、整体效应、协同互补等方面去认识和寻求全球的、全国的或区域的人地关系系统的整体优化、综合平衡及有效调控的机理（吴传钧，1991）。他认为研究人地关系地域系统的基本方法是分类、区划、定量分析、建立模型和评价等。人地关系地域系统理论要点就是人地相互作用形成的功能、结构、过程和效应，以及人地作用的区域分异特征、系统性和可调控性。该理论是综合研究地理格局形成与演变规律的理论基石，为有效地进行区域开发和区域管理提供了理论依据（樊杰，2018）。刘彦随（2020）根据对人地关系地域系统理论的理解，绘制了理论模式（图3-1），认为人地关系地域系统理论模式应包括人地关系认知、人地系统理论、人地系统协调等循序渐进的三个有机组成部分。在此基础上，他提出了人地系统科学的概念和研究框架，认为人地系统耦合是人类经济社会系统与自然生态系统交互作用、相互渗透,并形成人地耦合系统("人地圈")的综合过程(图3-2),既是人地关系协调的理论基础,也是实施调控措施的主要依据。当人地系统处于适度耦合时,系统会正向演替和协调发展,否则会引发退化或衰落。在人地系统耦合过程中,社会经济系统是人类活动的主体和人地系统耦合,并驱动环境变化的主因。人地系统耦合研究重点着眼于陆地表层系统的自然过程与人文过程的综合研究,其研究范式应从格局与过程耦合,向复杂人地系统模拟和预测转变(傅伯杰,2017),为全球可持续发展决策提供科学依据(傅伯杰等,2019)。

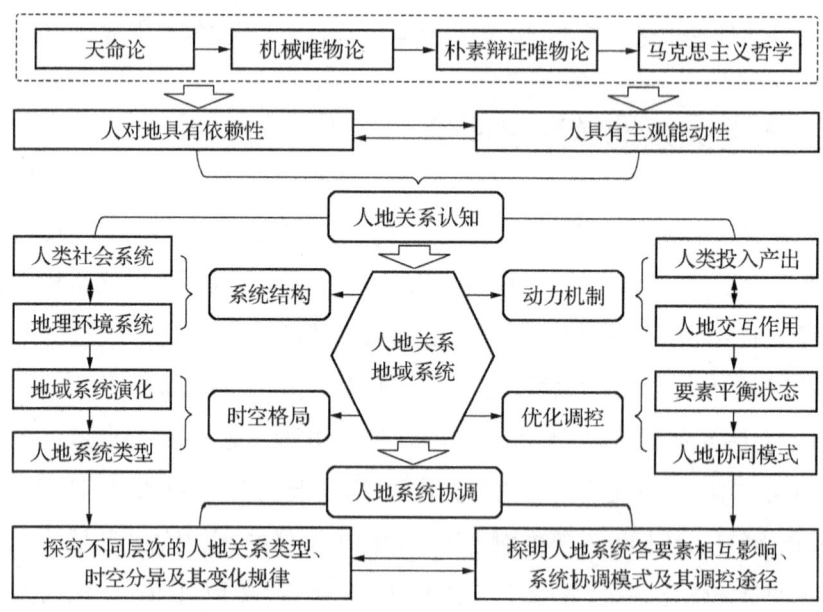

图3-1 人地关系地域系统理论模式

资料来源:刘彦随,2020

由上可见,无论是人地关系地域系统理论还是基于该理论创新的人地系统耦合理论,其着眼点都是促进人地关系的协调。而促进人口、经济分布与资源环境承载力相协调是主体功能区建设的目的之一,主体功能区划分也要基于地域人地关系的科学判断(图3-3)。因此,人地关系地域系统理论及其研究方法都将为主体功能区建设提供科学基础(冯德显等,2008)。

第3章 相关理论基础

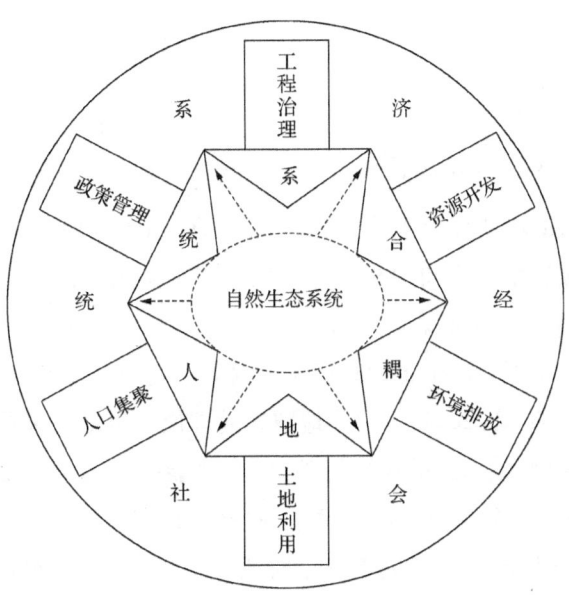

图 3-2 人地系统耦合机理

资料来源:刘彦随,2020

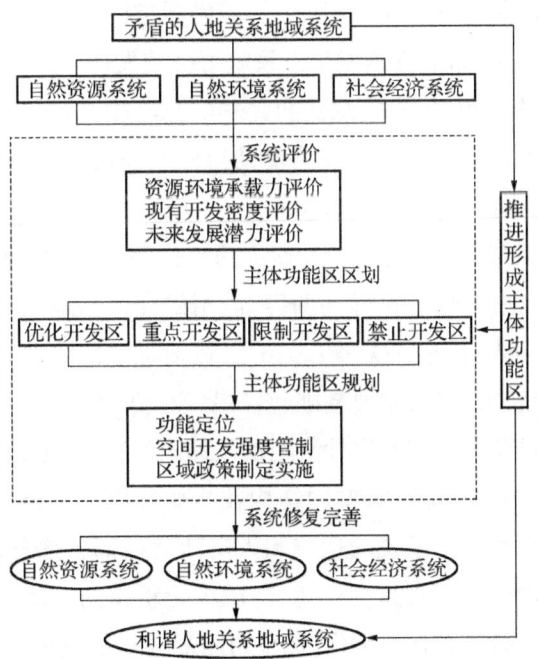

图 3-3 主体功能区与人地关系地域系统关系

资料来源:冯德显等,2008

3.2 地域功能理论

地域功能理论学术思想萌芽于19世纪西方近代地理学的区域研究和区划实践。从法国的区域研究到德国的景观学派和英国的区划工作,都包含着地球表层不同区域应当承担不同功能、人类社会应按照用途(功能)进行国土空间管制的思想(盛科荣等,2016)。

现代地域功能理论产生于近些年来中国国土空间开发实践,由中国经济地理学者提出(陆大道等,2011)。现代地域功能理论是以陆地表层空间秩序为研究对象,重点研究地域功能的生成机理,以及功能空间的结构变化、相互作用、科学识别方法和有效管理手段的地理学理论(盛科荣,2016)。该理论虽然经过了初步形成、正式形成和不断完善三个阶段,但目前也仅仅发展到理论研究框架的整体构思,虽然实现了从核心概念构建到系统学术思想探索的转变,但整个理论仍不成熟。

该理论的核心概念包括地域功能、区域发展空间均衡。其中,地域功能是指一定地域在背景区域内、在自然生态系统可持续发展和人类生产生活中所履行的职能和发挥的作用,具有主观认知、多样构成、相互作用、空间变异和时间演变5个基本属性。区域发展空间均衡是指标识任何区域综合发展状态的人均水平值是趋于大体相等的(樊杰,2007)。

该理论研究框架包括理论和应用研究两部分(图3-4),理论研究主要是地域功能生成机理、空间结构、区域均衡等,应用研究包括地域功能识别、现代区域治理体系构建等内容(盛科荣等,2016)。在地域功能生成机理方面,传统的人地关系地域系统理论是其重要基础(盛科荣等,2018)。

地域功能—结构的空间有序性法则是该理论的核心,也是理论应用价值所在。该法则认为,地域功能及其空间结构在演变过程中是趋于有序化的,这种有序化是人类对自然生态系统的适应和人类活动内部各部分之间相互作用的共同结果。地域功能类型日趋多样化、地域单元承担的功能复合化、地域功能在地域单元的复合效应存在差别化、地域功能复合与地域单元组合存在不确定性是地域功能—结构有序化演变过程中并存的特点,也正是由于不确定性的存在,才有了必要的治理干预,即地域功能—结构的空间组织活动。干预的目标包括地域功能单元的功能定位与地域功能适应性相一致、地域单元内各类功能冲突趋于最小化、不同地域功能的地域单元组合趋于协调、兼顾短期和长期效益(樊杰,2019b)。

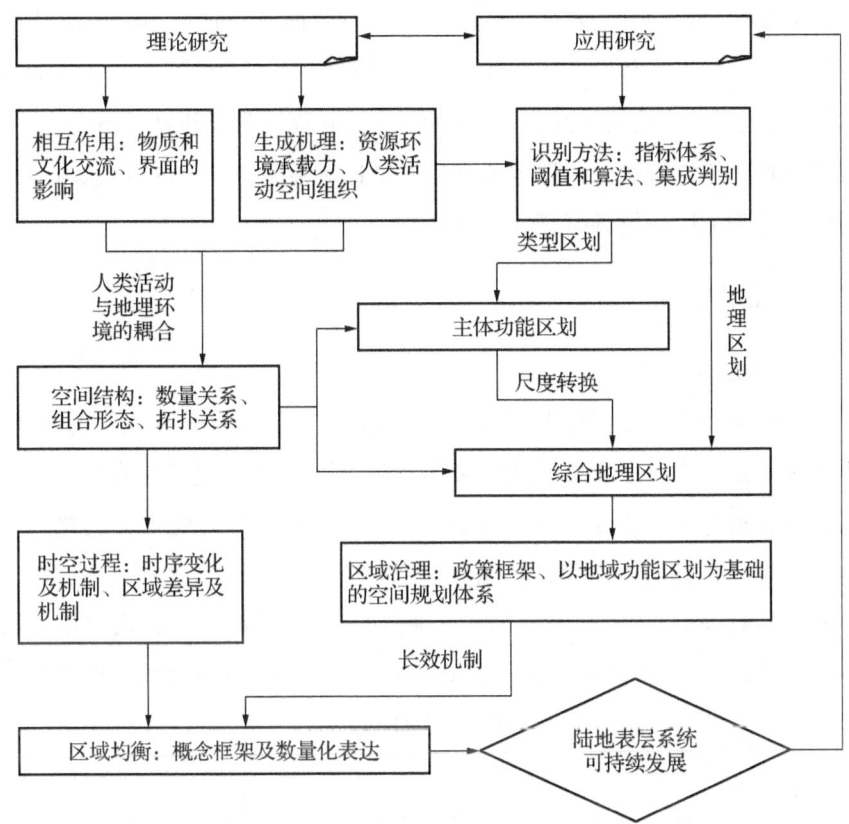

图 3-4 现代地域功能理论体系研究框架

资料来源:盛科荣等,2016

3.3 区域分工理论

区域分工本意是指区域之间经济联系的一种形式。通过分工,能够使各区域充分发挥优势,合理利用资源,提高各区域的经济效益和国民经济发展的总体效益。虽然如此,但目前并没有专门的区域分工理论或学说,更多是借鉴国际贸易中的国际分工理论。主体功能区建设虽然体现的是地域功能分工思想,但也是根据区域自身优势来确定地域应承担的主体功能和开发方式。从广义角度讲,重点生态功能区承担生态功能,提供生态产品,在"绿水青山就是金山银山"理论下也同样具有经济价值,农产品主产区更是如此。各类主体功能区之间虽有功能分工,但彼此相互联系,互为补充,通过交换(工业产品、农业产品、服务产品、生态产品)和补偿(生态补偿、财政转移支付)等方式实现协调发展,共同促进国土空间格局优化。可以说,主体功能区建设正如区域分工一样,既促进区域个体发展也能实现区域或国家整体利益最大化。因此,区域分工理论对于主体功能区建设具有较强的解释力。

3.3.1 成本学说

1) 绝对成本学说

该学说由亚当·斯密在 1776 年出版的《国民财富的性质和原因的研究》一书中提出。他认为自由贸易会引起国际分工,国际分工的基础是有利的自然条件或者是有利的生产条件。每个国家都有适于生产某些特定产品的绝对有利的生产条件,如果每个国家都根据绝对有利的生产条件进行专业化生产,就可以是成本绝对降低。若彼此交换产品,则对有关国家都有利。该理论的缺陷是:如果一个国家与其他国家相比所有生产方面都处于绝对劣势,那么就很难甚至是不可能发生国际分工和贸易(李小建等,2018)。

2) 比较成本学说

该学说由大卫·李嘉图在 1817 年出版的《政治经济学及赋税原理》一书中提出。他认为,如果一个国家生产任何一种商品都处于绝对有利的地位,但有利的程度不同;另一个国家生产任何一种商品都处于绝对不利的地位,但不利的程度也不同。在自由贸易条件下,各国应该把资本和劳动用于具有相对优势的产业部门,生产本国最有利的产品,利用国际分工和贸易完成相互之间的互补(李小建等,2018)。

3.3.2 要素禀赋学说

1919 年,伊·菲·赫克歇尔提出了要素禀赋的论点。1933 年,贝蒂·俄林在其出版的《区际贸易与国际贸易》一书中全面提出了要素禀赋学说。该学说认为区域之间或国家之间存在生产要素的禀赋差异是区域间分工和贸易的原因。在自由贸易的条件下,各个区域或国家都应该根据要素禀赋条件,进行分工,应出口密集使用其要素丰裕的产品,进口密集使用其要素稀缺的产品。通过贸易提高各区域或国家的经济发展水平(李小建等,2018)。

3.3.3 新贸易理论

成本学说和要素禀赋学说能够给予产业间贸易现象合理的解释,但对于同一产业内的贸易却解释无力。因此,以阿维纳什·迪克西特、约瑟夫·斯蒂格利茨、保罗·克鲁格曼等人运用产业组织理论、规模经济、不完全竞争、多样化等概念和思想,研究20世纪50年代以来发达国家的产业内贸易现象,创立了新贸易理论(刘元春等,2004)。该理论认为,从生产角度,为了追求规模经济,企业就需要选择以专业化的方式不断地扩大生产规模,并保持在国内市场上的竞争优势。这样就产生了两个结果:一是在国内市场上形成只有少数大企业存在的不完全竞争市场,大企业采用倾销的手段或模仿性出口,占领别国的市场,从而引起国际贸易。二是国内生产的产品种类减少,总是选择性地生产少数几种满足国内多数消费者偏好的产品,而消费者对产品的需求表现出差异化和多样化,就只有通过进口别国的产品来获得满足。这样,在规模经济、不完全竞争和产品需求多样化的作用下,国家之间的产业内贸易就发生了(李小建等,2018)。

3.3.4 竞争优势理论

该理论由美国学者迈克尔·波特在1990年出版的《国家竞争优势》一书中提出。他认为,一个国家某产业的竞争优势由生产要素、需求状况、支撑产业和相关产业、企业的战略结构和竞争四个方面因素决定,同时还与机遇和政府作用相关。前四个因素相互组合形成一个菱形结构,形似钻石(图3-5),因此该理论常被称之为"钻石理论"。该理论以不完全竞争市场为前提,强调要想在国际贸易中增加本国的福利,提高在国际分工中的有利地位,就必须提高竞争优势。而一个国家或区域的竞争优势关键在于创新,只有把比较优势转化为竞争优势才能形成真正的优势,否则可能会陷入"比较优势陷阱"(李小建等,2018)。

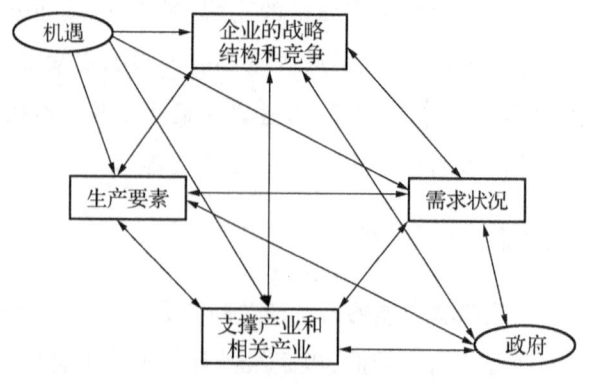

图 3-5　竞争优势钻石模型

资料来源：李小建等，2018

3.4　区域空间结构理论

3.4.1　区域空间结构理论内涵

空间结构是指社会经济客体在空间中相互作用及所形成的空间集聚程度和集聚形态（陆大道，1998）。空间结构理论雏形最早由德国地理学者奥托·施吕特尔于 1906 年提出，之后瓦尔特·克里斯泰勒、奥古斯特·廖什进一步发展了空间结构理论。而对空间结构理论做系统理论分析和模型推导的是 E. V. 博芬特尔。他把区位论与发展理论相结合，分析了不同社会经济发展阶段的空间结构特征以及决定空间结构差异的主要因素，即集聚、运费和经济对土地的依赖性。陆大道等（1998）认为要科学地认识和规划一个区域的空间结构，应对其内涵做解剖研究和综合研究。① 以不同的社会经济"疏密"的带状或面状地域组成的空间结构。该类结构主要缘于自然地带性或地区性差异，以及与海洋、政治中心、经济中心的区位关系等。② 社会经济空间组织的架构或脉络。如增长极、点轴系统、网络结构等是可用于生产力布局的区域空间结构模式。③ 最佳规模和等级体系。④ 以城镇为中心的土地利用空间结构。⑤ 空间相互作用。⑥ 区域空间结构的演变规律。

主体功能区建设重在形成主体功能区格局、优化国土空间结构。主体功能区划定不能仅仅依据资源环境承载力、现有开发密度和未来发展潜力，还要考虑有利于形成国家和区域发展战略格局,如宏观的区域城镇化战略空间格局、农产品主产区战略空间格局、生态保护战略空间格局。因此,区域空间结构理论中的整体思想、非均衡空间结构形成的原理、空间组织的架构模式、空间结构演变等都可为主体功能区建设提供理论依据。

3.4.2 极核式空间结构

极核式空间结构来源于法国经济学家弗朗索瓦·佩鲁提出的增长极理论。他认为,经济增长并不是同时出现在所有的部门,而是首先出现在具有创新能力的行业,这些行业集聚于经济空间的某些点上就形成增长极,之后通过各种方式向外扩散对整体经济发展产生影响。后来,区域经济学者把增长极延伸到地理空间中,形成增长极新的内涵,即具有推动性的主导产业和创新行业及其关联产业在地理空间上集聚形成的经济中心(李小建等,2018)。增长极的形成与发展是形成极核式空间结构的关键。一般认为,在区域发展的早期,因资源禀赋不同,个别地方会成为经济活动的集聚点,但这些集聚点因各种发展条件的差别,发展速度就有快慢之分。那些因遇到良好发展机遇而快速发展的点迅速异军突起超过其他点,发展成为区域增长极。增长极形成之后带来更大的优势,吸引各类要素向增长极集聚,从而带来区域空间分异并在区域发展中占据主导地位(图3-6)。该结构模式用于指导主体功能区建设中重点开发区域或城镇发展区域的确定。

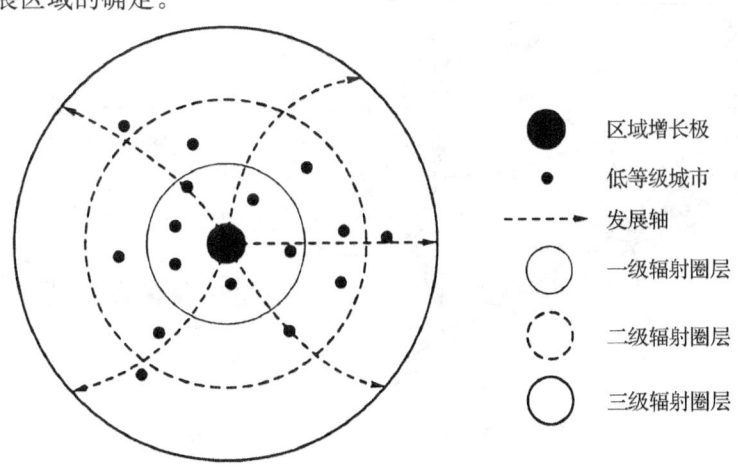

图3-6 极核式空间结构

资料来源:李小建等,2018

3.4.3 点轴式空间结构

该结构模式是在极核式空间结构基础上发展形成的一种空间结构,理论来源于陆大道等(1998)的点轴系统理论。就其形成发展过程看,增长极形成后也会促进其他点的发展,增长极与其他点之间就会产生更多的联系,需要建立各种交通、通信联系通道。通道一旦建立就会促进增长极和点的发展,并带动沿线地区的发展,形成优势区位地带,逐步发展成为区域发展轴。增长极、相关点及发展轴的进一步壮大,又会向外进行经济和社会扩散,形成新的发展轴。这样在区域发展中就会形成不同等级和规模的点和发展轴,彼此相互连接构成分布有序的点轴式空间结构(图3-7)。该结构模式在国家和区域发展中得到广泛应用,并取得了巨大成功。主体功能区建设中的优化开发区域和重点开发区域都是点轴系统的一个组成部分,因此在划分优化开发区域和重点开发区域时应根据点轴系统理论,从不同空间尺度(全国、省域、区域)注重确立不同等级的点轴空间结构,形成以优化和重点开发区域为支撑的区域发展骨架,最终实现不同主体功能区的协调发展。

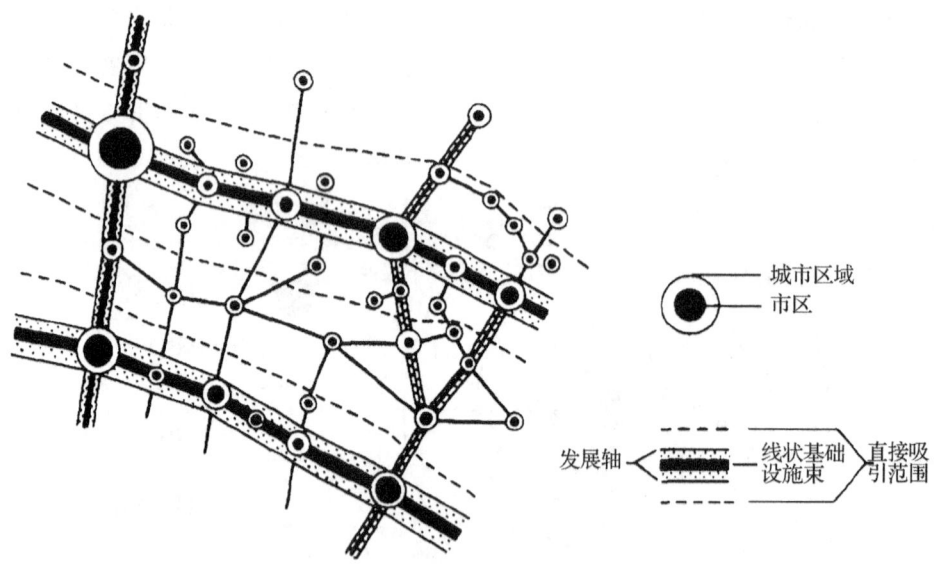

图3-7 点轴式空间结构发展轴的平面结构

资料来源:陆大道等,1998

3.4.4 双核结构

该结构模式是由我国学者陆玉麒(1998)发现并提出的。他认为双核结构是指在某个区域中由区域中心城市和港口门户城市及其连线构成轴线,由此引领和推动所在区域发展的一种空间结构现象(陆玉麒,2021)。其中,"双核"分别是区域中心城市和港口门户城市。从分布现象和产生的渊流看,双核结构是寄生于点轴结构"T"形模式基础上的一种特殊空间结构。该结构模式兼顾了区域中心城市的趋中性和港口门户城市的边缘性,可以实现区位和功能上的互补(陆玉麒,1998),在国内外具有普适性。双核结构理想图式见图3-8。主体功能区建设中重点开发区域的空间布局也应综合考虑双核结构的形成条件并加之培育。

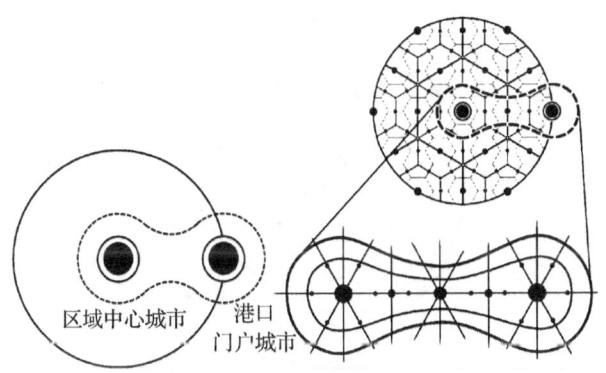

图 3-8 双核结构简易图式与理想图式

资料来源:陆玉麒,2021

3.4.5 核心—边缘结构

该结构模式由美国学者约翰·弗里德曼1966年在其出版的《区域发展政策》一书中提出。他认为任何区域都是由核心区和边缘区两大部分组成,由于现实的资源、市场与环境空间差异,某些地区在经济、文化和政治上比其他地区发展快且具有竞争优势,从而构成地域空间上的"制高点"成为区域发展的核心。由于核心区的存在,边缘区的聚集受到抑制,于是核心与边缘之间形成了不平衡发展格局。但由于距离核心区的区位和资源条件不同,边缘区往往又可以分成向上转移地带、向下转移地带和资源边际区(图3-9)。其中,向上转移地带位于核心区边缘,在核心区繁荣的刺激下发展起来,投资不断增加,资源利用和农业发展的集约化程度不断提高,人口迁移量不断上升,显示出经济上升的趋势。向下转移地带包括边远的农村地区,还包括原料枯竭、老工业衰退的区域,经济下降使地区农业呈停滞甚至下降的状态,整个产业结构老化、效率低下,以粗放型经营为主,人口向外迁移。资源边际区富有待开发的资源,对区域发展有极大的潜在价值,它可能位于向上和向下地带之间,随着资源开发和人口聚集,使它与外界尤其是与核心区的联系要多于毗邻地区的联系,创新、变革可能以较快的速度到达这类地区。核心边缘结构启示我们在主体功能区建设中,一要注重核心区(重点开发区域、优化开发区域)的培育;二要采取针对性区域政策避免边缘区尤其是下降地带(偏远农产品主产区、重点生态功能区)的下滑趋向,尽可能实现人民生活水平大体相当的目标。

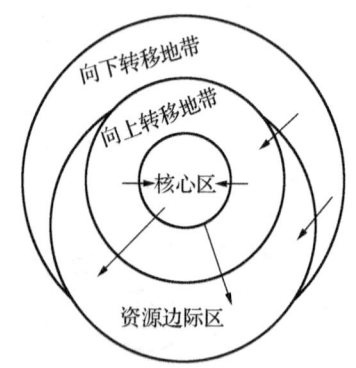

图 3-9 弗里德曼核心—边缘结构

资料来源:许学强等,1997

3.5 区域空间管治理论

区域空间管治是指区域内多种不同利益集团和社会团体之间通过对话、协调与合作等组织方式,在政府与市场之间运用政治权威管理和控制国家资源,解决矛盾冲突,进行区域利益再分配,最大限度地补充市场交换和政府调控不足,最终达到"双赢"的区域综合治理方式(方创琳,2007)。区域空间管治的本质是:用机构学派的理论建立地域空间管理的框架,提高政府的运行效益;有效发挥非政府组织参与区域管理的作用,以提高空间规划的社会、科学和可实施基础。空间管治思想还体现为建立合适的空间规划体系以及区域协调管理体系。空间管治是对地域空间的管治，通常包括城市管治、边缘区管治、区域多中心管治、生态型区域管治等。区域管治是空间管治的一种，在国外受凯恩斯福利国家政策和立法的影响，区域管治的重点是经济核心区与边缘区的经济关系，通过政府间的转移支付和地区经济开发立法，缩减地区之间的差距，防止经济核心区的过密发展，促进落后地区的开发。此外，区域可持续发展、开发战略模式、产业协调、区域政策效应评价、地方政府间竞争、区域营销与形象设计等也是西方国家区域管治的侧重点。其中，如何保证一个科学的区域规划得到有效实施是区域管治的重中之重。区域空间管治涉及的利益主体包括中央元（CA）、地区元（LG）、非政府组织元（NGO）和社区元（CBO）等。当今及未来的区域管治越来越注重广泛的多元主体参与。目前，生态型区域管治是国内空间管治研究的一个重要方向，主要思路是用地的分区管治，对不同类型区采用不同的管治方略，以促进空间的合理利用和可持续发展（朱兴平等，2004）。主体功能区建设是一种多方参与的国土空间格局优化行为，从本质上讲属于空间管治范畴。因此区域空间管治理论中的分区管治、多元参与等思想都将为主体功能区建设提供借鉴。

3.6 可持续发展理论

可持续发展理论是 20 世纪末期，人类面对日益严重的生存危机反思自身观念和行为而提出的一种新型社会发展观，其核心内容是强调正确处理人与自然的关系，以保持与人类发展相适应的可持续利用的资源和环境基础。因此，从本质上讲，可持续发展理论也是一种人地关系理论，基本思想是辩证理解发展与可持续的关系，认为发展是根本和目的，可持续是发展的前提和基础（方创琳，2007）。

1987 年，世界环境与发展委员会在《我们共同的未来》中提出了"可持续发展"的定义：既满足当代人的需求，又不损害后代满足其需求能力的发展。这也是目前对可持续发展广泛认同的定义。按照协同论的观点，可持续发展理论的实质可归纳为理顺五种协调关系，即促进和实现资源开发与经济发展、经济发展与生态环境保育、经济发展与社会进步、资源开发利用与生态环境保护、社会进步与生态环境之间的协调发展。

主体功能区建设目的之一就是促进人口、经济分布与资源环境承载力相匹配,基本思想包括各区域发挥比较优势,因地制宜承担特定功能,彼此相互协调,共同构建起美丽、协调、可持续的人类家园。因此,主体功能区建设也是落实可持续发展理念的行动体现,可持续发展理论必能为主体功能区建设提供科学支撑。

3.7 生态产品价值理论

2010年,《全国主体功能区规划》首次提出"生态产品"概念,即为维系生态安全、保障生态调节功能、提供良好人居环境的自然要素,包括清新的空气、清洁的水源和宜人的气候等。按此定义,生态产品同农产品、工业品和服务产品一样,都是人类生存发展所必需的产品和服务。从本质上讲,生态产品与发达国家所关注的生态系统服务相近(俞敏等,2020)。生态学家Daily(1997)和Costanza等(1997)把生态系统服务定义为直接或间接增加人类福祉的生态特征、生态功能或生态过程,也就是人类能够从生态系统获得的效益。生态产品价值实现是指综合运用政府、市场等手段调节生态产品供给中利益相关者环境利益及其经济利益分配关系的制度安排(丘水林等,2021)。生态产品具有自然属性、稀缺性和时空差异性等特征。从生态产品的经济特征看,生态产品并非只有纯公共产品一种,还存在具有一般私人物品特征的生态产品(生态农产品等)、具有俱乐部物品特征的生态产品(风景名胜区等)、具有公共资源特征的生态产品(河湖渔业资源等)。因此,生态产品的价值实现路径也存在多样化,其中财政转移支付的生态补偿是纯公共类生态产品价值实现的基本路径(俞敏等,2020;丘水林等,2021)。从逻辑上讲,只有给生态产品提供者的实际补偿高于他们从其他任何可能的土地利用方式中获得的额外收益(机会成本),且小于生态产品使用者认定的价值(图3-10),生态补偿机制才能发挥驱动生态地区长期提供生态产品的激励作用(丘水林等,2021),重点生态功能区提供生态产品的主体功能才能得以持续。

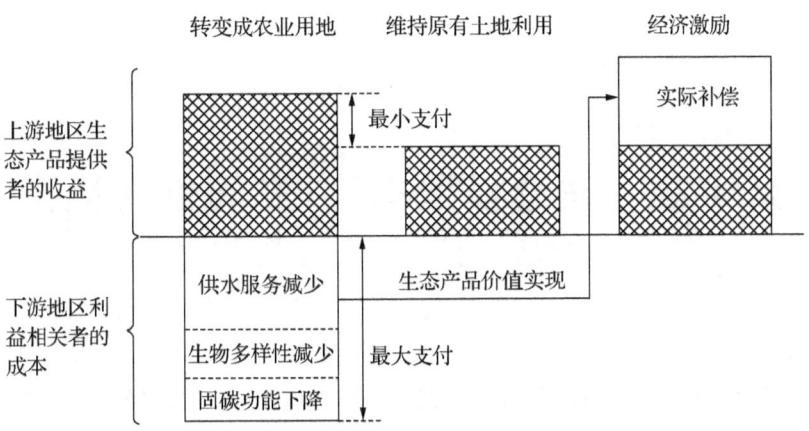

图 3-10 生态产品价值实现的基本逻辑

资料来源：丘水林等，2021

第4章 理论模型构建:空间供需模型

主体功能区建设是规范空间开发秩序和优化国土空间格局的客观要求,是落实主体功能区战略的具体举措。但主体功能区战略和建设的理论基础是一个关乎主体功能区建设和国土空间规划严谨性和科学性的重要命题。第3章已经从现有相关理论出发,梳理了主体功能区建设的理论基础。本章将从空间供需分析的视角,尝试构建起主体功能区建设的理论模型:空间供需模型,以探讨空间结构失衡的原因和表现,进而为主体功能区建设的必要性提供科学解释。

4.1 空间结构组成与空间类型划分

4.1.1 区域的空间尺度

区域是一个客观上存在的,又是人们观念上的抽象的空间概念,其往往没有严格的范畴和边界,而且不同学科对其内涵有着不同的理解(郝寿义等,1999)。但为了研究,尤其是实证研究需要,区域的空间尺度和边界往往需要严格界定。为了便于分析,有时把区域界定为特定的行政区域。本章主要侧重区域空间供需分析和空间结构优化的理论研究,同样需要界定区域空间尺度,但又不能过于具体化(指明特定区域)。基于空间结构要素的完整性和主体功能区建设的空间维度,本章"区域"也取行政区概念,其空间尺度为县级行政区和更高级行政区(市级、省级和全国)。

4.1.2 空间结构内涵及要素构成

空间结构具有广义和狭义之分,广义上的空间结构等同于地域结构(陆玉麒,1998)。所谓地域结构是指区域内自然、生态、经济和社会等结构的空间组合,反映的是自然和人类活动作用于地球表面所形成的空间组织形式。一定地域空间结构的形成和变化,取决于区域组成要素和各种不同物质结构的对应变换关系,是自然和人类共同作用的结果(魏心镇等,1989)。地理学家和区域科学家研究空间结构和分析空间问题时,往往把实体空间结构要素抽象为具有某种内涵和意义的符号及其他表现形式,通常认为点、线、面、流和等级体系是空间结构的构成要素。其中,点、线和面是空间结构组织形式的最基本要素。这些基本要素的不同组合表现为不同的空间结构系统,如点—点组合成节点系统、点—线组合成枢纽系统、面—面组合成地域系统等7种组合模式(曾菊新,1996)。主体功能区建设中所针对的空间结构失衡主要是指不同类型空间组合的失衡,如建设空间与生态空间的不合理组合等。因此本章所言空间结构主要是指面和面要素组合成的地域系统结构,面要素主要指下文界定的城镇空间、乡村空间、交通空间和生态空间等面状空间。因此,本章研究的空间结构就是二维平面空间结构。

4.1.3 空间类型划分

空间类型划分就是按照某种标准把整体空间分成若干类型区域,这些类型区即构成空间结构中的面要素。不同研究区域和研究目的,其要求的空间类型划分标准和划分方案也不相同。德国空间规划在研究空间结构时,根据人口密度和交通可达性把国土空间分成中心空间、过渡空间和边缘空间三种类型,而日本在进行国土开发分析时则把国土空间分成城市空间、农村空间、生态空间和其他空间等类型。借鉴德日两国的空间类型划分方法,结合空间结构研究需要,根据空间所承担的主要功能的不同,著者把陆域表层国土空间分成城镇空间(City Space,CS)、乡村空间(Rural Space,RS)、交通空间(Transport Space,TS)和生态空间(Ecology Space,ES)四大类型(表4-1)。其中,城镇空间和交通空间又可合称为建设空间,乡村空间和生态空间合称为非建设空间。一般而言,这四种类型空间在县级及其以上等级行政区域中都同时存在,从而符合本章研究空间供需和空间结构的区域空间尺度的界定。就各类型空间在区域中的主要功能而言,城镇空间是区域增长极,乡村空间是区域发展腹地,生态空间是区域发展生态保障,交通空间是其他空间的联系通道。四类空间功能各异,但联系紧密且相互转化,进而演变成不同的空间结构并表现为不同的区域主体功能。如城镇空间占主导地位的区域表现出的主体功能为经济和人口的集聚地,生态空间占主导地位的区域则表现出生态保障主体功能等。

表 4-1 区域空间类型划分及比较

空间类型	主要功能	分布特征
城镇空间(CS)	经济增长极、人口集聚地、公共管理中心	相对规则,呈等级体系分布
乡村空间(RS)	提供食物安全保障和保持景观多样性	不规则连续分布
交通空间(TS)	各种空间的联系通道	贯穿其他空间,网络状分布
生态空间(ES)	提供生存环境和生态安全	相对分散与整体连续兼而有之

4.2 空间需求多样性与空间需求模型

4.2.1 空间需求多样性

空间需求主要是指人类为维持可持续发展(坚持集约空间利用方式),在各种发展水平时,所进行的各类生产生活等活动所引起的对各类空间的占用需要大小。由于这里强调以空间集约利用和维持可持续发展为基础,因此本节空间需求特指理性空间需求。另外,本节定义也并不排斥自然界对空间的需求,因为理性空间需求的前提是可持续发展,自然要重视自然界对空间的需求,只不过是把自然界对空间的需求转化为人类对空间的需求。比如,人类需要生态空间提供良好的生存环境(人类对空间的需求),空间就必须满足自然生态空间为人类提供良好生存环境的需要(自然界对空间的需求),因此这两种需求本质上是相同的。需要强调的是,每一时期空间需求大小往往是一种理想状态值,并不总是等于实际空间占用大小。因为理性空间需求要求的是可持续集约型空间利用方式,但社会发展尤其工业化时期的空间利用方式却往往是粗放型的。

在不同的历史时期,虽然人类对空间需求具有不同的特征,但空间需求多样性特征却贯穿人类社会始终。尤其工业革命以来,这种空间需求多样性特征表现得更加明显。空间需求多样性是指在某一时期人类对各类空间均存在一定的需求,而不仅仅是对某单一类型空间存在的需求。其具体内涵界定和空间

第4章 理论模型构建：空间供需模型

类型的划分紧密相关，不同的空间类型划分可以界定不同的空间需求，并体现出不同的空间需求多样性。按照表4-1的空间类型划分，这里界定空间需求多样性主要包括城镇空间需求、乡村空间需求、生态空间需求和交通空间需求，这四类空间需求共同形成空间总需求。

虽然空间需求多样性存在于不同的社会经济发展阶段，但某类空间需求的紧迫程度和在空间总需求中的地位却是不断变化的（图4-1）。

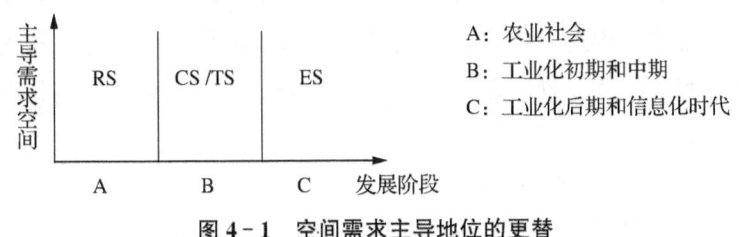

图4-1 空间需求主导地位的更替

在农业社会，乡村空间需求占据主导地位，主要是发展农业生产和提供生活必需食物，以满足人类生存的基本生活需要；在工业化初期和中期，城镇空间和交通空间需求逐步占据主导地位，主要用于发展工业生产（工业化）、人口集聚（城镇化）和交通联系，以满足人类社会整体快速发展的需要；在工业化后期或信息化时代，生态空间的需求将逐步占据主导地位，因为该时期人们除注重物质享受外，开始注重精神享受和综合生活质量的提高，势必要求良好的生态环境。在区域总空间一定的情况下，这种空间需求主导地位的更替必将带来类型空间供给及其组合的变化，即伴随着空间结构的变迁，那么就有可能产生空间结构的失衡和不可持续发展。因此，正确把握空间需求变化的特征和规律，有助于避免空间结构失衡和实现可持续发展。

4.2.2 空间需求模型

由于空间需求具有多样性特征，因此，空间需求模型包括类型空间需求模型和空间总需求模型。

1) 城镇空间需求模型

城镇空间需求是伴随着城镇化进程而产生的一种空间需求，是一定区域在每一发展水平时，在集约型空间利用方式下城镇发展所需要的空间。显然，影响城镇空间需求的主要因素为区域城镇人口数（X_{C1}）、城镇空间集约利用程度

(X_{C2})和城镇产业结构高级化程度(X_{C3})。因此,可以定义城镇空间需求函数为:

$$D_{CS} = f(X_{C1}, X_{C2}, X_{C3}) \qquad (4-1)$$

一般来讲,城镇空间需求与城镇人口数呈正相关关系,与城镇空间集约利用度和城镇产业结构高级化程度呈负相关关系。由此可见,在我国城镇化进程快速推进,城镇人口急速增加的情况下,若要控制城镇空间需求就必须提高空间集约利用程度和推进城镇产业结构升级。这也是我国在人地关系紧张和城镇化趋势不可阻挡的背景下必须选择的发展途径之一,否则落实"新发展理念"就无从谈起。

2) 乡村空间需求模型

乡村空间需求是指一定区域在每一发展水平时,在乡村特定生产生活方式下,为保障食物供给或保持景观多样性所需要的空间。其影响因素主要有乡村人口数(X_{R1})、乡村聚落空间分散程度(X_{R2})、土地生产力(X_{R3})、农业生产方式的先进程度(X_{R4})和乡村景观多样性(X_{R5})等。乡村空间需求函数定义为:

$$D_{RS} = f(X_{R1}, X_{R2}, X_{R3}, X_{R4}, X_{R5}) \qquad (4-2)$$

其中,乡村空间需求与乡村人口数、乡村聚落空间分散程度和乡村景观多样性成正相关关系,与土地生产力和农业生产方式的先进程度呈负相关关系。由此可知,减少乡村空间需求的主要途径有:加速城镇化转移乡村人口、加强村镇空间布局整治、提高农业生产方式和土地生产力。需要强调的是,特定区域的乡村空间需求并不要求都能保障本区域食物供给安全,因为农业生产对自然条件具有较高的依赖性,有些区域可能的确不适宜发展农业生产从而也不能保障本区域食物供给安全,而有些区域农业生产条件极为优越,可能还会兼顾保障其他区域食物供给安全。总之,这是基于发挥区域比较优势、市场体制逐步完善以致粮食流通渠道日趋畅通的考虑。但就全国来讲,由于我国人口众多,粮食供给安全关系到国家的长治久安,为此必须考虑乡村空间保障食物供给安全的能力,因此全国必须保留足够的乡村空间或耕地空间。另外,需要指出的是,乡村空间除了承担提供食物的功能外,还承担着保持乡村景观多样性的功能。在地域广阔、乡村人口众多、民族风俗多样和文化差异明显的国家,保持乡村景观多样性的功能就显得尤其突出。因此,在一定意义上讲,无论社会如何发达,城镇化水平多高,任何区域的乡村空间需求都将永远存在,美国、日本、德国等国家的发展历程就可以验证此论断。

3) 交通空间需求模型

从空间需求主导地位的更替规律(图4-1)可以看到,交通空间是伴随着现代城镇空间的快速发展而迅速拓展起来的一种空间类型,在现代意义上的城镇尚没有形成之时,交通空间对于整个区域而言可以忽略不计。因此,在一定意义上讲,交通空间需求可以视为城镇空间的一种派生性需求。其是指一定区域在一定发展水平下,为保持各类现实空间必要的交往和联系所需要的陆域交通联系通道空间。之所以强调陆域联系通道空间(铁路和公路),是因为航空和水路运输空间基本上不占用区域平面空间(除港口和机场设施)。影响交通空间需求的主要因素有区域国土面积(X_{T1})、区域总人口数(X_{T2})、经济发展水平(X_{T3})、人口经济与资源空间的吻合度(X_{T4})、交通管理水平(X_{T5})、交通运输快速通道建设水平(X_{T6})和自然障碍空间面积(X_{T7})等。一般来讲,交通空间需求与区域国土面积、区域总人口数、经济发展水平和自然障碍空间面积成正相关关系,与人口经济与资源空间的吻合度、交通管理水平和交通运输快速通道建设水平成负相关关系。交通空间需求函数可定义为:

$$D_{TS} = f(X_{T1}, X_{T2}, X_{T3}, \cdots, X_{T7}) \quad (4-3)$$

据此可推断,在区域国土面积和自然障碍空间面积一定、区域总人口数保持相对稳定的情况下,若要实现经济快速发展而又要保持交通空间的低速增长或相对稳定,那么就应该在空间布局上尽量实现人口、经济与资源空间的吻合,同时要大力提高交通管理和快速通道建设水平。

4) 生态空间需求模型

生态空间需求是指一定区域每一发展水平时为保障区域生态安全和提供良好的生态环境所需要的生态空间。由于生态系统要求自身结构相对完整才能充分发挥整体功能,同时生态系统功能也具有正向和负向之分(如森林生态系统的功能是正向的、沙漠生态系统的功能是负向的),所以从生态系统自身来讲,其功能发挥的主要影响因素为生态系统的完整性(X_{E1})和正向功能生态系统比重(X_{E2})。除此之外,就特定区域而言,影响生态空间需求的因素还包括区域面积(X_{E3})、经济发展水平(X_{E4})、经济增长集约程度(X_{E5})、生态系统的空间

分布中心性(X_{E6})等。因此,生态空间需求函数可定义为:

$$D_{ES}=f(X_{E1},X_{E2},X_{E3},\cdots,X_{E6}) \quad (4-4)$$

一般而言,生态空间需求与区域面积和经济发展水平成正相关关系,与生态系统的完整性、正向功能生态系统比重、经济增长集约程度和生态系统的空间分布中心性成负相关关系。

由于生态空间需求也是现实城镇空间、乡村空间和交通空间对生态空间的需求,因此生态空间需求与现实城镇空间、乡村空间和交通空间之间也存在一定的函数关系,故生态空间需求函数又可定义为:

$$D_{ES}=f(S_{CS},S_{RS},S_{TS}) \quad (4-5)$$

式中,S_{CS}、S_{RS}和S_{TS}分别是现实城镇空间、乡村空间和交通空间,也就是城镇空间、乡村空间和交通空间的供给。一般而言,生态空间需求与城镇空间和交通空间的供给呈正相关关系,与乡村空间的供给呈负相关关系。由于在工业化初期和中期,城镇空间和交通空间供给往往呈现粗放增长态势,因此,生态空间需求也随之快速增长。但是城镇空间和交通空间供给的增长却往往侵占和破坏生态空间的供给,生态空间供给不增反减,由此生态空间供需之间出现"赤字",生态环境大多呈现恶化趋势。所以该时期必须充分重视生态空间需求的这一变化规律,切实做好生态保护工作。

5)空间总需求函数

空间总需求是特定区域在每一发展水平下为了实现人口、经济和资源环境的协调发展所需要的总体空间,具体包括上述四类空间需求。因此,空间总需求函数为:

$$TD_S=\sum D_{iS}, i=C,R,E,T \quad (4-6)$$

显然,空间总需求与城镇空间需求、乡村空间需求、交通空间需求和生态空间需求都成正相关关系。在乡村空间需求相对稳定或缓慢降低的情况下,若要实现空间总需求的降低,就必须尽量减少城镇和交通空间需求,这样生态空间需求也会随之降低。需要强调的是,空间总需求的目的是实现区域人口、经济和资源环境的协调发展,空间需求大小是在可持续发展状态下的需求大小(理性需求大小)而非现实中粗放增长不可持续发展状态下的需求大小。而可持续

第4章 理论模型构建:空间供需模型

发展必然要求各类空间在组合上达到合理优化,即区域空间结构必须达到最优,这样才能实现最优发展(陆大道,2001)。

从上述类型空间需求模型和空间总需求模型都可以发现一定的规律,而这些规律对快速发展引致空间结构失衡的中国而言具有极强的借鉴意义(表4-2)。

表4-2 空间需求函数归纳及减少空间需求的途径选择

空间需求类型	影响因素	相关关系 正	相关关系 负	空间需求函数	函数启示:减少需求措施
城镇空间需求(D_{CS})	城镇人口数(X_{C1})、城镇空间集约利用程度(X_{C2})和城镇产业结构高级化程度(X_{C3})	X_{C1}	X_{C2} X_{C3}	$D_{CS}=f(X_{C1},X_{C2},X_{C3})$	提高空间集约利用程度,推进产业结构升级
乡村空间需求(D_{RS})	乡村人口数(X_{R1})、乡村聚落空间分散程度(X_{R2})、土地生产力(X_{R3})、农业生产方式的先进程度(X_{R4})和乡村景观多样性(X_{R5})	X_{R1} X_{R2} X_{R5}	X_{R3} X_{R4}	$D_{RS}=f(X_{R1},X_{R2},X_{R3},X_{R4},X_{R5})$	加速城镇化进程,优化空间布局,提高农业现代化程度和土地生产力,保护乡村景观
交通空间需求(D_{TS})	区域国土面积(X_{T1})、区域总人口数(X_{T2})、经济发展水平(X_{T3})、人口经济与资源空间的吻合度(X_{T4})、交通管理水平(X_{T5})、交通运输快速通道建设水平(X_{T6})和自然障碍空间面积(X_{T7})	X_{T1} X_{T2} X_{T3} X_{T7}	X_{T4} X_{T5} X_{T6}	$D_{TS}=f(X_{T1},X_{T2},X_{T3},\cdots,X_{T7})$	空间布局尽量实现人口、经济与资源空间的吻合,大力提高交通管理和快速通道建设水平
生态空间需求(D_{ES})	生态系统的完整性(X_{E1})、正向功能生态系统比重(X_{E2})、区域面积(X_{E3})、经济发展水平(X_{E4})、经济增长集约程度(X_{E5})、生态系统的空间分布中心性(X_{E6})	X_{E3} X_{E4}	X_{E1} X_{E2} X_{E5} X_{E6}	$D_{ES}=f(X_{E1},X_{E2},X_{E3},\cdots,X_{E6})$ $D_{ES}=f(S_{CS},S_{RS},S_{TS})$	加强生态环境保护与修复,减缓城镇空间和交通空间增长需求,合理布局城镇空间和交通空间
空间总需求(TD_S)	D_{CS}、D_{RS}、D_{TS}、D_{ES}	所有要素		$TD_S=\sum D_{iS}$	优化各类空间组合和空间结构

4.3 空间稀缺性与空间供给模型

4.3.1 空间稀缺性

稀缺性是经济学产生的根源,包括经济物品和服务以及生产经济物品和提供服务的资源都是稀缺的,空间作为一种特殊资源也不例外,同样存在稀缺性。空间稀缺性是指相对人类社会经济活动对空间占有欲望的无限性而言,空间资源是有限的。其表现形式主要有:① 区域空间总数量的有限性。无论空间总需求如何变化,空间总数量却始终是恒定不变的。② 类型空间数量的有限性。每个类型空间都有自己特定的属性要求,只有适宜条件才能发展为特定类型空间,如生态空间和乡村空间对自然条件的依赖等。因此,类型空间的数量绝不是无限的。③ 特定空间具有不可移动性的自然特征。因此,空间的稀缺性很难通过空间流动和技术进步得到解决(技术进步在一定程度上能实现空间利用的立体发展,却不能从根本上增加平面空间的总供给)(罗静等,2003)。

4.3.2 空间供给模型

空间供给是指特定区域在特定发展水平时,各类空间的现实占有量。正如空间需求一样,空间供给也有类型空间供给和空间总供给之分。乡村空间供给、城镇空间供给、交通空间供给和生态空间供给都属于类型空间供给,空间总供给则是指特定区域内现实存在的各类空间的总和。

类型空间供给和空间总供给既有一定共性,也有一定差异。其共性主要体现为类型空间供给和空间总供给都是一种空间现实的体现(真值),而不是像空间需求那样仅仅是理论上的演绎和预测。其不同之处主要在于空间供给的动态变化,类型空间供给处于不断变动之中,而空间总供给却始终不变,具体体现为空间总供给始终等于特定区域总面积。当然,这里是基于这样一个假设:可预知的技术水平和人类广为接受的空间利用方式,即人类的活动空间仍是地球表层,排除了大规模太空开发和星际转移的可能性。由此不难得出空间总供给模型:

$$TS_S = \sum S_{iS} = A_P, i = C, R, E, T$$

式中，S_{iS}是指各类空间供给，A_P为P区域的国土面积。

就类型空间供给影响因素而言，各类空间供给既有共同影响因子，也有自己独特的影响要素(表4-3)。

表4-3 空间供给影响因素比较

空间属性	空间供给类型	共同因素	差异因素
建设空间	城镇空间供给	城镇化发展	城镇空间需求、空间集约利用程度
	交通空间供给	城镇化发展	交通空间需求、空间集约利用程度
非建设空间	乡村空间供给	城镇化发展	乡村空间需求、空间供给历史状态
	生态空间供给	城镇化发展	生态空间需求、自然生态形成状态
综合空间	空间总供给	—	区域国土面积

其中，城镇化发展是影响类型空间供给动态变化的主要因素，其在带来城镇空间和交通空间供给增长的同时，必然带来乡村空间和生态空间供给的减少，即非建设空间供给和建设空间供给之间是"此消彼长"的动态关系。

由上可知，空间总供给恒定不变，类型空间供给不断发生变化。这种变化既有供给数量的变化，也有空间分布和组合上的变化。而这些变化正是空间结构演变的生动体现。因此，要正确把握空间结构演变规律，实现空间结构优化目标，就必须全面剖析空间供给规律。

4.4 空间供需分析与空间结构状态判断

不同类型空间的供给组合表现为区域空间结构(主要是面—面组合结构)，不同类型空间的供需关系反映为区域空间结构的合理性，而区域空间结构的合理性又直接体现为区域发展的可持续性。因此，空间供需分析是判断空间结构状态的工具，而空间结构又是判断区域发展状态的手段。

4.4.1 空间供需静态分析

这里的静态是一个相对的概念，指在特定区域某一发展水平时而不是特定时刻。静态的空间供需分析包括单类型空间和空间总供需分析(表4-4)。

表 4-4 区域空间供需静态分析与空间结构状态判断

空间类型	供需关系	空间结构合理性	区域发展状态
城镇空间	$D_{CS}<S_{CS}$	不合理（城镇无序蔓延）	粗放型不可持续发展
	$D_{CS}=S_{CS}$	合理	集约型可持续发展
	$D_{CS}>S_{CS}$	不合理（城镇外部空间受限、内部空间拥挤）	集约型不可持续发展
乡村空间	$D_{RS}\leqslant S_{RS}$	视城镇空间供需关系而定	同空间结构
	$D_{RS}>S_{RS}$	不合理（食物安全或景观多样性受威胁）	粗放型不可持续发展
交通空间	$D_{TS}<S_{TS}$	不合理（交通空间盈余）	粗放型不可持续发展
	$D_{TS}=S_{TS}$	视城镇空间供需关系而定	同空间结构
	$D_{TS}>S_{TS}$	不合理（空间联系受限）	集约型不可持续发展
生态空间	$D_{ES}\leqslant S_{ES}$	视城镇空间供需关系而定	同空间结构
	$D_{ES}>S_{ES}$	不合理（生态安全受威胁）	粗放型不可持续发展
总空间	$TD_S\leqslant TS_S$	不宜直接判断（视内部结构而定）	同空间结构
	$TD_S>TS_S$	不合理（生存空间危机）	不可持续发展

注：D 代表需求，S 代表供给，其他符号含义同表 4-2。

由表 4-4 可知，要形成合理的空间结构和实现区域可持续发展，必须坚持集约型空间利用方式，城镇空间和交通空间的供需必须达到相对均衡状态，乡村空间和生态空间的供需必须存在盈余或达到均衡。就类型空间供需关系对空间结构合理性的影响而言，城镇空间供需关系影响最大。因为即使乡村空间和生态空间供需达到均衡或存在盈余，也无法直接判断空间结构的合理性，还要视城镇空间供需关系而定。另外，单纯从空间总供需分析，也很难准确判断空间结构的合理性。比如 $TD_S\leqslant TS_S$：① 若 $D_{CS}<S_{CS}$ 或 $D_{TS}<S_{TS}$，则空间结构是不合理的；② 若 $D_{CS}=S_{CS}$ 和 $D_{TS}=S_{TS}$，则空间结构是合理的。因此，类型空间供需关系的组合对于判断空间结构的合理性至关重要。

4.4.2 空间供需动态分析

区域发展是一个动态过程，发展必将带来空间供需关系的变化，进而引起空间结构的变动，而空间结构的变动将推动新一轮区域发展。因此，区域发展、空间供需变化和空间结构变动之间是一种循环的因果关系（图 4-2）。

第4章 理论模型构建:空间供需模型

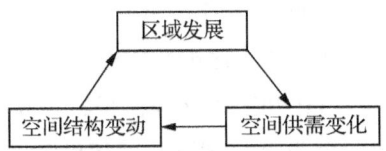

图4-2 区域发展与空间结构变动和空间供需变化之间的循环因果关系

显而易见,伴随着区域发展,空间供给和空间需求具有动态变化特征,空间需求主导地位的更替规律(图4-1)已从空间需求的角度验证了该点。

另外,从经济学角度分析,空间供给与空间需求的理性变化关系应是空间供给应与空间需求成同向变动,即空间需求的增加应引起空间供给的增加。但由于非理性因素的存在和未来预期的不确定性,空间供给并不严格遵从该规律(图4-3),从而有可能引起空间供需矛盾。而空间稀缺性的存在将进一步激化空间供需矛盾,进而导致空间结构失衡。

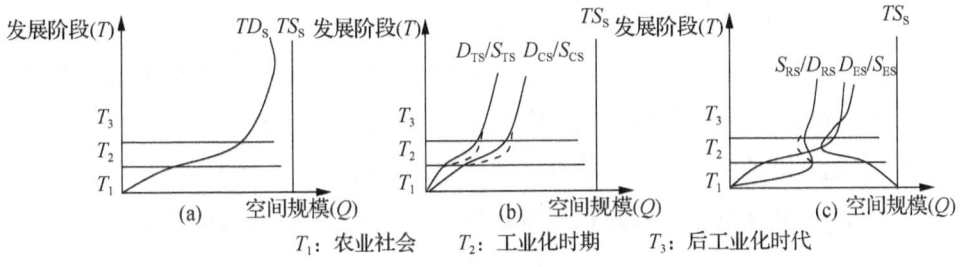

图4-3 空间供需动态变化曲线

就具体动态变化规律而言:① 空间总需求随社会经济发展呈不断上升趋势,空间总供给始终保持不变,如图4-3(a)所示。在工业化中期空间总需求增速明显加快,主要是因为该时期城镇空间需求大幅增长,同时也带动了交通空间及生态空间需求大幅增长,如图4-3(b)、图4-3(c)所示。② 城镇空间和交通空间的供给与需求随社会经济发展而增大,两者之间同方向变动。在工业化中期,两者的供给均有可能且通常也是大于需求[$D_{CS}<S_{CS}$和$D_{TS}<S_{TS}$,图4-3(b)中虚线表示供给偏大,实线表示供需均衡],从而对生态空间和乡村空间过度挤压,导致区域空间结构失衡,区域处于粗放型不可持续发展状态。③ 乡村空间的供给与需求呈同方向变动,但变动轨迹明显区别于其他类型空间。在工业化初期及其以前,区域总人口的迅速增加引起对食物需求的增加,在农业生产技术相对落后的情况下,要增加粮食生产只能依靠农田的增加,故该阶段乡村空

间得到大幅拓展(开垦生态空间)。到了工业化中期,区域总人口虽然仍在不断增长,但由于同期农业生产技术的快速进步能够弥补人口增加所带来的粮食需求缺口,且该阶段快速的城镇化和工业化进程开始大幅侵蚀生态空间和乡村空间,因此乡村空间供给和需求都呈递减趋势。就供需关系而言,该时期有可能出现供给小于需求的状况[$D_{RS}>S_{RS}$,图4-3(c)],主要原因是乡村空间被城镇空间和交通空间大幅侵蚀。而在工业化后期和信息化时代,区域总人口趋于稳定甚至减少,城镇空间和交通空间的需求对乡村空间的压力逐步降低,因此乡村空间的供给和需求都趋于稳定。④ 生态空间的供需关系由异向变动逐步转变为同向变动,且生态空间需求一直呈现上升态势,如图4-3(c)所示。在农业社会和工业化初期,人口增长带来对生态空间需求的逐步增大,生态空间供给不断降低(生态空间被开垦为乡村空间或城镇空间),但供给仍然远远大于需求,区域处于生态空间盈余状态。到了工业化中期,随着城镇空间和交通空间供给的迅速扩大,人类对生态空间的需求也快速增长,但生态空间供给迅速下降(主要是因为城镇空间和交通空间对生态空间的大幅侵占),并且极有可能出现供不应求的局面(生态空间"赤字"),从而导致空间结构严重失衡。在后工业化时代,随着人类保护生态环境意识的增强和经济增长方式的转变,生态空间的供需呈现同向增长态势,并且逐步重新实现生态盈余,区域从而重新走上可持续发展之路。

由此可见,工业化中期空间供需关系变化最为剧烈,极易产生空间供需矛盾,空间结构也最有可能产生失衡。因此,正确把握该时期的空间供需关系变化规律,合理安排城镇空间和交通空间的供给,对于防止空间结构失衡具有重大意义。

4.5 空间结构优化途径选择

综上分析,空间稀缺性和空间需求多样性共同引起空间供需矛盾,进而产生空间结构失衡。空间结构失衡的最主要表现:一方面是城镇空间和交通空间的过度供给以及由此带来的乡村空间和生态空间的减少;另一方面是各类型空间地域组合上的功能失衡(Archibugi,1993)。如前文所述,空间流动和技术进步不可能也不能根本解决空间稀缺性,从而无法解决空间结构失衡问题。因

第4章 理论模型构建：空间供需模型

此，解决空间结构失衡只能从空间需求多样性入手，通过优化多样性空间组合化解空间供需矛盾。具体讲，主要是根据空间需求合理安排建设空间和保护空间的供给，即通过功能区建设优化空间结构。根据区域功能层次的不同，功能区建设可以分为宏观的主体功能区建设和中微观的具体功能区建设。

4.5.1 宏观途径：主体功能区建设

从宏观区域层面看，空间开发无序的主要原因是区域主体功能的同质化。在区域主体功能同质化背景下，各区域实施的是同质化政府对异质区域的同质化管理。各地在此管理模式下，无视自身发展条件，不顾一切地进行大规模开发活动，大力推进城镇化和工业化进程，形成了空间开发混乱无序的格局，导致区域发展严重失衡(邓伶等，2006)。显然，这种同质化主体功能下形成的空间结构，长期来看是缺乏效率、无序和不可持续的，不是最优的空间结构，违背了人地关系协调和因地制宜的原则，不利于区际协调发展。因此，要形成合理的宏观空间结构，必须因地制宜地确定区域主体功能——开发或保护，形成异质型主体功能，进行主体功能区建设，即根据区域资源环境承载力、开发强度和发展潜力，综合考虑未来人口分布、经济布局、国土利用、城镇化格局等因素，以系统的观点合理确定各区域的主体功能。在差异化的区域主体功能定位下，选择合理的产业发展路径和提供合理的空间供给，形成合理的宏观空间结构，从而实现宏观上区域和区际的协调发展。比如，主体功能是开发的区域，空间需求和供给主要是城镇空间和交通空间，产业选择主要是高新产业(发展水平较高区域)和资本或劳动力密集型工业(发展水平不高的区域)；而主体功能是保护的区域，空间需求和供给主要是乡村空间和生态空间，产业选择主要是不影响生态功能和乡村景观多样性的特色产业。在此空间结构下，区域协调追求的不是总量上的均等，而是基本公共服务和人均生活水平的大致相当。显然，这样的空间结构更具效率，更符合"以人为本"为核心的全面协调可持续的"科学发展观"的客观要求。

4.5.2 中微观途径：具体功能区建设

如上所述，主体功能区建设侧重优化宏观空间结构，其只是为形成合理的空间结构提供了框架和方向，实施效果如何还必须结合具体功能区建设。因为主体功能并不是全部功能，主体功能的实现要落脚于具体功能，具体功能的集中体现才是主体功能。具体功能区建设就是在区域主体功能框架指引下，合理组织安排类型空间（城镇空间、乡村空间、生态空间和交通空间）和具体空间（如城镇内部的居住区、工业区等），构筑区域内部合理的空间结构，以尽可能集约化的空间利用方式实现区域主体功能和具体功能的协调发展。

因此，主体功能区建设和具体功能区建设是相辅相成的关系，前者是后者的指针和方向，后者是前者的保障。两者只有协调建设，才能真正形成合理的空间结构，实现区域协调发展。

4.6 本章小结

主体功能区建设的理论基础可以有多种视角。本章则是基于空间供给与空间需求的角度，通过构建空间供需模型为主体功能区建设提供科学注解。主要研究方法为逻辑推理法和系统分析法。主要研究内容和结论有：

第一，空间供需内涵、特征与空间类型划分。空间供给是各类空间的现实占有大小，具有稀缺性特征。空间需求则是为保持可持续发展，在集约型空间利用方式下，人类进行的各类生产生活等活动所需要的空间占有大小，通常是一种理想值，也是理性空间需求，其具有多样性的特征。空间类型划分是为了研究空间结构需要。本章把空间分成城镇空间、乡村空间、交通空间和生态空间四大类型，其不同组合表现为不同的地域空间结构。

第二，空间供需模型构建，包括四个类型空间和总空间需求与供给模型。不同类型空间的需求具有不同的影响因素和需求规律。交通空间需求是城镇空间需求的一种派生性需求，两者成正相关关系。在不同时期，空间需求的主导地位是不断变化的：农业社会和工业化初期，乡村空间需求占据主导地位；而工业化中期，城镇空间需求和交通空间需求则占主导地位；到了后工业化社会，生态空间需求则占据主导地位。这些变化正是引起空间结构变动的潜在动力。空间供给模型相对简单，但空间供给的变化才是空间结构变化的直接原因。

第三，空间供需分析与区域发展状态判断，包括空间供需静态和动态分析。空间供需分析是判断空间结构合理性的工具，而空间结构又是判断区域发展状态的手段。若空间供给能严格追随理性空间需求变化而变化，空间供需始终处于相对均衡,则空间结构不会失衡,区域发展也就始终处于可持续发展状态。但正是由于空间供给稀缺性和空间需求多样性的存在,空间供需关系才可能出现失衡,从而导致空间结构失衡。从空间供需关系判断空间结构的能力看,单一类型的空间供需关系或空间总供需关系大多无法直接判断空间结构合理性,需要组合判断。但城镇空间供需关系具有特殊性,其可以直接判断空间结构合理性。

第四,优化空间结构的途径选择研究。空间结构失衡主要表现为类型空间组合上的失衡。其原因正是由空间稀缺性和空间需求多样性而导致的空间供需矛盾。因此,化解空间结构失衡还要从空间稀缺性和空间需求多样性入手。但由于空间流动和技术进步不可能也不能根本解决空间稀缺性。因此,空间需求多样性是解决空间结构失衡的唯一切入点,具体办法就是进行功能区建设,优化类型空间组合。功能区建设包括主体功能区建设和具体功能区建设,两者相辅相成、相互促进,共同推动空间结构优化和促进区域协调发展。

综上所述,基于空间需求多样性和空间稀缺性的空间供需模型,为主体功能区建设的必要性提供了良好的理论阐释。除此之外,该模型还启示我们必须把主体功能区建设与具体功能区建设紧密结合。

第 5 章 空间区划与主体功能区划

主体功能区划是主体功能区建设的基础和主要内容。主体功能区划要综合考虑资源环境承载力、开发强度、发展潜力、人口经济布局、区域发展战略等众多因子,是一个自然和人文因素高度融合的复杂系统工程(樊杰,2007)。空间区划有哪些类型?各类区划定位是什么?主体功能区划与现有各类空间区划有何区别?省域应划分哪些主体功能区类型?可达性对主体功能区划的重要性如何?这就是本章着重研究的内容。

5.1 空间区划

5.1.1 区划概念与中国区划现状

区划是基于一定的目的,按照一定的标准并遵循一定的原则,将特定地理空间划分成不同的地域单元的活动和过程(杜黎明,2007)。是人们认识地域分异规律的客观反映,通常也是进行社会经济管理和编制实施区域规划的基础和前提。

中华人民共和国成立以来,我国相继开展了多种区划工作,并取得了丰富的区划成果和经验。其中,影响较大和较为常见的区划有自然区划、农业区划、经济区划和生态功能区划等。随着社会经济的发展,根据空间开发管治的需要,近20年又相继开展了区域开发管制区划(城镇体系规划中的一项重要内容)、土地用途管制区划(土地利用总体规划中的一项重要内容)和主体功能区划等工作。与此同时,黄秉维先生在晚年极力倡导进行综合地理区划,部分学者也对此进行了研究(郑度等,1999;刘燕华等,2005)。另外,也有学者对综合自然地理区划(赵松乔,1983;倪绍祥,1994;刘闯,2004)、人文地理综合区划(方创琳,2007)、可持续发展综合区划(刘军会等,2005;干靓等,2015)、国土综合整治区划(封志明等,2006)、地理国情综合区划(孔雪松等,2018)、自然资源综合区划(潘贤君等,1997;张海燕等,2020)等进行了学术和实证研究。可以说,我国已经形成了相对丰富的空间区划体系,并且仍在和仍需不断丰富和发展。这是因为:① 多数区划研究仅以自然地域系统而不是人地关系地域系统为研究对象,制约了区域可持续发展。② 区划多集中在陆域系统,较少兼顾海洋系统,割裂了海陆整体联系。③ 区划多是静态的,不能适应动态变化。④ 始终未能处理好定性与定量相结合的问题。早期区划多是专家定性集成的,后期又过于强调定量分析,区划边界精确划定始终是一大难题。⑤ 区划成果多是科研成果,没有成为法律性文件,未能切实发挥应有的作用。随着习近平新时代中国特色社会主义思想的全面落实和新一轮全面改革的深入推进,我们有理由相信今后一段时期将成为我国区划工作的又一个机遇期和高峰期。

5.1.2 区划类型划分

如上所述,我国已形成了相对完善的区划体系,区划种类繁多。为了从整体上把握各种区划性质和目的,我们可以从不同的角度和标准进行区划类型划分(表5-1)。通常,区划类型划分方法有四种:其一,按照区划影响因子可以分为自然区划、人文区划和综合区划;其二,按照区划的主导功能用途划分为管理型区划、引导型区划、管制型区划和认识型区划;其三,按照区划所采用的方法可以分为定性区划、定量区划和集成区划;其四,按照区划单元内在关联,可以分为类型区(均质区)区划、功能区(极化区)区划和混合区区划(兼有类型区和功能区,如主体功能区划中禁止开发区域、限制开发区域、优化开发区域属于类型区,重点开发区域兼有功能区考虑)。

表5-1 中国区划类型划分

分类标准	区划类型	代表性区划
区划影响因子	自然区划	农业区划、自然地理区划、气候带区划、生态功能区划
	人文区划	人口分布区划、民族分布区划、人文地理区划、经济区划
	综合区划	行政区划、综合地理区划、主体功能区划、地理国情区划

续表

分类标准	区划类型	代表性区划
区划主导功能	管理型区划	行政区划
	引导型区划	农业区划、经济区划
	管制型区划	主体功能区划、区域开发管制区划、土地用途管制区划
	认识型区划	综合自然区划、地理国情区划、自然灾害风险区划
区划所用方法	定性区划	行政区划
	定量区划	自然区划、农业区划
	集成区划	经济区划、主体功能区划、综合地理区划
区域关联性	类型区划	农业区划、自然区划、人口分布区划
	功能区划	经济区划、行政区划
	混合区区划	主体功能区划

5.1.3 区划理论体系构成

每一种区划的服务对象和研究目标各有差异，但每种区划所涉及的理论体系构成却是大致相同的。一般来讲，区划理论体系主要包括区域分异与区划原则、区划指标体系、空间尺度与区划分级、区划分析单元和区划方法等五大部分（刘燕华等，2005）。

1）区域分异与区划原则

区域分异是地理空间的客观反映，也是区划科学性的客观标准。因此，地域分异规律是区划共同的理论基础；而区划原则是根据区划目的和区划对象，区划时所要坚持的准则和准绳。不同区划所服务的对象和研究对象都有所不同，其所坚持的区划原则也就存在一定差异。但是传统的发生统一性原则、相对一致性原则和主导因素等原则是区划的共同原则。具体区划只不过是在此基础上，衍生出特定的区划原则。

2）区划指标体系

区划指标体系是由揭示地域分异规律和评价区域特定或综合条件的指标所形成的有机整体，是进行区划的基础和科学依据。早期的综合自然区划多是在专家论证基础上，先确定区划界线，再探讨能够反映区划界线的指标值。虽然区划成果与客观实际比较吻合,但这显然是一种缺乏科学严谨性的"权宜之计",通常只适用于"自上而下"的区划方法。随着科学技术发展和大数据获取及分析技术的日益成熟,构建科学合理的区划指标体系已成为区划(尤其是采用"自下而上"区划方法时)的必要前提。通常指标体系的构建要坚持可比性、可获得性、精简性等原则。坚持可比性,目的在于使所有评价单元都能公平参与评价,为此可多采用均量指标和相对指标;坚持可获得性,是为了提高可操作性,要求所选指标的数据容易直接获得或者间接计算合成,定性指标要便于量化;坚持精简性,则要求每个指标意义明确,信息丰富,具有较大的区分度(刘传明等,2007)。

3) 空间尺度与区划分级

空间尺度是指进行区划的整体地域空间大小,如全国尺度区划、流域尺度区划、区域尺度区划、地方尺度区划(省域、市域、县域等)。区划分级是指在特定空间尺度内划分不同等级的区划单元,如省域内进行行政区划分为市(地、州)级行政区、县(县级市、区)级行政区、镇(乡)级行政区和行政村共4级。显然,区划分级和空间尺度密切相关,空间尺度越大区划分级也就越多,反之越少。为了提高区划的可操作性,通常进行一定的区划分级是必要的。但也不能分级太多,否则会使问题复杂化并降低可操作性(封志明等,2006)。区划分级时应坚持精简性和可操作性相结合的原则。

4) 区划分析单元

区划分析单元主要是针对"自下而上"的区划方法而言的,是指在一定空间尺度内采用"自下而上"区划方法时所需要分析的最小基本图斑。其可以是一定层级的行政区(如县、乡镇、行政村),也可以是一定大小的自然单元(如公里网格、100 m×100 m 网格等)。一般来说,区划分析单元越小,区划精度越高,但工作量和数据采集分析难度也越大;反之,区划精度越低,工作量和数据采集分析难度越小。在进行具体区划时,区划分析单元可以是一种(如乡镇行政区),也可以多种并选(如乡镇行政区和公里网格)。

5) 区划方法

严格意义上讲,任何区划所使用的方法都不是单一的,而是多种方法的综合运用。因此,区划方法在一定程度上讲是一个区划方法群。随着科学技术手段的日益发展,3S[遥感(RS)、地理信息系统(GIS)、全球定位系统(GPS)]技术的融入,越来越多的定量方法逐步加入区划方法群中来。从具体方法的分类看,常用的方法有定性方法和定量方法,并且两者的综合运用日趋重要。从区划路线看,常用的方法有"自上而下"法和"自下而上"法,同样两者的综合运用也已逐步成为主流区划方法。

所谓"自上而下"区划法,是指主要依据区域内部相对一致性原则,根据某些区划指标,首先进行最高级别单位的划分,然后依次将已划分出的高级单位再划分成低一级的单位,一直划分到最低级区划单位为止。其优点是易于掌握宏观格局,其缺点是区划界线相对模糊。因此,"自上而下"区划法比较适用于大空间尺度的区划工作。所谓"自下而上"区划法,是指主要依据区域共轭性原则,通过对基本分析单元指标体系的分析评价,首先合并出最低级的区划单元,然后再在低级区划单元的基础上,逐步合并出较高级别的单元,直到得出最高级别的区划单元为止。其优点是区划界线清晰明确,但有可能产生跨区合并的错误。所以,"自下而上"区划法比较适用于中小空间尺度的区划工作(刘军会等,2005)。由此,我们也就不难理解黄秉维先生极力倡导的"自上而下"与"自下而上"相结合区划方法的科学性和必要性。这也是今后多数区划工作应坚持的区划方法。

5.2 主体功能区划与相关区划比较

主体功能区划的目的在于为实施差异化的区域政策提供可视化空间,并最终实现规范空间开发秩序,形成合理有序的空间结构。与此目的相同或相近的区划还包括经济区划、生态功能区划、区域开发管制区划、土地用途管制区划和国土综合整治区划,它们彼此之间既有区别又有联系。因此,对主体功能区划和相关区划进行比较分析,廓清区别和联系,有助于主体功能区划研究的深入和区划工作的开展。

5.2.1 主体功能区划与经济区划

经济区划是根据社会劳动地域分异规律、各地区发展条件、区域内各部门和各子区域间的经济联系,将一个国家和地区划分为若干各具特色的综合经济区或部门经济区。其与主体功能区划的不同之处在于:① 区划目的有所不同。

经济区划的目的是实现区域的合理分工,实现整体经济的最优化。而主体功能区划的目的不仅仅在于整体经济的最优化,还包括实现区域空间均衡(基本公共服务的均等化和大致相当的生活水准)和人口经济与资源环境之间的全面协调发展,其目的更具综合性和长远性。② 区划方法不同。经济区划属于功能区区划,通常首先选取节点(经济中心),然后根据经济联系确定经济区范围,常使用动力生产体系法、经济中心吸引法、经济联系法和统计分类法。主体功能区划除重点开发区域兼有功能区属性外,其余各类属于类型区范畴,因此区划时很少考虑节点吸引功能,常采用聚类分析法、主导因素法、组合评价法等方法。③ 区划的客观基础不同。经济区划是对客观存在的经济区的人为识别,经济区是一种客观存在。主体功能区划主要是基于客观条件的人为界定,主体功能区是人为描绘的。④ 区划理论依据不同。经济区划依赖经济地域分异组织规律,主体功能区划的理论基础是生态保护和经济开发价值地域分异规律。⑤ 影响因素和指标体系不同。经济区划主要考虑区域经济要素,并以经济指标为主构建指标体系。主体功能区划则综合考虑社会、经济、资源和环境等要素,指标体系包括各方面综合指标(陈雯等,2004;徐伟金,2006)。

5.2.2 主体功能区划与生态功能区划

生态功能区划是根据生态环境要素、生态环境敏感性和生态服务功能空间分异规律,在考虑自然环境特征和人类活动的影响过程基础上,将区域划分成不同生态功能区的过程。其与主体功能区划的差异主要在于:① 功能导向不同。生态功能区划以保护生态环境和维护生态安全及促进资源合理开发利用为主要功能导向,主体功能区划以调控规范区域开发行为和促进形成区域空间均衡为主要功能导向,其功能作用更强更全面。② 区划理论依据不同。生态功能区划的理论依据是自然地域分异规律和人类活动的影响程度,主体功能区划的理论基础是生态保护和经济开发价值地域分异规律。③ 主导因素不同。生态功能区划主要考虑自然环境因素,属于专项区划,主体功能区划则综合考虑自然、社会和经济等因素,属于综合区划。两者的联系有两方面。① 生态功能区划是主体功能区划的基础和依据,主体功能区划是保障生态功能区划落实的重要载体和途径。② 生态功能区划研究人类活动对生态环境的影响,主体功能区划研究自然环境对人类经济社会活动的影响,是一个问题的两个不同方面

(王瑞君等,2007;汪劲柏等,2008)。

5.2.3 主体功能区划、区域开发管制区划与土地用途管制区划

区域开发管制区划是空间规划体系改革之前省域、市域、县域等城镇体系规划的主要内容之一(郑文含,2005)。虽然国家没有对其进行明确界定和类型划分,各地实际工作中对区域类型划分也存在较大差异。但其内涵通常可以理解为:在一定地域范围内,根据可持续发展战略,综合考虑经济、社会、资源、环境和生态诸要素相互协调的要求,划定不同发展方向的类型区,并制定开发标准和引导措施,以促进区域可持续发展的一项基础性工作(徐保根等,2002)。土地用途管制区划是根据土地用途管制的需要,按照社会经济发展的客观要求和管理目标,将区域土地资源划分成若干具有不同主导用途的空间区域,并制定各区域的土地用途管制规则,通过对土地用途的管制实现区域土地资源的合理开发利用,是土地用途管制的主要内容和实施基础。而土地用途管制是落实土地利用总体规划的手段,土地利用总体规划是实施土地用途管制的依据(赵永斌等,2006)。该项工作自1987年开始试点,但始终未建立起完善的土地用途管制区划制度和体系(王静,2001;刘彦祥等,2012)。

根据上述定义和各自发展历程,可以总结出主体功能区划、区域开发管制区划和土地用途管制区划的共同特点:① 三者同属于空间管治区划。② 三者都不是独立的区划体系,而是各自相关规划的必要组成部分。主体功能区划是主体功能区规划的组成部分,区域开发管制区划是城镇体系规划的主要内容,土地用途管制区划是土地利用总体规划要求内容。③ 三者都要制定开发利用的标准或准则。④ 三者在一定程度上都是为了促进区域可持续发展,有着共同的终极目标。

三者的区别主要在于:① 区划层级、空间尺度和管治层次不同。主体功能区划只在国家和省级两个层面进行,最低区划空间尺度是省级行政区,并且兼顾陆地和海洋全部国土,因此其属于宏观综合空间管治区划;区域开发管制区划可在省级、市级和县级三个层面进行,同时也兼顾海陆全部国土,因此其兼具宏观和中观空间管治属性;土地用途管制区划则只在县级和乡镇级两个层面进行,主要划分对象是陆地,属于微观空间管治区划。② 行政区完整性不同。主体功能区划尽量不打破县级行政界线,区域开发管制区划和土地用途管制区划

可以打破县级行政界线甚至乡镇行政界线。③ 划分类型明确程度不同。主体功能区划类型划分相对明确，一般只分成优化开发区域、重点开发区域、限制开发区域和禁止开发区域四个类型；而区域开发管制区划和土地用途管制区划类型划分尚不统一。④ 区划目的和考虑因素有所差异。主体功能区划目的更加全面和综合，区域开发管制区划次之，土地用途管制区划目的更加单一。由于区划目的不同，三者考虑因素也存在一定差异，前两者均综合考虑社会、经济、人口、资源和环境等诸多因素，土地用途管制区划则主要考虑土地资源因素。

由于三者同属于空间管治区划范畴，在一定程度上具有紧密联系，且发展都尚未成熟。因此，理顺三者之间的关系，构建起分工合理、彼此协调的空间管治区划体系，对于我国科学推进空间管治具有重大意义。著者认为，三者的分工和定位应是：主体功能区划属于宏观空间管治区划，应着重在省级层面实施，是省级主体功能区建设的组成部分和基础，基本划分单元以县级行政区为主，通常分为优化开发区域、重点开发区域、限制开发区域和禁止开发区域四类；区域开发管制区划属于中观空间管制区划，应着重在市级层面实施，是市级国土空间规划的重要内容之一，基本单元以乡镇行政区为主，通常分为城镇发展区、乡村发展区、生态保护与建设区等三大类型区；土地用途管制区划属于微观空间管治区划，应着重在县级层面实施，是县级国土空间规划的必要内容，基本分析单元以行政村为主，通常可分为耕地区、农用非耕地区、城镇建设用地区、村镇建设用地区、独立工矿用地区、交通建设用地区、自然保护区（包括狭义自然保护区、森林公园、地质公园、世界自然文化遗产和风景名胜区等）、暂未利用区和难以利用区等类型(宗仁,1998)。

5.2.4 主体功能区划与国土综合整治区划

国土综合整治区划目前还仅仅停留在学术研究层面，并没有成为政府推动的实际工作或法定工作。其是以国土资源的开发利用和生态环境的治理保护为基本内容，从最大限度地发挥国土资源潜力及改善生态环境出发，在对区域国土资源的开发利用条件、结构特征、存在问题、整治途径及发展方向的相似性和差异性进行综合分析的基础上，对不同的国土整治类型在空间上进行群体分区(封志明等,2006)。

国土综合整治区划与主体功能区划的主要不同之处在于：① 区划目的有所

差异。国土综合整治区划的主要目的在于实现国土资源的合理开发利用和治理保护,目的相对单一;主体功能区划的目的在于整体经济发展最优和空间均衡,是在国土资源合理开发利用和治理保护基础上的综合发展,目的更具综合性。② 主导因素不同。国土综合整治区划主要考虑自然因素,而主体功能区划则把自然因素和人文因素放在相对同等重要的位置综合考虑。③ 区划层级不同。主体功能区划只在国家和省级两个层面展开,国土综合整治区划则在国家、省级和市级三个层面展开。④ 区划分级与区划界线不同。主体功能区划通常是一级分区,不包括亚类划分,区划界线主要以县级行政区界线为主。国土综合整治区划则可以分成多级,一级区划界线主要以自然区界线为主,最基层区划则以县级行政区界线为主。

两者的联系是:国土综合整治区划是主体功能区划的基础,主体功能区划是对国土综合整治区划的进一步升华。

5.3 主体功能区类型

"十二五"期间,各省(不含直辖市)公布的主体功能区规划在主体功能区类型划分上都保持了与全国主体功能区规划相一致,即按照开发方式,主体功能区分为优化开发区域、重点开发区域、限制开发区域和禁止开发区域四大类型,且多数中西部省份没有优化开发区域类型;或者按照开发内容,一般分为城镇化发展区、农产品主产区、重点生态功能区、禁止开发区等。上述划分方案对于全国一盘棋协同推进主体功能区建设发挥了重要作用。但从严格意义上对于具有"全覆盖"性质的省域主体功能区划而言,这种划分不能切实反映同一类型主体功能区之间的内在差异,也不能突出时序安排和政策实施的侧重点。因此,《中华人民共和国国民经济和社会发展第十四个五年规划和2035远景目标纲要》提出了要进一步细化主体功能区的要求。著者认为主体功能区类型划分应在上述四类基础上因地制宜进行细化,以体现出等级差异和提高政策的可操作性。

5.3.1 主体功能区类型划分

省域主体功能区类型划分总体上应坚持四类划分准则,但各类主体功能区

第5章 空间区划与主体功能区划

应进一步划分出等级,如国家级、省级和市级等。具体而言,省域主体功能区应包括国家级优化开发区域、省级优化开发区域、国家级重点开发区域、省级重点开发区域、市级重点开发区域、国家级限制开发区域、省级限制开发区域和禁止开发区域等八类主体功能区。需要指出的是,由于省际差异,部分省区可能没有国家级主体功能区,也没有优化开发区域。另外,为体现禁止开发的严肃性和权威性,各类禁止开发区域应同等待遇,实施同等的政策,没有必要再划分不同等级。这样,国家层面分为四类主体功能区,省域层面分为八类主体功能区,形成了完善的主体功能区类型体系(图5-1)。

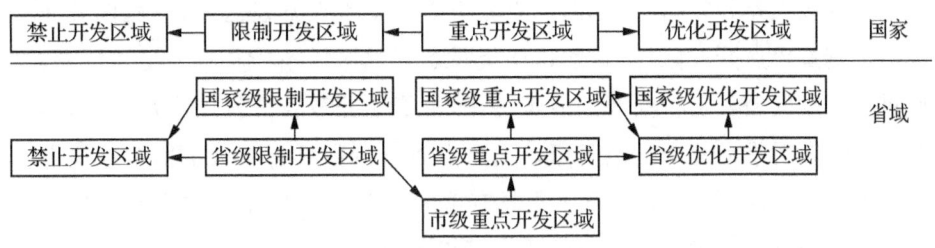

图5-1 主体功能区类型体系及演替方向

需要强调的是,国家层面的主体功能区都是国家级的(禁止开发区域除外),国家级主体功能区由国家划定,落实在特定省区内也就相应的成为省域内的国家级主体功能区,即省域主体功能区划中对于国家级主体功能区的认定直接采用国家区划方案。其中,国家级优化开发区域是指国土开发强度已经较高,资源环境承载力开始减弱,并且是全国重要的人口和经济密集分布的区域,也是参与全球分工与竞争和提高国家竞争力的龙头区域;国家级重点开发区域是指资源环境承载力较强、经济和人口集聚条件较好,能对全国区域经济格局产生重大影响,可以承担支撑全国经济发展的重要增长极角色的区域;国家级限制开发区域是指资源环境承载力较弱、大规模集聚经济和人口条件不够好并关系到全国或较大区域范围生态安全的区域。禁止开发区域是指依法设立的各类自然保护区域,包括国家级、省级和市级设立的地质公园、世界自然文化遗产、风景名胜区、自然保护区和森林公园。

在省域层面,由于部分省区城市群或都市圈中的主要中心城市(含省会)已发展到较高水平,资源环境承载力已呈现不同程度的衰减趋势,难以继续承载大规模的传统工业化和城镇化,传统发展模式亟待转型优化,但其尚不足以成为国家级优化开发区域。因此，省域主体功能区划应针对该类区域设立省级优化开发区域，如中原城市群中的郑州市、长江中游城市群中的武汉市和长沙市、关中平原城市群中的西安市等。

就省域重点开发区域等级划分而言，一方面全省范围内若重点开发区域除国家级之外，只设立省级重点开发区域，则可能出现面积大小不一、区位优势差异明显、重点开发区域错落分布的空间格局，易形成"处处点火，县县冒烟"的开发景观，这显然不符合主体功能建设加强空间开发管制、形成合理有序空间开发格局的本意；另一方面，除国家级重点开发区域外的所有重点开发区域事实上也存在较大差异，比如省域副中心城市必然是重点开发区域，省域内其他县市也可能是重点开发区域，显然这两类重点开发区域不能相提并论。再者，这些重点开发区域若实行同等的政策待遇，可能会分散省域发展力量，不易培育具有较大辐射带动能力的增长极。而重点培育少数具有较大辐射带动能力的增长极对于中西部省区发展而言更具有重大意义。所以，省域内重点开发区域应分成省级重点开发区域和市级重点开发区域两个等级。这两类重点开发区域除具有资源环境承载力较强、具有一定开发强度和发展潜力较大的共同特征外，还具有自身个性内涵。具体而言，省级重点开发区域是指区位条件优越、发展基础较好、空间相对连片、分布面积较大、对周边广大腹地具有明显的极化或辐射带动作用，发展潜力巨大，极有可能发展成为全省或省内次区域中心的城镇化发展区，一般也是国家和省两级政府重点投入发展的区域；市级重点开发区域是指具有一定的省内或市内区位优势，资源环境承载力较大，开发基础和发展潜力较好，空间分布可能较为分散、面积不大，但具备发展成为市级区域中心潜力的城镇化发展区域。

限制开发区域是任何省域主体功能区划都不可缺少的主体功能区类型。各省区是否具有国家级限制开发区域要视国家主体功能区划而定，而省级限制开发区域必不可少。其是指资源环境承载力较弱，或生态环境恶化问题严峻，或具有较高生态功能价值和农产品安全意义的区域。根据《省级主体功能区划分技术规程（试行）》，其主要包括生态本地脆弱的区域、生态环境恶化问题严峻的区域、具有重要生态服务功能的区域、农产品主产区和矿产资源衰竭或富集区。

5.3.2 主体功能区内在联系

1) 国家层面和省域层面主体功能区的联系

国家层面的四类主体功能区与省级层面的八类主体功能区本质上是相同的,并且主体功能区之间存在对应关系(图5-1)。在同一时段,两层面主体功能区又是相互排斥的,即同一空间单元的主体功能区等级属性是唯一的,不能同时兼具国家级和省级两个等级。但是省级主体功能区在一定条件下有可能转化为国家级主体功能区,如随着经济实力的增强和影响力的扩大,省级重点开发区域升格为国家级重点开发区域。另外,国家级重点开发区域在一定条件下也有可能率先转变为省级优化开发区域。

2) 同一层面不同主体功能区的演替关系

主体功能区划作为一项重要的空间管制区划,其应具有相对稳定性和严肃性,即短期内同一空间单元的主体功能定位不能改变。但从长期看,主体功能区划也应具有动态特征,即随着区域开发强度的加大和资源环境承载力的变化,区域主体功能在较长时间序列内是可以变化的。或者说,同一层面不同主体功能区之间存在一定的演替关系。但由于不同层面的主体功能区类型划分不同,各层面主体功能区的演替关系也有所差异(图5-1)。

就国家层面而言,四类主体功能区之间并不存在连续的演替关系。通常认为,重点开发区域如果没有得到切实的空间管治,某时期呈现开发强度过大、资源环境承载力逐步衰退的迹象,已不能适应大规模工业化和城镇化发展的要求,则该区域应由重点开发区域演替为优化开发区域。若限制开发区域中因生态重要性、生物多样性、风景开发等原因而划出自然保护区或风景名胜区等,则该部分区域就可能由限制开发区域转变为禁止开发区域。但无论如何,国家级限制开发区域都不能转变为国家级重点开发区域,禁止开发区域也不能发生任何演替。总之,国家层面的主体功能区演替关系可描述为限制开发区域演替为禁止开发区域,重点开发区域演替为优化开发区域。但这种演替之间存在严格的条件限制,而不是时间界限。

就省域层面而言,由于主体功能区类型的增多,主体功能区的演替关系也相对复杂。省域内的国家级主体功能区演替关系与国家层面主体功能区演替关系相同。就省级限制开发区域而言,除演变为禁止开发区域(新设立自然保护区域)外,部分限制开发区域也有可能演变为市级重点开发区域,这主要是那些开发密度和潜力尚可甚至较好,但因资源环境承载力较小而设为限制开发的区域,若该类区域经过一定时期的保护与修复,资源环境承载力得到大幅提升,足以集聚一定的人口和经济,则可演变为市级重点开发区域。而市级重点开发区域随着自身影响力和发展水平的提高以及省级政府发展经济能力的增强,也可以升格为省级重点开发区域。省级重点开发区域随着开发强度的提高和资源环境承载力的减弱,必然要转化为省级优化开发区域。总体而言,省域层面主体功能区演替关系是:省级限制开发区域一方面演变为禁止开发区域,另一途径向市级重点开发区域演变,进而演变为省级重点开发区域和省级优化开发区域。

5.4 可达性与区域经济发展关系

主体功能区划分需要综合考虑资源环境承载力、开发强度、发展潜力、区域发展战略等因素,其中区域发展潜力及区域发展战略都与可达性有着密不可分的关系。通常,高可达性区域具有明显的区位优势,发展机遇和发展潜力较大,也往往成为区域发展战略的重点区域。而一旦成为区域发展战略的重点区域,区位优势将进一步提升,经济发展就可能实现更快高质量发展。因此,可达性对于区域的主体功能区类型归属的确定也具有重要影响。基于此,本节将从横向对比和纵向变化角度分析可达性与区域经济发展的关系。

研究可达性与区域经济发展关系,必然涉及可达性测算、经济发展水平的综合评价和协调度分析等三个问题。其中,后两个问题研究相对成熟,争议尚小。而有关可达性研究,虽然早在1959年Hansen(1959)就提出了可达性(accessibility)概念,近60年来在国内外得到了广泛的深入研究,但其多样化的测算方法尚未取得广泛共识。Geurs等(2004)在综述中将可达性计算方法分为四类,即基于交通基础设施方法、基于区域位置方法、基于个人行为方法和基于收益效用方法。刘贤腾(2007)重点归纳评论了分别基于空间阻隔、空间积累和空间相互作用的三种基本方法。可达性测算指标主要有最短旅行时间、加权平均旅行时间、经济潜能、日常可达性和交通优势度(金凤君等,2008)等。表达形式主要为出行时距图和小时交流圈等(陆锋等,2008)。此外,可达性测算方法研究还具有如下特征:一是多把城市或区域抽象为节点。节点可达性会受分析空间尺度大小的影响,因为空间尺度决定了分析区域内的节点多寡和网络结构。实际上,同一时点或一定时期内各节点的可达性应是固定的,不应因分析尺度大小变化而变化。二是由单一交通方式可达性测算研究向注重综合交通方式可达性测算研究转变。如张莉等(2006)、吴威等(2009)、曹小曙(2003)等研究成果,多是综合考虑了公路、铁路、水运和航空等交通运输方式。三是由区内可达性研究向注重区内区外综合可达性研究转变。这缘于人们清醒地认识到,在开放的现实世界中,各节点的联系对象不会仅仅局限于人为选定的空间分析尺度内。鉴于此,吴威等(2007)、张莉等(2006)和张志学等(2010)等均采用区内外结合的综合可达性思想。四是 GIS 技术已成为可达性评价与分析的一个基本手段。

同时,著者认为,影响城市或区域经济发展的应是区域的综合可达性,城市综合可达性是城市对外通达性和市域内连通性的综合,而不是市域内各节点可达性的简单累加。马林兵等(2008)虽提出了区域可达性算法,但只适用于城市内部微观区域尺度。而适用于宏观尺度的区域可达性研究,当属金凤君等(2008)为首创,其不仅提出了理论框架,也对全国县域做出了测算,黄晓燕等(2011)则在此基础上修正了测算方法并对海南做出实证研究,只不过他们的提法均为区域交通优势度。需要指出的是,其在邻近度分析中,重要交通设施的划分及影响力分析不足以客观反映地区交通网络的小幅度动态变化。

5.4.1 可达性与县域经济发展关系的静态分析

1) 县域综合交通可达性测度方法

① 县域综合交通可达性指数(D)。分析县域综合交通可达性的影响因素是确定测度方法的重要前提。一般认为,邻近中心城市的规模大小及距离远近

直接影响县域区位,进而影响其可达性;同时,县域内道路的连通程度往往决定着人流物流的集疏便捷程度,也会对县域可达性产生重要影响;而对外通达性则直接决定了县域对外交往的便捷性。因此,影响县域综合交通可达性的主要因素可以概括为:与中心城市的区位关系、县域内道路连通程度和对外通达性等三个方面。基于此,定义县域综合交通可达性测度公式为:

$$D = \sum_{i=1}^{3} \alpha_i \times f_i \quad (5-1)$$

其中,D 为县域综合交通可达性指数,f_1、f_2、f_3 分别为与中心城市区位关系指数、县域内道路连通程度指数和对外通达性指数,α_1、α_2、α_3 分别为 f_1、f_2、f_3 的系数(权重),通过专家咨询和已有研究成果确定本处均取值为 1.0。

② 与中心城市区位关系指数(f_1)。县域与邻近中心城市的区位关系主要受中心城市规模大小和距离远近影响。因此,与中心城市区位关系指数(f_1)的测算方法可定义为:

$$f_1 = \varphi_1 \cdot \varphi_2 \quad (5-2)$$

$$\varphi_1(x) = \begin{cases} 1, & 60 \leqslant x \\ 1.5, & 30 \leqslant x < 60 \\ 2, & x < 30 \end{cases} \quad (5-3)$$

$$\varphi_2 = \sqrt{e \times p} / \sqrt{e_0 \times p_0} \quad (5-4)$$

式中,φ_1、φ_2 分别为交通运输距离指数和中心城市影响力指数,x 为县级政府驻地中心到邻近中心城市的实际最短交通路径距离(计量单位为 km),按照至中心城市 0.5 h 和 1 h 交通时间换算为交通距离 30 km 和 60 km(平均速度 60 km/h 计)为界值,在此基础上取临界交通时间的倒数为赋值依据。e、p、e_0、p_0 分别为邻近中心城市主城区的 GDP 总量、人口总量、省域所有中心城市主城区的 GDP 均值和人口均值。根据我国现有行政管理体制和县域经济联系主要集中在所属地级市范围内的事实,中心城市选择原则上为省会和地级市。

③ 县域内道路连通程度指数(f_2)。由于县域内的交通运输方式主要依赖

公路,因此县域内连通程度可通过公路网密度加以反映。县域内道路连通程度指数的测算是在计算县域公路网密度的基础上,采用分级赋值的方法。具体等级划分和临界值引用中国科学院提供技术支撑的《省级主体功能区划分技术规程(试行)》方案。具体赋值标准为:

$$f_2(x)=\begin{cases}0.5, & x<23.4\\1, & 23.4\leqslant x<31.25\\1.5, & 31.25\leqslant x<39\\2, & 39\leqslant x<46.9\\2.5, & 46.9\leqslant x<62.5\\3, & 62.5\leqslant x\end{cases} \quad (5-5)$$

式中,x 为实际公路网密度(单位为 km/(100 km^2)),公路总里程包括高速公路、国道、省道和县乡道公路。

④ 对外通达性指数(f_3)。由公式(5-2)—(5-5)可知,同一时点(或阶段)同一个县域的 f_1 和 f_2 的测度结果不会因分析空间尺度变化而变化。为保证县域综合交通可达性指数 D 也满足此要求,故需要 f_3 也应如此。显然,基于网络分析的可达性测算方法不再适用。为此,选择依据县域对外通道的技术等级高低、数量多寡、距离远近等因素进行赋值测算 f_3。

县域对外通道主要包括公路、铁路、航空和水运。其中,高速公路和铁路因全程封闭只能通过高速出入口和火车站使用该通道,航空和水运则因航线特殊性只能通过机场和港口使用该通道,因此在考核高速公路、铁路、航空和水运等对外通道的通达性时应按照交通节点对待,重在测度县域内或县域邻近的该类节点的等级和到达距离。对于其他类型公路,应主要测度其重要性程度(国道、省道)和最差路段的技术等级(因为最差路段技术等级是整条道路通行能力的瓶颈,决定了道路的通行能力),而国省道公路长度在县域内道路连通程度指数 f_2 测算时已包含在公路网密度之中,故 f_3 的测算不再加以重复考虑。需要特别指出的是,对于铁路通达性的研究,多数考虑的是铁路线技术等级(单线或复线、电气化铁路或普通铁路)、路线长度和空间布局等。此种考虑诚然能揭示铁路线路网络的可达性,但并不代表铁路所经地区的实际可达性。这是因为铁路的可达性必须通过车站加以实现,比如有些地区仅有铁路线经过而没有设置站点,则不能通过铁路实现可达,其铁路可达性则为零。对此,吴威等(2009)以铁路客运时刻表为数据源,研究了中国铁路客运网络的可达性。该研究比起仅考虑铁路线路技术等级和路线长度的可达性研究更加接近现实,更能反映铁路的通达特征。但该研究没有涉及货运可达性,不能反映铁路的综合可达性。同时,由于我国的铁路客运时刻表也经常变动,若以时刻表测度可达性则比较烦琐。鉴于以上原因,本节对铁路可达性的测度选择火车站技术等级和至火车站距离两个因素。其中,火车站技术等级反映了火车站的规模、业务范畴和服务能力,能综合反映车站对客货的运输能力。至火车站距离远近则反映了使用铁路运输的便捷程度。按照铁道部的相关标准,全国火车站分特等站、一等站、二等站、三等站、四等站和五等站共六个等级,其中五等站只提供越行和会车业务,对地方没有任何通达作用,而近些年高铁站在县城的停靠相对较少。因此,本处对火车站暂且考虑前五个等级。

借鉴黄晓燕等(2011)邻近度指数和金凤君等(2008)交通干线影响度测算方法,定义对外通达性指数(f_3)的测度公式为:

$$f_3 = \sum c_{im}, (i=1, 2, \cdots, n; m=1, 2, \cdots, m) \tag{5-6}$$

式中,c_{im} 为 i 县域 m 类节点或线路所对应的赋值,数值上等于 i 县域拥有的该类不同等级节点或线路的赋值之和。各类赋值按照不同技术等级的节点和线路通达效果两两比较的思路,由低级向高级依次打分,相邻两个等级赋值间隔 0.5 分,最后征求 3~5 位专家对赋值方案进行论证,并调整完善赋值方案最终取得一致性意见。如对火车站进行打分时,首先考虑最低等级四等站,如县域本身没有但距离县外最近的四等站在 30 km 以内,则赋值 0.5 分,若有则赋值 1 分;对比以上等级,拥有三等站赋值 1.5 分,拥有二等站、一等站和特等站则依次增加 0.5 分,分别赋值为 2 分、2.5 分和 3 分。具体赋值见表 5-2。

表 5-2 县域交通节点和线路的技术等级划分及赋值

节点或线路	等级	现实格局	赋值	节点或线路	等级	现实格局	赋值
火车站	特等站	拥有特等车站	3	公路	高速	拥有高速公路出入口	2.5
		距离特等车站 30 km 以内	2.5			距离高速公路出入口 30 km 以内	2
		距离特等车站 60 km 以内	2			距离高速公路出入口 60 km 以内	1.5
		其他	0			其他	0
	一等站	拥有一等车站	2.5		国道	全程为一级	2.5
		距离一等车站 30 km 以内	2			最差路段为二级	2
		距离一等车站 60 km 以内	1.5			最差路段为三级	1.5
		其他	0			最差路段为四级	1
	二等站	拥有二等车站	2			其他	0
		距离二等车站 30 km 以内	1.5		省道	全程为一级	2
		距离二等车站 60 km 以内	1			最差路段为二级	1.5
		其他	0			最差路段为三级	1
	三等站	拥有三等车站	1.5			最差路段为四级	0.5
		距离三等车站 30 km 以内	1			其他	0
		距离三等车站 60 km 以内	0.5	港口	主要港口	拥有主要港口	2
		其他	0			距离主要港口 30 km 以内	1.5
	四等站	拥有四等车站	1			距离主要港口 60 km 以内	1
		距离四等车站 30 km 以内	0.5			其他	0
		其他	0		重要港口	拥有重要港口	1.5
机场	干线机场	拥有干线机场	2			距离重要港口 30 km 以内	1
		距离干线机场 30 km 以内	1			其他	0
		其他	0		一般港口	拥有一般港口	1
	支线机场	拥有支线机场	1			其他	0
		其他	0				

2) 县域经济发展水平测度方法

县域经济发展水平的测度方法通常有单一指标法和综合指标法。前者简单明了但有失偏颇,常用指标为人均 GDP。后者考虑因素较多,相对客观全面,但测算相对复杂。鉴于此,本书选择综合指标法。为真实反映经济发展水平而非经济规模,指标体系建立以相对指标为主。按照科学性、相对独立性、可比性和可获得性等基本原则,选择人均 GDP(x_1)、地均 GDP(x_2)、人均全社会固定资产投资额(x_3)、人均地方财政收入(x_4)、人均社会消费品零售总额(x_5)、非农产业比重(x_6)、城镇化率(x_7)、城镇居民可支配收入(x_8)和农村居民人均纯收入(x_9)等九个指标,构建起县域经济发展水平评价指标体系。

评价方法选用主成分分析法,评价过程和结果借助 SPSS 19.0 软件实现。为避免数据标准化带来的样本变异信息的损失,此处采用均值标准化法。

3) 县域综合交通可达性与经济发展水平关系测度方法

县域综合交通可达性与经济发展水平的定量关系采用相关分析和回归分析法,定性关系采用聚类组合分析法。

4) 研究区域选择及数据来源

(1) 研究区域选择与概况

本节选择湖北省作为研究省份。这是因为湖北省地处我国中部,在国家空间格局中起着"承东启西、连接南北"的关键作用,且其内部县域类型多样,对全国而言具有较好的代表性。就具体研究区域而言,选择除武汉、黄石、荆州、荆门、襄阳、十堰等地级市主城区中的市辖区外的 79 个县域。因为该类城市主城区中的市辖区明显不同于其他县域,通常被选为可达性研究中的城镇节点。

该研究区域国土总面积为 179 900 km²,占湖北全省面积的 96.79%。2008 年末,该区域总人口为 5 151.88 万人,地区生产总值为 6 060.19 亿元,分别占到全省的 84.31% 和 53.49%。2005 年末,全区域等级公路通车里程 31 407.42 km,等级公路网密度为 17.46 km/(100 km²)。主要骨干型公路有京珠高速、(武)汉十(堰)高速、武(汉)黄(梅)—(武)汉宜(昌)高速、襄(阳)荆(门)高速、106、107、206、207、316 和 318 国道,主要铁路有京广、京九、汉丹、焦柳、武九和武麻铁路,主要内河航道为长江、汉江及其支流,主要机场有武汉、襄阳、宜昌、沙市、恩施等五座。

(2) 研究数据时点与来源

鉴于"交通建设对经济发展的推动具有时滞效应"这一基本共识,本节综合交通可达性测算所需交通线路基础数据以 2005 年末为时点,经济发展数据滞后 3 年以 2008 年末为时点。之所以选择 2005 年为数据时点,是为了与湖北省主体功能区划的基期年份(2005 年)保持一致。

在数据来源上,公路技术等级及通车里程、港口等级及分布采用《湖北交通年鉴 2006》及湖北省交通厅相关统计资料,火车站技术等级及分布数据来源于武汉铁路局统计资料,交通运输距离采用中国地图出版社出版的《湖北省公路里程地图册》及国家 1∶1 000 000 基础地理信息数据。人口、经济、国土面积数据来源于《湖北省统计年鉴 2009》。

5) 测算结果与分析

(1) 综合交通可达性

从县域综合交通可达性指数(D)看:① 全省各县域综合交通可达性总体水平不高,D 平均值为 8.02;② 各县差异很大,D 极差达到 14.5,变异系数为 0.44,其原因主要是各县域之间的 f_1、f_3 得分存在较大差异,f_2 差别甚小;③ D 分布相对分散,峰度系数为 -0.819,远低于正态分布。

为深入分析 D 值差异,对 79 个样本测算欧氏距离(Euclidean Distance),并按照组内距离法(Average Linkage Within Groups)进行系统聚类分析。参考聚类谱系图(略)把 79 个县域分成高可达性、中可达性和低可达性三类。三类县域基本统计指标见表 5-3,空间分布见图 5-2。

表 5-3 湖北省县域综合交通可达性划分与比较

类型	D 范围	个数	占 79 县市区比重/%		
			国土面积	GDP 总量	总人口
低可达性	[1.5,8.5)	42	60.60	36.30	48.79
中可达性	[8.5,11.5)	20	23.82	34.54	29.89
高可达性	[11.5,16]	17	15.58	29.16	21.32

由图 5-2 可见:① 高可达性县域主要分布在两个区域。一是武汉周边环形区,包括武汉远郊市辖区、孝感、黄冈和黄石市辖区。该区域高可达性主要是因为距离武汉较近、对外交通发达和区位条件优越。二是江汉平原与鄂西山区

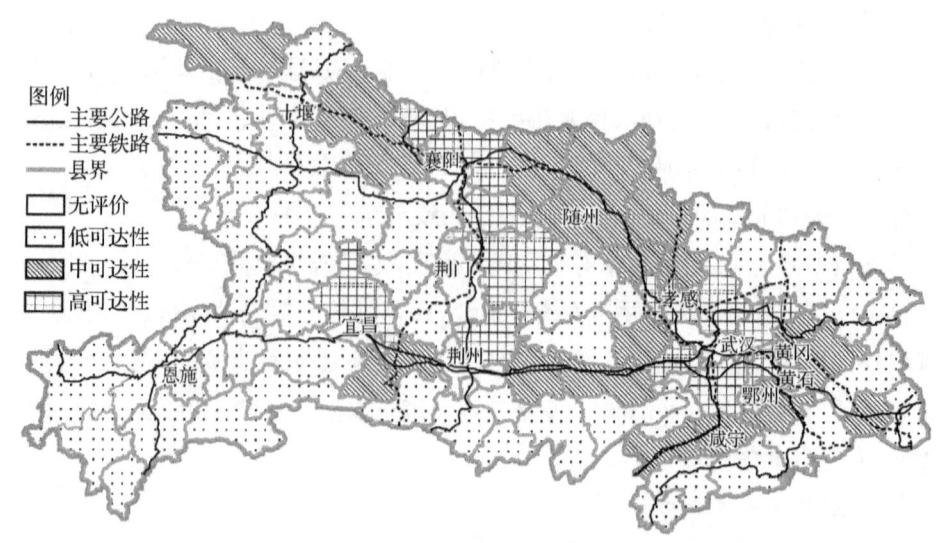

图 5-2　湖北 79 县域综合交通可达性空间分异格局

过渡地带的反"C"字形区域,北起老河口、东到钟祥、南至夷陵区。该区是襄阳、荆州和宜昌三个中心城市联系的重要通道。该类县域 f_1、f_2 和 f_3 分值均高。② 中可达性县域主要分布在三个条带形区域,即汉丹铁路沿线地带、汉宜高速沿线地带和武汉高可达性环形带东南部团风—赤壁一带,该类型区 f_1 和 f_2 分值一般或偏低,f_3 分值较高。③ 低可达性县域分布最广,占 79 个县域国土面积的 60.6%。主要分布在鄂西山区、鄂东北低山丘陵区、鄂东南低山丘陵区、江汉平原中北部及其南部长江沿线五大区域。其中,鄂西山区、鄂东低山丘陵区可达性低的主要原因是道路建设自然条件差和区位条件差,f_1、f_2 和 f_3 分值均较低;江汉平原中北部的天门、京山和应城可达性低的原因是地处武汉、襄阳和荆州三个中心城市合围的三角形中心,缺乏骨干型道路,f_3 分值较低;江汉平原南部长江沿线则是由于受洪水威胁和地处两省边界地带长期边缘化而造成低可达性。

由以上可达性空间差异规律可以得出,县域综合交通可达性的空间分异格局主要受自然条件(地形地貌)和区位条件(距离中心城市远近)的影响。现代工程技术进步虽然在一定程度上提高了自然条件较差地区的通达性,但自然条件仍然是该类地区可达性提高的最重要制约因素。

第5章 空间区划与主体功能区划

(2) 经济发展水平

经 SPSS 19.0 软件测算，按照累计贡献率大于 80% 的原则，对前述 9 个指标提取 3 个主成分（累计贡献率为 82%）。其中，第一主成分（y_1）涵盖了 x_1、x_2、x_4、x_5 和 x_8 五个指标信息，可解释为产出水平；y_2 涵盖了 x_6、x_7 和 x_9 三个指标信息，可解释为城镇化水平；y_3 主要体现 x_3 信息，可解释为投入水平。在分别测算 y_1、y_2 和 y_3 得分的基础上，依据经济发展水平指数 Y 的表达式测算出 79 个县域经济发展水平指数：

$$Y = 0.774 y_1 + 0.149 y_2 + 0.077 y_3 \qquad (5-7)$$

由指数分析可见：① 县域经济发展水平差距不是太大，Y 变化范围为 1~4.8，变异系数为 0.35；② 县域经济发展整体水平不高，Y 平均值为 2.33，这也反映了湖北省县域经济发展与东部发达省份的总体差距；③ 经济发展水平指数接近正态分布，峰度系数为 0.071。

为揭示各县经济发展水平的空间差异，采取与可达性分析同样的系统聚类分析法，把 79 个县域分成高经济发展水平、中经济发展水平和低经济发展水平三类。三类区域比较见表 5-4，具体分布格局见图 5-3。

由表 5-4 和图 5-3 看出：① 湖北省 79 个县域中有 51 个为低经济发展水平县域，国土面积占据 75%。主要分布在鄂西山区、鄂东南、鄂东北低山丘陵区和江汉平原的西部和南部。这也反映出湖北县域经济发展的不景气，与东部发达省份的县域经济形成巨大反差。② 中经济发展水平县域有 22 个，集中分布在江汉平原中东部和宜昌东、北部两大区域，另有鄂西北的老河口市和鄂东南的武穴市呈零星分布。③ 高经济发展水平县域屈指可数，仅有 6 个。主要分布在武汉东南部紧密相连的江夏区和黄冈、黄石、鄂州部分市辖区，另有鄂西的宜都市孤立分布。宜都市经济发展水平较高主要源于其较好工业基础和近几年产业结构的转型升级较为成功。

表 5-4　湖北省县域经济发展水平类型划分比较

类型	Y 范围	个数	占 79 县市区比重/%		
			国土面积	GDP 总量	总人口
低经济发展水平	[1,2.5)	51	75.45	47.58	63.11
中经济发展水平	[2.5,3.6)	22	20.96	42.82	32.28
高经济发展水平	[3.6,4.8]	6	3.59	9.61	4.61

图 5-3　湖北省 79 个县域经济发展水平空间分异格局

（3）综合交通可达性与经济发展水平关系

以县域综合交通可达性指数（D）和经济发展水平指数（Y）为坐标轴,绘制散点图。发现两者呈非线性相关关系。为揭示两者间的定量关系进行曲线拟合,拟合曲线图见图 5-4。得出两者曲线拟合方程为：

$$Y = e^{1.295+0.066D} \qquad (5-8)$$

$F=70.465$,通过 F 检验。可见,可达性的提高对经济发展水平的推动呈指数增加。这也从侧面诠释了"要想富、先修路"的道理。

按照表 5-3 和表 5-4 中的 D 和 Y 类型划分,结合 D 和 Y 散点分布图绘制图 5-5。可见,经济发展水平和综合交通可达性各自三个类型相互组合,形成包含 9 个类型区的矩阵。

就 79 个县域在 9 个类型区的分布看：① 绝大部分县域分布在拟合曲线经过的 5 个类型区,形成向右上方倾斜的集中分布带。这说明湖北绝大部分县域交通建设水平总体上与经济发展水平相适应。② 低可达性高经济水平类型区缺乏相应县域,说明交通可达性对经济发展的基础性地位。或者说,低可达性区域不可能实现高经济发展水平。③ 低可达性中经济水平和中可达性高经济水平两个类型区有少数县域分布,说明交通建设水平不是经济发展水平的决定性因素。同时,暗含着这些县域交通建设水平已经滞后于经济发展水平。若不

第5章 空间区划与主体功能区划

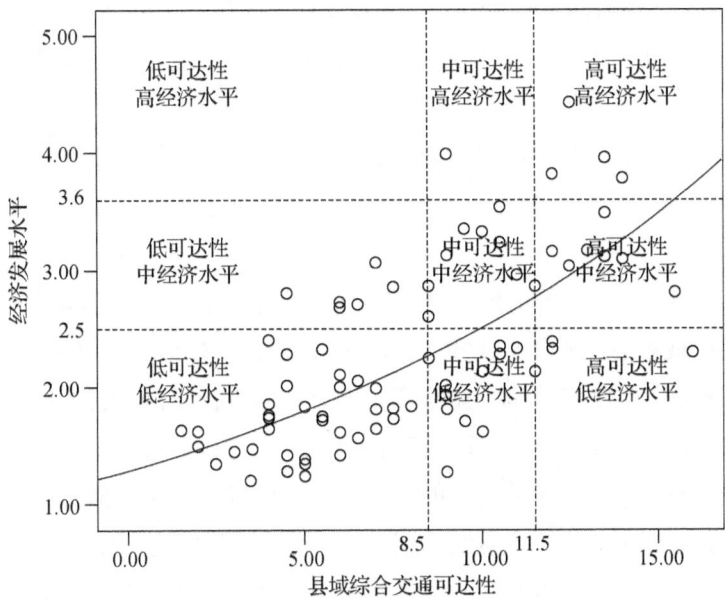

图5-4 县域综合交通可达性与经济发展水平组合关系及曲线拟合

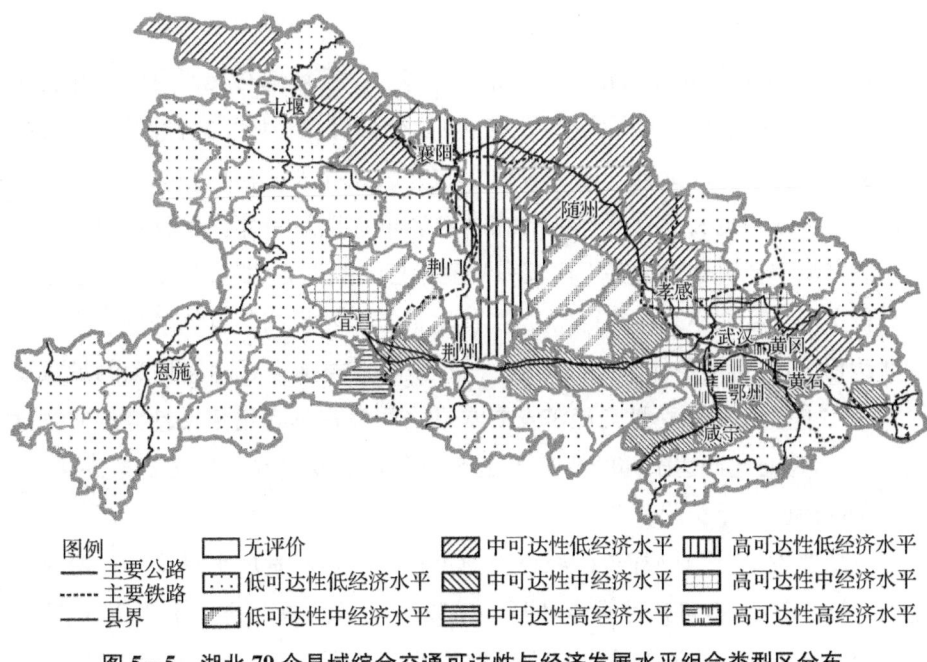

图5-5 湖北79个县域综合交通可达性与经济发展水平组合类型区分布

能及时加以改进,则存在制约经济进一步发展的风险。④ 高可达性低经济水平类型区分布有 4 个县域,说明该类县域交通建设水平超越经济发展水平。同时,在一定程度上也验证了前述"交通建设对经济发展的推动具有时滞性"的判断。另外,该类型区县域经济发展已经具备良好的交通基础设施支撑,其他经济发展条件若能加以跟进配合,经济发展则可能快速摆脱低水平格局,实现较快提升。

各类型区的空间分布(图 5-5)具有如下特征:① 低可达性低经济发展水平县域数量最多。主要分布在鄂西山区、鄂东低山丘陵区和江汉平原南部长江沿线,环绕湖北东西南三面。据测算,该类型区国土面积占到 79 个县域的 53.83%,总人口占 41.03%,GDP 仅占 26.58%。② 低可达性中经济发展水平类型区主要分布在江汉平原中部的天门、京山、应城和平原西部的远安和当阳,这主要是其邻近中心城市的区位条件尚可,经济发展具有一定优势,但缺乏对外重要交通通道。③ 前述三个条带型中可达性区域经济发展水平都不高。④ 武汉周边高可达性县域经济发展水平普遍较高。⑤ 襄阳至荆州一线高可达性区域经济发展水平较低。

6) 结论与建议

基于上述分析,可以得出如下理论性结论:① 县域综合交通可达性相比单一交通方式(公路、铁路等)可达性而言,更能全面反映县域可达性的现实格局,对于县域经济的发展更具有现实影响力。② 综合考虑与中心城市区位关系、县域内道路连通程度和对外通达性的综合交通可达性是一种弱化分析单元内部差异的区域整体可达性。基于比较和赋值思想的测度方法,实现了可达性不应受分析空间尺度大小影响的目的。③ 技术进步虽然提高了自然条件恶劣地区的通达程度,但自然条件(地形、地貌)仍是制约该类地区可达性提高的最重要因素。④ 综合交通可达性与经济发展水平之间存在具有正相关趋势的非线性相关关系,但交通通达条件的改善不是实现高经济发展水平的必要条件,仅是充分条件而已。

就湖北省 79 个县域而言,综合交通可达性与经济发展水平均存在明显的空间差异。其中,低可达性县域和低经济发展水平县域占据主体部分,主要分布在交通基础设施建设条件较差的鄂西山区、鄂东低山丘陵区和江汉平原南部的长江沿线。武汉市区周围县域成为高可达性和中高经济水平的代表性集中区域。襄阳至荆州沿线是典型的高可达性低经济发展水平区域。而江汉平原中部的天门、京山和应城则成为低可达性中经济发展水平的代表性区域。这种空间格局,一方面反映了交通可达性和经济发展水平的区域不平衡性,另一方面也反映出湖北省县域经济发展的普遍落后性。

针对此种格局,一方面,湖北省要充分发挥高可达性和高经济发展水平地区的优势,实施空间非均衡发展战略,着力构筑全省空间发展骨架和脊梁,即有重点地实施点轴空间发展模式。另一方面,全面改善县域通达条件和促进县域经济发展,是湖北实现成为中部崛起重要战略支点和在转变经济发展方式上走在全国前列目标的关键任务。

就湖北空间发展模式选择而言,目前全省正在实施"两圈一带"(武汉城市圈、鄂西生态文化旅游圈和长江经济带)总体发展战略和"一主两副"(武汉一个主中心城市、宜昌和襄阳两个副中心城市)的城镇发展战略。其中,"两圈"覆盖全省国土,功能定位基本符合全省县域综合交通可达性和经济发展水平东高西低的空间格局;"一带"横跨两圈,是响应国家促进中部地区崛起战略规划中的"两纵两横"经济布局战略而设置,总体实施"三段两端"空间发展模式,这也符合长江经济带中县域综合交通可达性和经济发展水平两端(东端—武汉黄石段、西端—宜昌荆州段)高中间(武汉荆州段)低的现实基础。当然,"一主两副"中心城市的选择也无可厚非。至此,湖北省国土空间点轴发展格局总体呈现为"一主两副一带"态势。参照湖北省县域综合交通可达性与经济发展水平的空间分布规律,著者建议应充分整合现在的"一主两副一带"和《湖北省城镇体系规划(2001—2020)》中提出的"一主两副三区三轴"空间发展模式,在此基础上实施"一主两副三区四带"的点轴式重点空间发展模式。其中,"一主两副"即武汉一个主中心城市、宜昌和襄阳两个省级副中心城市,"三区"是培育三个城镇密集区(武汉城市圈、宜荆荆城市群和襄阳都市区),"四带"是宜(宜昌)黄(黄梅)高速及长江复合经济带、汉十经济带(武汉经孝感、随州、襄阳至十堰一线)、襄荆荆经济带(襄阳经荆门至荆州)和京广经济带(孝感经武汉至咸宁一线),总体呈"两横两纵"格局,"四带"中京广经济带和宜黄及长江复合经济带是主要发展轴,其他"两带"为次要发展轴。以此作为全省发展轴线和骨架,也能全面影响和带动广大腹地发展。

就提高县域综合交通可达性而言,建议:① 继续加大高速公路和铁路网络建设,尤其对江汉平原地区要加大投入力度,提高县域整体对外通达性。② 对国省道进行改造升级,解决通行瓶颈问题,提高通行能力。③ 完善县乡道公路网络,提高县域内道路连通程度。④ 结合长江经济带建设,加大航道整治和港口码头建设,优化港口布局,切实提高和发挥湖北内河航运优势。⑤ 加强管理和科技投入,切实提高综合运输方式联运能力。

5.4.2 可达性与城市经济耦合协调性动态变化

1) 综合交通可达性测算与验证方法

城市综合交通可达性的测度通常有两种思路:其一,基于交通基础设施建设水平的可达性测算,此为直接方法;其二,基于交通基础设施的投入产出分析,此为间接方法。为了验证两种方法的科学性,可采取相互校核的方式。

(1) 基于交通基础设施建设水平的可达性测算

① 城市综合交通可达性指数(KDX)。一般认为,影响城市综合交通可达性的主要因素可以概括为:与中心城市的区位关系、市域内道路连通程度和城市对外可达性等三个方面。但对于动态衡量特定市域的交通可达性而言,与中心城市的区位关系在较长时期内很少发生改变。因此,市域交通可达性的动态演变主要受市域内道路连通程度和对外可达性两个方面的影响。基于此,参考《省级主体功能区划分技术规程(试行)》及金凤君等(2008)对交通优势度的测算方法,本节定义城市综合交通可达性测度公式为:

$$KDX = \sum_{i=1}^{2} \alpha_i \times f_i \qquad (5-9)$$

式中,KDX 为城市综合交通可达性指数,f_1、f_2 分别为市域内道连通程度指数、城市对外可达性指数,α_1、α_2 分别为 f_1、f_2 的系数(权重),可采用专家咨询法确定。本节取等权赋值,即均取 0.5。

② 市域内道路连通程度指数(f_1)。由于市域内的交通运输方式主要依赖公路,因此市域内道路连通程度可通过公路网密度加以反映。市域内道路连通程度指数的测算是在计算市域公路网密度的基础上,采用分级赋值的方法(金凤君等,2008)。具体等级划分和临界值直接引用中国科学院提供技术支撑的《省级主体功能区划分技术规程(试行)》方案(表5-5)。

表 5-5 市域内道路连通程度指数赋值

等级	值域/(km/(100 km²))	f_1 赋值
1	≥62.5	3
2	[46.9,62.5)	2.5
3	[39.0,46.9)	2
4	[31.25,39.0)	1.5
5	[23.4,31.25)	1
6	<23.4	0.5

其中,公路网密度计算时的总里程包括高速、国道、省道和县道公路。

③ 城市对外可达性指数(f_2)。城市对外通道主要包括公路、铁路、航空和水运。其中,对于多数城市而言,高速公路、铁路、航空和水运通达格局变化较大,而公路中的国道、省道等传统对外通达变化较小。因此,基于反映动态变化的城市对外可达性指数,应主要侧重高速公路、铁路、航道泊位和机场航线的变化测算。计算方法见公式(5-10),其中赋值主要采用重要性比较和 0.5 间隔专家评判赋值法。具体赋值见表 5-6。

表 5-6 交通节点和线路的城市对外可达性赋值

通道类型		现实格局	赋值	通道类型	现实格局	赋值
高速公路	无	距最近高速出入口60 km 以上	0	航道泊位	无航道	0
		距最近高速出入口30～60 km	0.5		最大泊位 500 t 以内	0.5
		距最近高速出入口30 km 以内	1		最大泊位 500～1 000 t	1
	有	有出入口	0.5n		最大泊位 1 000～3 000 t	1.5
铁路	无	距最近火车站 60 km 以上	0		最大泊位 3 000 t 以上	2
		距最近火车站 30～60 km	1.5/d	机场航线	无机场航线	0
		距最近火车站 30 km 以内	2/d		有支线机场航线	1.5
	有	有线路有车站	$\sum (0.5n+2) * i/d$		有干线机场航线	2

注:表中 n 为交通线路通达方向个数;i 为铁路线技术等级,分为高速铁路、客运专线、普通电气化铁路、其他铁路,取值分别为 2.5、2、1.5 和 1;d 为火车站等级,按照铁道部标准划分,主要考虑高铁站、一等站、二等站、三等站和四等站,取值分别为 1、2、3、4 和 5。

$$f_2 = \sum c_m \qquad (5-10)$$

其中,c_m 为城市 m 类节点或线路所对应的赋值。

(2) 基于交通网络建设投入产出水平的分析

交通网络建设的投入产出包括多项因素,因此一般采取综合评价方法。根据指标的科学性、可比较性、数据的可获得性等原则,本节选取交通建设投资额(x_1)、全社会客运周转量(x_2)、全社会货运周转量(x_3)、内河航道通航里程(x_4)、公路网密度(x_5)和高速公路通车里程(x_6)等六项指标构建交通网络建设水平评价指标体系。为消除各指标原始数据量纲差异和便于评价需要,首先对原始数据进行极差标准化处理,然后选择变异系数法进行权重赋值,最后采用加权求和法求取各年份交通网络建设投入产出水平指数(TI)。

(3) 综合交通可达性测算方法的验证

前述两种思路,后者相对成熟。为了验证前者的科学性,采用相关分析的方法分析 KDX 与 TI 的趋势相关性。若两者趋势一直高度正相关,则说明 KDX 测算方法具有较高可行性和科学性。

2) 经济发展水平测算方法

经济发展水平的测度方法通常有单一指标法和综合指标法。前者简单明了但有失偏颇,常用指标为人均 GDP。后者考虑因素较多相对客观全面,测算相对复杂。鉴于此,本节同时选择两种方法进行评价淮安市 1991—2009 年的经济发展水平。其中,单一指标法选取人均 GDP 指标;综合指标法按照科学性、相对独立性、可比性和可获得性等基本原则,选择人均 GDP(x_1)、人均全社会固定资产投资额(x_2)、人均社会消费品零售总额(x_3)、人均进出口总额(x_4)、城镇居民可支配收入(x_5)和农村居民人均纯收入(x_6)等六个指标。指标体系以相对指标为主是因为反映经济发展水平而非经济规模。评价方法与交通网络建设水平评价方法完全相同。

3) 综合交通可达性与经济发展协调度分析方法

采用两系统相互作用的耦合协调度模型分析综合交通可达性与经济发展的协调度。具体模型为:

$$D(x,y) = \sqrt{C \times T} \qquad (5-11)$$

式中,D 为 x 与 y 系统的耦合协调度,C 为耦合度,T 为协调指数。

第5章 空间区划与主体功能区划

$$C_2=\{(u_1\times u_2)\div[(u_1+u_2)\times(u_1+u_2)]\}^{1/2} \quad (5-12)$$

$$T=\alpha u_1+\beta u_2 \quad (5-13)$$

式中，u_1、u_2 分别为两系统综合评价指数；α、β 分别为两系统重要性系数，本处均取 0.5。

为更好地揭示耦合协调程度，按照常用的分类方法对耦合协调程度进行类型划分(表 5-7)。

表 5-7　综合交通可达性与经济发展耦合协调类型划分标准

D 值域	协调类型	D 值域	协调类型
[0.0,0.1)	极度失调	[0.5,0.6)	微度协调
[0.1,0.2)	严重失调	[0.6,0.7)	轻度协调
[0.2,0.3)	中度失调	[0.7,0.8)	中度协调
[0.3,0.4)	轻度失调	[0.8,0.9)	高度协调
[0.4,0.5)	微度失调	[0.9,1.0]	极其协调

资料来源：王永明等，2011

4) 研究区域概况与数据来源

(1) 研究区域概况

淮安市地处苏北腹地中心，江淮平原东部，四周分别与南京、扬州、滁州、宿迁、连云港和盐城接壤，全市总面积 10 030 km²，第六次人口普查全市常住人口 479.99 万人。经济发展长期相对滞后，在江苏省属于典型的经济欠发达地区。而明清时期淮安市曾与苏州、杭州和扬州并列为京杭大运河沿线四大都市。造成今天长期落后的原因众多，其中不乏对外通达条件的滞后。"八五"以来尤其"九五"以来，淮安市逐步加大综合交通建设力度，逐步实现了高速公路从无到网络化、铁路和航空从无到有的转变，已初步形成综合交通网络。2010 年市境内运营铁路现有一条普通单线新长铁路(地方铁路)，总里程为 81.5 km。公路通车里程达到 11 807 km，其中，高速公路 380 km，主要包括过境的京沪高速、宁连高速和徐淮盐高速淮安段以及淮安绕城高速。内河航道里程为 1 485.71 km，主要包括京杭大运河、淮河、盐河、淮沭新河、苏北灌溉总渠及新开凿的淮河入海水道等。2010 年淮安涟水支线机场正式投入使用，已开通上海、北京、广州、宁波—温州、西安、武汉—重庆等 6 条国内航线。与此同时，淮安国民经济也逐步走向高速稳定发展轨道，1996—2010 年一直保持两位数高速增长态势，与苏南经济的相对差距呈现逐步缩小趋势。2010年淮安市地区生产总值达到1 345.07亿元,比2009年增长13.8%,分别高出全省、苏南、苏中和苏北1.8、2.5、0.2和0.4个百分点。

(2) 数据来源

淮安市社会经济及国土面积等主要指标数据来源于淮阴市统计局编的《奋进的五十年 1949—1999》《淮阴市统计年鉴 2000》和淮安市统计局编的《淮安市统计年鉴(2001—2010)》,交通运输统计数据来源于淮阴市交通运输局编的《淮阴市交通统计年鉴(1990—2000)》和淮安市交通运输局编的《淮安市交通统计年鉴(2001—2010)》。(注:现淮安市于2001年由淮阴市更名而来。)

5) 结果分析

(1) 综合交通可达性

根据前述方法,测算淮安市1990—2009年城市综合交通可达性指数(KDX)与交通网络建设投入产出水平指数(TI),具体结果见图5-6和图5-7。由此可见:① "十五"以来淮安市综合交通可达性明显得到改善。其中,重要影响因素包括新长铁路的逐步开通与火车站的改造升级、高速公路里程和网络的不断完善、公路里程和等级的不断提高、航道泊位的阶段性提升等。② 交通网络建设投入产出水平呈逐年递增态势,与综合交通可达性变化趋势基本一致。两者呈显著线性正相关关系(相关系数为0.984),经线性回归分析,两者线性表达式为:

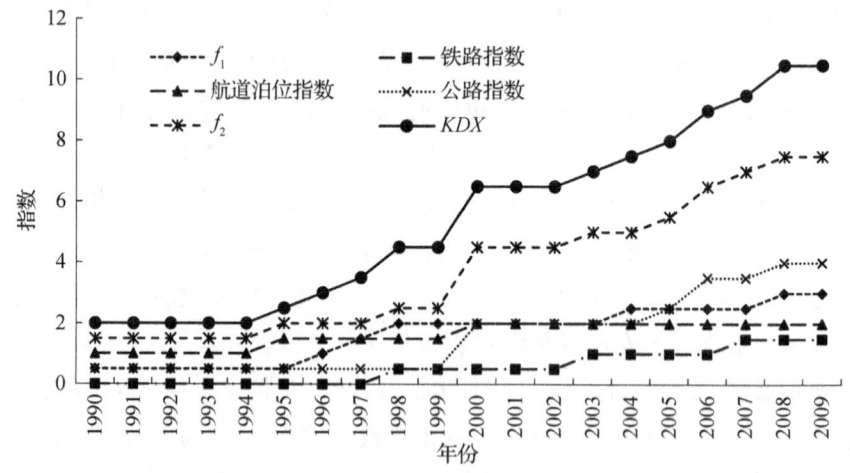

图5-6　1990—2009年淮安市综合交通可达性动态演变

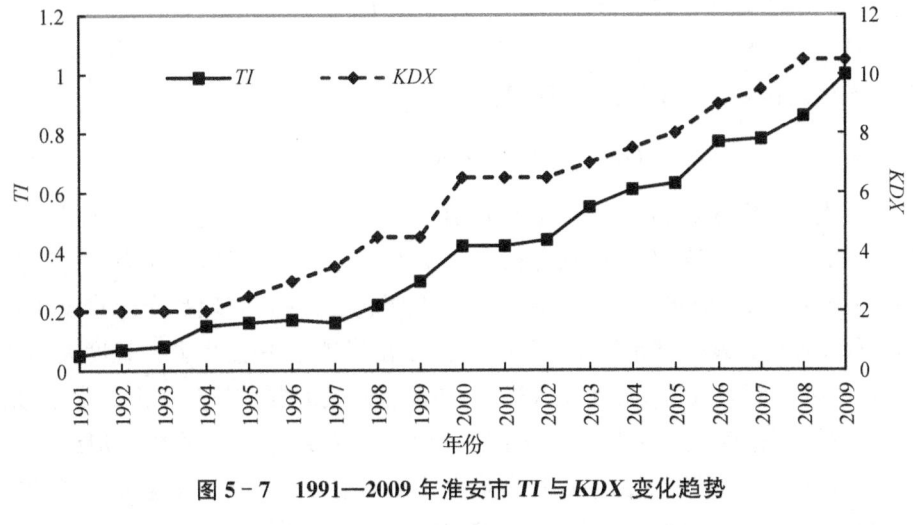

图 5-7　1991—2009 年淮安市 *TI* 与 *KDX* 变化趋势

$$KDX = 10TI + 1.53 \tag{5-14}$$

这也验证了两种方法在测度交通网络建设水平上的科学性。

(2) 经济发展水平

按照前述方法测算淮安市 1991—2009 年经济发展水平结果如图 5-8 所示。可见,单一指标法与综合指标法得出的经济发展水平变化趋势基本一致,两者相关系数高达 0.998,呈显著正相关关系。就发展趋势而言,两者都呈显著上升态势。就上升速度而言,1991—1997、2003—2009 年两个时间段明显较快。

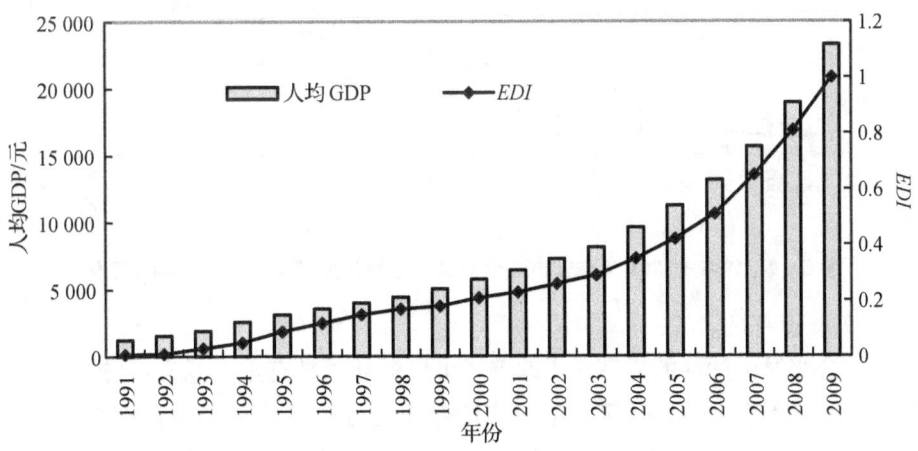

图 5-8　1991—2009 年淮安市经济发展水平演变

(3) 综合交通可达性与经济发展水平的协调度

首先,综合交通可达性与经济发展水平具有较高的相关性。据测算,两者相关系数高达0.934,而人均GDP与KDX的回归方程为:

$$人均GDP = 44.8KDX^3 - 569.5KDX^2 + 3312.6KDX - 2735.7 \quad (5-15)$$

其次,两者的协调度一直呈现增强趋势。但具有明显的阶段性特征:1991—2004年一直处于失调状态;2005—2009年逐步处于协调状态。进一步划分发现:"八五"期间由极度失调向严重失调转变,主要表现是交通建设尤其是对外交通建设水平严重制约经济发展;"九五"期间由中度失调向轻度失调转变,主要表现是交通建设有了很大进步,与经济发展的要求逐步接近;"十五"期间处于微度失调状态,主要原因是交通建设有了长足进步,基本能适应经济发展的要求;"十一五"期间由微度协调向轻度协调转变,主要是高速公路网络的完善和机场的建成,彻底改变了交通建设滞后于经济发展的局面,在一定程度上具有超前性质,但其对经济发展推动的潜力远未发挥出来,具体见图5-9。可以预见,随着交通建设的升级和对经济推动作用潜力的进一步发挥,淮安市综合交通可达性与经济发展的协调度将进一步增强。

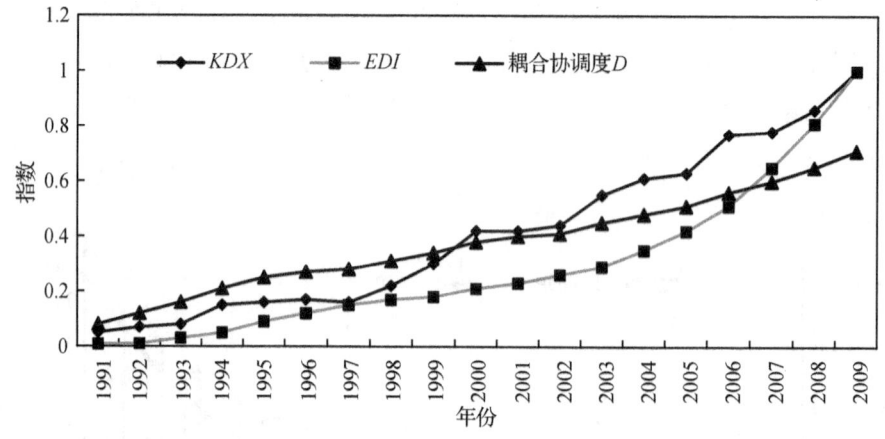

图5-9　1991—2001年淮安市综合交通可达性与经济发展水平协调度变化

6) 结论与建议

综合交通可达性的提高对于改善城市投资环境具有重大意义,是推动经济发展的主要因素之一。基于单个城市综合交通可达性动态变化思想的比较赋值法,能够用于分析单个城市可达性的变化,而不必分析城市所在区域的整体交通网络,这起到了简化工作量的目的。同时,交通网络建设投入产出水平的综合评价也验证了该方法的科学性和可行性。

而对经济发展水平的单指标测算与复合指标测算结果,表明两种方法得出结论基本一致,这也说明以人均 GDP 指标反映城市经济发展水平不失为一种简易方法。但其不能揭示经济规模、经济结构等方面的信息。

对 1991—2009 年淮安市综合交通可达性及其与经济发展水平协调度分析,表明:① 无论综合交通可达性还是经济发展水平都呈现不断上升趋势,且都具有明显的阶段性特征。② 综合交通可达性与经济发展水平之间的协调度不断增强,但目前总体协调度仍不高,正处于轻度协调向中度协调过渡时期,且具有明显的阶段演变特征。其中,2005 年是一个重要分界时点,自该年开始两者由不协调向协调转变。总体来看,随着淮安交通设施的不断完善,交通可达性将逐步实现质的飞跃,而经济发展也将登上新的台阶。但与"打造长江三角洲北部地区重要中心城市和综合交通枢纽"的发展定位目标要求还有很大差距。为此,建议淮安市要进一步强化综合交通网络建设,尤其是要加强铁路网络和航空网络建设,而公路网络和水运网络的重要任务是整治改造进行技术等级的升级。同时,要狠抓各种交通方式的衔接联动发展,形成综合交通发展的合力和提高综合交通优势。面对建设资金存在巨大压力的情况,淮安市应进一步拓展投融资渠道,要及时出台多种措施吸引民间资本、私人资本和外来资本投入交通建设,具体运行模式可以考虑以公共交通为导向的开发(Transit-Oriented Development,TOD)、建设—经营—转让(Build-Operate-Transfer,BOT)等投融资模式。

5.5 本章小结

本章主要比较了主体功能区划与其他空间区划的关系,主体功能区划是综合性管制型区划,是宏观基础性战略性空间区划。主体功能区划应分成国家和省级两个层面。其中,国家层面分为优化开发区域、重点开发区域、限制开发区域和禁止开发区域四类主体功能区,省域层面分为包括四类国家级主体功能区和省级优化开发区域、省级重点开发区域、市级重点开发区域、省级限制开发区域等共 8 类主体功能区,由此构成完善的主体功能区类型体系。通过对县域可达性与经济发展的横向静态分析、城市可达性与经济发展的纵向动态比较研究可以发现,可达性对于区域经济发展具有至关重要的影响,对于地处可达性优势区位的县域在划分主体功能区类型时应充分考虑其未来发展潜力。

第6章 省域主体功能区划方法与应用

本章主要研究建立省域主体功能区划方法,并以湖北省为案例进行实证研究。

6.1 区划原则

区划原则是指导省域主体功能区划的基本准则。总体上应坚持把握新发展阶段要求,坚持创新、协调、绿色、开放和共享的新发展理念,有利于构建新发展格局,并处理好人与自然、区域与区域、陆地与海洋、当前与长远、开发与保护之间的关系。具体而言,区划基本原则主要包括以下几个方面。

6.1.1 以人为本与尊重自然相结合

主体功能区建设的落脚点是实现各区域人民生活水平和享受的公共服务大体相当,人口、经济分布与资源环境承载能力相协调。前者体现的是以人为本,后者体现的尊重自然。因此,省域主体功能区划必须坚持"以人为本与尊重自然相结合"的区划原则。具体而言,区划时应充分考虑全面建设社会主义现代化国家新阶段中人民生活居住的新需求及其对生态环境质量的更高要求。重点开发区域和优化开发区域的划分应在强调资源环境承载能力的基础上,突出人口分布、经济集聚、交通可达性等人文因素;限制开发区域的划分应着重于资源环境的承载能力,将保障生态安全、粮食安全放在更重要位置。

6.1.2 有序开发与整治保护相结合

当前国土空间结构失衡主要是空间开发无序造成的,作为空间开发管制区划的省域主体功能区划理应坚持"有序开发与整治保护"相结合的原则。主体功能区划应有利于规范省域国土开发秩序,突出重点和优化开发区域的有序开发,更要注重限制和禁止开发区域的整治保护。要规避盲目开发或不合理开发的风险,有利于形成资源节约、环境友好和疏密有致的国土空间开发利用格局,有利于实现城市与乡村、山区与平原、海岛与大陆、水域与陆地、流域上中下游等不同类型地域的协调发展。

6.1.3 现状分析与远景发展相结合

主体功能区划不仅仅是对现状空间的划分,更是对未来空间发展的统筹谋划。因此,既要正确全面评价现有发展基础、资源环境承载能力和空间发展格局,也应充分把握影响未来发展的各种因素和机遇,客观分析发展潜力。要把现状分析与远景发展充分结合起来,尤其要重视分析目前发展水平不高,但发展潜力巨大、发展态势较好,并对全省国土空间开发格局具有重要战略影响的区域,如具备发展成为城市群和省域"副中心"地带等。

6.1.4 科学合理与可操作性相结合

主体功能区划要基于科学严谨的综合评价,充分体现出客观性和科学性。但同时,主体功能区在一定程度上也是政策区域,要求其必须具有可操作性。因此,主体功能区划在构建指标体系及选择区划方法的过程中,要坚持指标意义明确、层次清晰、结构严谨、数据可靠、途径易取等原则,区划方法综合应用定量和定性方法。区划界线应清晰明确,且尽量保持县级行政区的完整性,以有利于相关政策措施的实施,提高可操作性。

6.1.5 区域协调与内部均质相结合

省域主体功能区划首先要求各类主体功能区内部应具有发展方向的一致性和相对均质性。其次,总体区划方案应有利于各主体功能区之间形成合理分工和有机联系的格局。省域主体功能区划还应保持与国家主体功能区划和相邻省市主体功能区划协调,尤其相邻省区的边界县市应尽量保持主体功能区类型的一致或相近,避免"负外部效应"的产生。如省界一侧县市定位为限制开发区域,而另一侧县市定位为重点开发区域,则重点开发区域产生的污染极易扩散到相邻限制开发区域。为便于规划和政策措施的实施，应尽量维持地域上的连片和相对集中。

6.2　区划思路与区划流程

省域主体功能区划涉及人口、经济、社会、资源和环境等众多因素，而且有些因素不易定量化或不易获取数据，主体功能区类型之间在某些指标指征上也不具有明显的连续序列性质，单一的技术方法无法解决主体功能区划，同时主体功能区划又必须坚持科学性和可操作性。因此，省域主体功能区划过程必须进行一定的简化分解处理。总体思路可以概括为"复杂性的系统工程—简单化的假设处理—合理化的分析识别"。其中，复杂性的系统工程是指省域主体功能区划是一项复杂的系统工程；简单化的假设处理是指首先忽略基本分析单元内部差异，只考虑易量化因素，在此基础上评价确定每个空间单元的主体功能类型；合理化的分析识别主要是指对上述区域主体功能定位进行修正和衔接，充分考虑本省空间发展战略、本省政策支持能力和本省其他区划规划成果等定性因素，并与国家主体功能区划方案以及相邻省市主体功能区划方案进行衔接，合理划定各类主体功能区界线，形成省域主体功能区划总体方案。

在此区划总体思路的指导下，省域主体功能区划的技术流程如图 6-1 所示。

6.3　区划单元

主体功能区划单元包括基本空间单元和基本分析单元两个层面。

主体功能区划基本空间单元是指各类主体功能区（禁止开发区域除外）落实的最小空间地域，是实现主体功能区相关政策落地的地域单元。一般而言，基本空间单元越小，内部均质性就越好，主体功能就越突出，政策实施越具有针对性。但这种政策实施要求必须具有可操作性，因此区划基本空间单元必须兼顾行政区的相对完整性及财政权限。县级行政区作为落实宏观调控政策和实施微观区域管理的基本地域单元，相对于乡镇行政区（无财权）和市级行政区（内部差异太大）具有无可比拟的优势，理所当然成为主体功能区划基本空间单

第6章 省域主体功能区划方法与应用

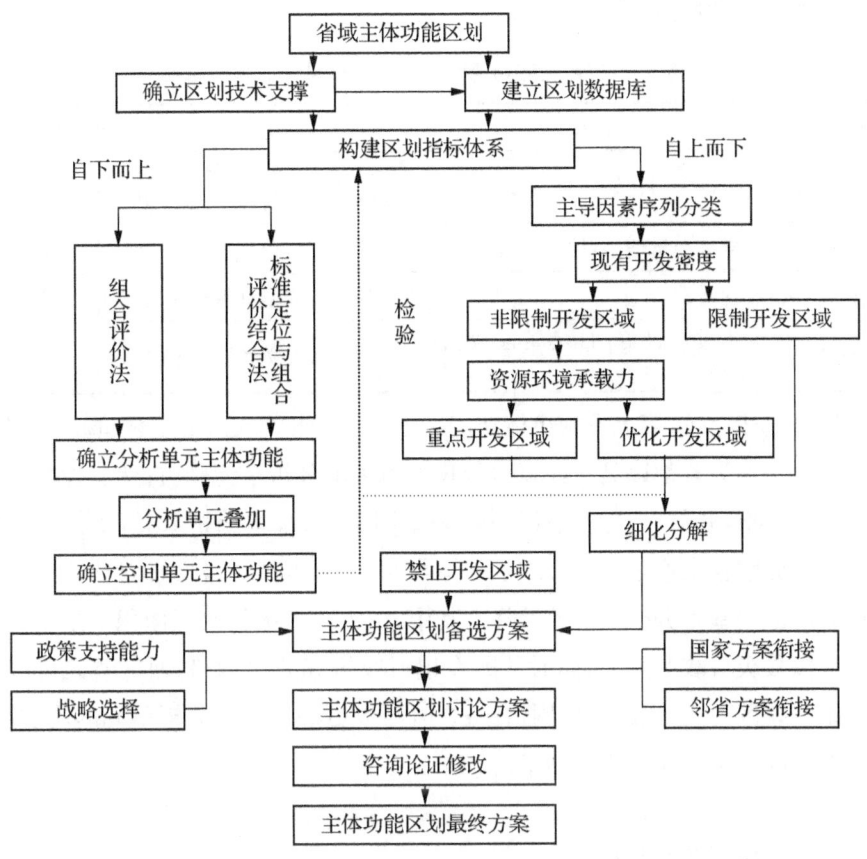

图 6-1 省域主体功能区划技术流程

元的理想选择。但由于我国地域差异明显,县级行政区面积大小相差悬殊(尤其西部省区县级行政区面积过大),部分县级行政区内部差异较大,主体功能不突出或不易界定。因此,著者主张省域主体功能区划基本空间单元应以县级行政区为主,乡镇行政区为辅,以体现区域差异。

主体功能区划基本分析单元是指用于分析识别区划基本空间单元主体功能的最小图斑单元,也是获取分析数据的空间单元。原则上讲,最理想选择是基本空间单元与基本分析单元保持一致。但由于部分自然属性数据在行政区单元不易获得,且同一行政单元内可能存在不同的自然地理单元,即行政区单元存在内部差异性。因此,自然属性数据的提取与分析应基于自然地理单元。这样,用于主体功能区划的基本分析单元就包括了县级行政区、乡镇行政区、行政村域和自然地理单元(常用公里网格)等多种选择。但是,所有选择都具有各自明显的缺点和优点(表6-1)。

表6-1 省域主体功能区划基本分析单元的选择比较

地域单元	优点	缺点	可行度
县级行政区	数据资料比较齐全,界线清晰	样本数量稍小,均质性稍差,自然属性数据资料相对欠缺	较好
乡镇行政区	样本数量适中,均质性较好	各类数据资料相对欠缺	稍差
行政村域	均质性好	样本偏多,数据资料较缺乏	较差
公里网格	均质性最好,自然属性数据较好	样本太多,人文属性数据缺乏	较差

通过上述比较,可以发现主体功能区划基本分析单元不能选择单一类型的地域单元。因为若都以县级或乡镇行政区为基本分析单元,则自然属性数据不易获取和分析,若都以自然地理区域(公里网格)为基本分析单元,则人文属性数据不易分解且工作量会大大增加。综合而言,著者认为应区别对待我国不同地域省区区划基本分析单元的选择。其中,东中部县级行政区面积不是太大的省区应以县级行政区为主,同时兼顾乡镇行政区和公里网格;西部省区可以选择乡镇行政区为主,兼顾公里网格。这样,可以更好地实现分析单元的均质性、数据的获取性和工作量之间的平衡。

6.4 区划指标体系

构建区划指标体系是省域主体功能区划的核心环节,通常应坚持指标意义明确、层次清晰、结构严谨、数据可靠、途径易取等原则。根据前述省域主体功能区划技术流程(图6-1)和各类主体功能区的内涵特征,著者认为可以从资源环境承载能力、现有开发密度和未来发展潜力三方面(指标项)构筑区划指标体系。

另外,我国地域广阔,区域差异明显。因此,区划指标体系的具体指标选择不必完全统一。但为了便于省际主体功能区划的协调比较,各省主体功能区划指标体系在骨干指标选择上应保持相对一致,个别指标可灵活针对性选择以体现各省省情差异。

6.4.1 资源环境承载力指标项

1) 指标项评价指标体系

区域资源环境承载力是指一定区域在一定时期内,在确保资源合理开发利用和生态环境良性循环的条件下,资源环境所能承载的人口和经济社会活动总量的能力。其具有系统性、开放性和动态性的特征(毛汉英等,2001)。此处资源环境主要是指自然资源环境,这是在新发展理念下决定区域开发导向的最根本因素。具体来看,资源环境承载力主要包括可利用土地资源、可利用水资源、环境容量、生态系统脆弱性、自然灾害危险性、生态重要性等因素。因此,资源环境承载力评价指标体系应从上述几因素进行构建(表6-2)。

其中,可利用土地资源、可利用水资源和环境容量是正向指标(指标项越大,资源环境承载力越大),生态系统脆弱性和自然灾害危险性是逆向指标(指标项越小,资源环境承载力越大)。而生态重要性指标比较特殊,其与资源环境承载力之间并不存在明显的正或负相关关系,但又是资源环境承载力的一个重要结构性指标,对区域开发导向的确定具有明显制约作用。一般而言,生态重要性越大,不管资源环境承载力大小与否,区域就越倾向于限制。反之,要视资源环境承载力大小而定,资源环境承载力越大越倾向于开发,越小越倾向于限制。因此,生态重要性应作为资源环境承载力的一个辅助指标单独评价。

表6-2 区域资源环境评价指标体系

指标项	一级指标	二级骨干指标	二级备选指标
资源环境承载力(A)	可利用土地资源($A1$)	可新增建设用地面积($A11$)	
	可利用水资源($A2$)	可利用水资源潜力($A21$)	
	环境容量($A3$)	大气环境容量($A31$)	
		水环境容量($A32$)	
	生态系统脆弱性($A4$)	土壤侵蚀脆弱性($A41$)	沙漠化脆弱性、冻土脆弱性、土壤盐渍化脆弱性
		石漠化脆弱性($A42$)	
	自然灾害危险性($A5$)	自然致灾因子综合指数($A51$)	
		自然灾害成灾综合指数($A52$)	

续表

指标项	一级指标	二级骨干指标	二级备选指标
辅助指标	生态重要性(A6)	森林生态重要性(A61) 生物多样性保护重要性(A62) 湖泊湿地生态重要性(A63)	草地、荒漠重要性

2) 具体指标算法

指标体系中各指标算法主要参考《省级主体功能区划分技术规程(试行)》,并在此基础上对个别指标算法进行改进优化。

(1) 可利用土地资源

$$[可利用土地资源]=[可新增建设用地面积] \quad (6-1)$$

$$[可新增建设用地面积]=[适宜建设用地面积]-[已有建设用地面积]+[现有居民点建设用地集约化利用潜在增加面积] \quad (6-2)$$

$$[适宜建设用地面积]=([地形坡度]\cap[海拔高度])-([所含禁止开发区面积]\cup[所含水域面积]\cup[所含林草地面积]\cup[所含沙漠戈壁面积])-[所含基本农田面积] \quad (6-3)$$

$$[已有建设用地面积]=[城镇用地面积]+[农村居民点用地面积]+[独立工矿用地面积]+[交通用地面积]+[特殊用地面积]+[水利设施建设用地面积] \quad (6-4)$$

$$[现有居民点建设用地集约化利用潜在增加面积]=[现有居民点建设用地面积]-[各级居民点人口数]\times[同级居民点人均建设用地面积标准] \quad (6-5)$$

$$[所含基本农田面积]=([地形坡度]\cap[海拔高度]内所含耕地面积)\times\beta,\quad \beta\in[0.8,1] \quad (6-6)$$

按照我国现行居民点序列,居民点可分为城市、城镇和乡村三类。同级居民点人均建设用地面积标准分别参照最新版《城市用地分类与规划建设用地标准》(GB 50137—2011)、《镇规划标准》(GB 50188—2007)和各省市颁布的乡村宅基地面积标准。

(2) 可利用水资源

$$[可利用水资源]=[可利用水资源潜力] \tag{6-7}$$

$$[可利用水资源潜力]=[本地可开发利用水资源量]-[已开发利用水资源量]+$$
$$[可开发利用入境水资源量] \tag{6-8}$$

$$[本地可开发利用水资源量]=[地表水可利用量]+[地下水可利用量] \tag{6-9}$$

$$[地表水可利用量]=[多年平均地表水资源量]-[河道生态需水量]-$$
$$[不可控制的洪水量] \tag{6-10}$$

$$[地下水可利用量]=[与地表水不重复的地下水资源量]-$$
$$[地下水系统生态需水量]-[无法利用的地下水量] \tag{6-11}$$

$$[已开发利用水资源量]=[农业用水量]+[工业用水量]+$$
$$[生活用水量]+[生态用水量] \tag{6-12}$$

$$[入境可开发利用水资源潜力]=[现状入境水资源量] \times \gamma \tag{6-13}$$

其中,参数 γ 在不同省份可按流域取值,范围可为 $0 \sim 5\%$。现状条件下,南方地区长江、东南诸河、珠江、西南诸河四大流域片取 5%,北方地区松花江、辽河、海河、黄河、淮河及内陆河流域片取 0。将来随着用水量的增加,γ 值将逐渐衰减。

(3) 环境容量

$$[环境容量]=MIN\{[大气环境容量(SO_2)],[水环境容量(COD)]\} \tag{6-14}$$

式中,COD 指化学需氧量。

$$[大气环境容量(SO_2)]=A \cdot (C_{ki}-C_0) \cdot S_i/\sqrt{S} \tag{6-15}$$

式中,A 为地理区域总量控制系数,$km^2 \times 10^4$;A 值选择根据评价区域的地理位置和《制定地方大气污染物排放标准的技术方法》(GB/T 13201—91)确定。对于区域总量控制系数 A 的具体数值,按照公式(6-16)确定,参见表 6-3。

$$A = A_{\min} + 0.1 \times (A_{\max} - A_{\min}) \tag{6-16}$$

表6-3 我国各地区总量控制系数 A 值

省（市）	A 值
新疆、西藏、青海	7.0—8.4
黑龙江、吉林、辽宁、内蒙古（阴山以北）	5.6—7.0
北京、天津、河北、河南、山东	4.2—5.6
内蒙古（阴山以南）、山西、陕西（秦岭以北）、宁夏、甘肃（渭河以北）	3.5—4.9
上海、广东、广西、湖南、湖北、江苏、浙江、安徽、海南、台湾、福建、江西	3.5—4.9
云南、贵州、四川、甘肃（渭河以南）、陕西（秦岭以南）	2.8—4.2
静风区（年平均风速小于 1 m/s）	1.4—2.8

资料来源：《省级主体功能区划分技术规程（试行）》

C_{ki} 为国家或地方关于大气环境质量标准中所规定的和第 i 功能区类别一致的第 k 类控制区年日平均浓度，单位是 mg/m³。

C_0 为背景浓度。在有清洁监测点的区域，以该点的监测数据为污染物的背景浓度；无条件的区域，背景浓度 C_0 假设为 0。

S_i 为第 i 功能区面积，单位 km²。

S 为总量控制总面积，单位 km²。

$$[水环境容量(COD)] = Q(C_i - C_{i0}) + kC_iQ_i \tag{6-17}$$

C_i 为第 i 功能区的目标浓度；重要水源涵养区，采用地表水一级标准；一般地区采用地表水三级标准。

C_{i0} 为第 i 种污染物的本底浓度，无监测条件的区域假设为 0。

Q_i 为第 i 功能区的可利用水资源量。

k 为污染物综合降解系数。根据一般河道水质降解系数参考值，选定 COD 的综合降解系数为 0.20(1/d)。

（4）生态系统脆弱性

$$[生态系统脆弱性] = \mathrm{MAX}\{[土壤侵蚀脆弱性],[石漠化脆弱性],$$
$$[其他生态系统脆弱性]\} \tag{6-18}$$

土壤侵蚀脆弱性主要是指水力侵蚀，风力侵蚀可包含在沙漠化脆弱性之中。土壤侵蚀脆弱性分级标准见表6-4和表6-5。

表6-4 土壤水力侵蚀类型区土壤容许流失量

类型区	土壤容许流失量/ $(t \cdot km^{-2} \cdot a^{-1})$	类型区	土壤容许流失量/ $(t \cdot km^{-2} \cdot a^{-1})$
东北黑土区	200	西北黄土高原区	1 000
北方土石山区	200	南方红壤丘陵区	500
西南土石山区	500		

资料来源:《省级主体功能区划分技术规程(试行)》

表6-5 土壤水力侵蚀脆弱性分级

级别	平均侵蚀模数/$(t \cdot km^{-2} \cdot a^{-1})$	平均流失厚度/$(mm \cdot a^{-1})$	脆弱性等级
剧烈	>15 000	>11.1	脆弱
极强度	8 000~15 000	5.9~11.1	脆弱
强度	5 000~8 000	3.7~5.9	较脆弱
中度	2 500~5 000	1.9~3.7	一般脆弱
轻度	200,500,1 000~2 500	0.15,0.37,0.74~1.9	略脆弱
微度	<200,500,1000	<0.15,0.37,0.74	不脆弱

资料来源:《省级主体功能区划分技术规程(试行)》

石漠化脆弱性分级标准见表6-6。

表6-6 石漠化脆弱性分级

强度等级	基岩裸露/%	土被覆盖/%	坡度/°	植被+土被覆盖/%	平均土厚/cm	脆弱性等级
极强度	>90	<5	>30	<10	<3	脆弱
强度	>80	<10	>25	10~20	<5	较脆弱
中度	>70	<20	>22	20~35	<10	一般脆弱
轻度	>60	<30	>18	35~50	<15	略脆弱
潜在	>40	<60	>15	50~70	15~20	略脆弱
无明显	<40	>60	<15	>70	>20	不脆弱

资料来源:《省级主体功能区划分技术规程(试行)》

(5)自然灾害危险性

[自然灾害危险性]=([自然致灾因子综合指数]+[自然灾害成灾综合指数])/2

(6-19)

$$[自然致灾因子综合指数]=[自然致灾因子多度]/MAX[自然致灾因子多度]$$
$$+[自然致灾因子被灾指数]/MAX[自然致灾因子被灾指数]$$
$$(6-20)$$

$$[自然灾害成灾综合指数]=[自然灾害频次]/MAX[自然灾害频次]+$$
$$[自然灾害灾次比]/MAX[自然灾害灾次比]$$
$$(6-21)$$

$$[自然致灾因子多度]=[县域自然致灾因子数]/[全省自然致灾因子数]$$
$$(6-22)$$

$$[自然致灾因子被灾指数]=\sum S_i \qquad (6-23)$$

其中，S_i 为县域第 i 种致灾因子影响面积比

$$[自然灾害频次]=[自然灾害多年累计发生次数]/[年数] \quad (6-24)$$

$$[自然灾害灾次比]=[县域自然灾害发生次数]/[全省自然灾害发生次数]$$
$$(6-25)$$

（6）生态重要性

$$[生态重要性]=MAX\{[森林生态重要性],[生物多样性保护重要性],$$
$$[湖泊湿地生态重要性],[其他生态系统重要性]\}$$
$$(6-26)$$

森林生态重要性主要根据森林面积比重、生境完整程度和服务功能大小来定性分类确定，在此基础上对重要性程度进行定量化赋值（表6-7）。

表6-7 森林(草地、荒漠)生态重要性评价

占区域面积/%	生境完整程度	服务功能大小	重要性程度	赋值
>50	1—0.8	极大	极为重要	4
30—50	0.5—0.8	很大	重要	3
5—30	0.1—0.5	较大	较为重要	2
<5	<0.1	不大	不重要	1

资料来源：《省级主体功能区划分技术规程(试行)》

生物多样性保护重要性主要根据评价区域物种数量占全省物种总数的比

重进行重要性分级评价,在此基础上进行相应定量赋值(表6-8)。

表6-8 生物多样性保护重要性评价

物种占全省物种比率/%	重要性	赋值	物种占全省物种比率/%	重要性	赋值
>30	极重要	4	5—15	中等重要	2
15—30	重要	3	<5	不重要	1

资料来源:《省级主体功能区划分技术规程(试行)》

湖泊湿地生态重要性主要根据湖泊湿地面积占评价区域国土比重及生物多样性程度进行重要性分级评价,在此基础上进行定量赋值(表6-9)。

表6-9 湖泊湿地生态重要性评价

面积比重/%	分布特征	物种多样性	重要性	赋值
>20	连片分布	很高	极重要	4
10—20	较连片分布	高	重要	3
5—10	比较破碎	较高	较重要	2
<5	比较破碎	不高	不重要	1

资料来源:《省级主体功能区划分技术规程(试行)》

6.4.2 现有开发密度指标项

1) 指标项评价指标体系

现有开发密度反映的是区域当前社会经济发展总体水平高低和资源利用比重大小。而"密度"一词反映的是均量或相对量概念,故评价指标选取时应更多地选择均量和相对量指标。其中,揭示区域社会经济发展总体水平的现有开发密度指标主要有经济密度、人口集聚度和城镇化水平;揭示资源利用高低的现有开发密度指标主要是土地利用强度和水资源利用强度。另外,矿产资源开发强度虽然能在一定程度上揭示区域现有开发密度,但矿产资源毕竟只分布在少数资源型县市,并不具有普遍性。因此,矿产资源开发强度只是现有开发密度的一个辅助指标,主要用于资源型县市开发密度的评价。区域现有开发密度指标体系详见表6-10。

表 6-10 区域现有开发密度指标体系

指标项	一级指标	二级指标
现有开发密度(B)	土地利用强度($B1$)	适宜建设用地利用率($B11$)
	水资源利用强度($B2$)	可利用水资源利用率($B21$)
	经济密度($B3$)	地均 GDP($B31$)
	人口集聚度($B4$)	人口集聚度指数($B41$)
	城镇化水平($B5$)	城镇化率($B51$)
辅助指标	矿产资源开发程度($B6$)	矿产资源开采率($B61$)
		矿产可开采年限($B62$)

资料来源：《省级主体功能区划分技术规程（试行）》

2) 具体指标算法

(1) 土地利用强度

$$[土地利用强度]=[适宜建设用地利用率] \quad (6-27)$$

$$[适宜建设用地利用率]=[现有建设用地面积]/[适宜建设用地面积]\times 100\% \quad (6-28)$$

$$[适宜建设用地面积]=([地形坡度]\cap[海拔高度])-([所含禁止开发区面积]\cup$$
$$[所含水域面积]\cup[所含林草地面积]\cup[所含沙漠戈壁面积])-$$
$$[所含基本农田面积] \quad (6-29)$$

$$[现有建设用地面积]=[城镇用地面积]+[农村居民点用地面积]+$$
$$[独立工矿用地面积]+[交通用地面积]+[特殊用地面积]+$$
$$[水利设施建设用地面积] \quad (6-30)$$

(2) 水资源利用强度

$$[水资源利用强度]=[可利用水资源利用率] \quad (6-31)$$

$$[可利用水资源利用率]=[已开发利用水资源量]/[可利用水资源总量]\times 100\% \quad (6-32)$$

$$[可利用水资源总量]=[本地可利用水资源总量]+[可利用入境水资源量] \tag{6-33}$$

已开发利用水资源量、本地可利用水资源总量、可利用入境水资源量等同前述资源环境承载力指标项中的具体指标算法相应部分。

(3) 经济密度

$$[经济密度]=[地均GDP] \tag{6-34}$$

$$[地均GDP]=[GDP]/[陆域国土面积] \tag{6-35}$$

(4) 人口集聚度

$$[人口集聚度]=[人口集聚度指数] \tag{6-36}$$

$$[人口集聚度指数]=[人口密度] \times d_{[人口流动强度]} \tag{6-37}$$

$$[人口密度]=[总人口数]/[陆域国土面积] \tag{6-38}$$

$$[人口流动强度]=[暂住人口数]/[总人口数] \times 100\% \tag{6-39}$$

式中,总人口数指常住人口总数(包括暂住半年以上的流动人口数);暂住人口数指暂住半年以下的流动人口数;$d_{[人口流动强度]}$为人口流动强度权重,根据人口流动强度分级状况按表 6-11 取值。

表 6-11 人口流动强度权重赋值标准

人口流动强度/%	<5	5~10	10~20	20~30	>30
权重	1	3	5	7	9

资料来源:《省级主体功能区划分技术规程(试行)》

(5) 城镇化水平

$$[城镇化水平]=[城镇化率] \tag{6-40}$$

$$[城镇化率]=[城镇人口数]/[总人口数] \times 100\% \tag{6-41}$$

(6) 矿产资源开发程度

$$[矿产资源开发程度]=[矿产资源开采率] \times d_{[矿产可开采年限]} \tag{6-42}$$

$$[矿产资源开采率]=[矿产资源已开采总量]/[矿产可开采总储量] \times 100\% \tag{6-43}$$

[矿产资源可开采年限]＝[矿产可开采剩余储量]/[年开采矿产能力]

(6-44)

式中，$d_{[矿产可开采年限]}$为矿产可开采年限权重，根据可开采年限分级按表 6-12 取值。

表 6-12 矿产可开采年限权重赋值标准

矿产可开采年限/a	<10	10～20	20～30	30～50	>50
权重	9	7	5	3	1

资料来源：《省级主体功能区划分技术规程（试行）》

6.4.3 未来发展潜力指标项

1) 指标项评价指标体系

未来发展潜力主要是指在经济全球化和区域一体化过程中，依据现有发展基础和区位优势，未来经济发展的总体趋势和潜力。这种发展潜力也是衡量区域未来能否集聚大规模人口和经济的判断标准之一。广义的发展潜力应包括资源环境承载能力和现有开发密度，但为了便于评价和主体功能定位，本节界定发展潜力为狭义范畴，即不包括资源环境承载能力和现有开发密度等因素。通常，影响区域未来发展潜力（狭义）的因素有区位优势、经济基础和发展效率。另外，区域人力资源数量多寡和质量高低以及其在省级和国家级空间总体发展格局中的战略地位也是影响区域未来发展潜力的重要因素。但随着户籍制度、社会保障制度和人才市场的逐步改革与完善，人力资源跨区域流动的障碍越来越小，人口流动强度和频率越来越大，衡量人力资源的区域归属越来越难，因此人力资源暂且不作为未来发展潜力的评价指标。就区域在省级和国家级空间总体发展格局中的战略地位而言，战略定位对区域未来发展潜力影响固然重大，但不易定量化，因此暂且不纳入区域未来发展潜力评价指标体系，而是作为区域主体功能定位时的一个定性参考要素。这样，区域未来发展潜力评价指标体系就主要包括区位优势、经济基础和发展效率等三个主要二级指标和对应的六个三级指标（表 6-13）。

第6章 省域主体功能区划方法与应用

表6-13 区域未来发展潜力指标体系

指标项	一级指标	二级指标
未来发展潜力（C）	区位优势（C1）	交通可达性综合指数（C11）
	经济基础（C2）	人均GDP（C21）
		非农产业比重（C22）
	发展效率（C3）	全员社会劳动生产率（C31）
		固定资产投资回报率（C32）
		近五年GDP年均增长率（C33）

资料来源：《省级主体功能区划分技术规程（试行）》

2）具体指标算法

（1）区位优势

$$[区位优势]=[交通可达性综合指数] \quad (6-45)$$

$$[交通可达性综合指数]=[公路网密度指数]+[节点和干线技术等级指数]+[与中心城市距离指数] \quad (6-46)$$

$$[公路网密度指数]=d_{[公路网密度]} \quad (6-47)$$

$$[公路网密度]=([高速公路里程]+[国道里程]+[省道里程]+[县道里程])/[陆域国土面积] \quad (6-48)$$

式中，$d_{[公路网密度]}$是以公路网小康标准 31.25 km/(100 km²) 为参照，对不同的公路网密度进行的指数赋值（表6-14）。

表6-14 公路网密度指数赋值

	等级	值域/(km/(100 km²))	赋值
实际密度	1	≥62.5	3
	2	46.9~62.5	2.5
	3	39.0~46.9	2
	4	31.25~39.0	1.5
	5	23.4~31.25	1
	6	<23.4	0.5

资料来源：《省级主体功能区划分技术规程（试行）》

[节点和干线技术等级指数] $= \sum d_{[节点和干线技术等级]}$ (6-49)

[节点和干线技术等级]为火车站按照特等站、一等站、二等站、三等站、四等站,公路按照高速公路出入口个数、国道、省道、县道、一级公路、二级公路、三级公路,港口按照重要港口、主要港口、一般港口,机场按照干线机场和支线机场划分的不同等级。

$d_{[节点和干线技术等级]}$为各节点及交通干线技术不同等级所对应的赋值(表6-15)。

表6-15 交通节点和干线技术等级划分及赋值

赋值	节点或干线	子类型	等级	标准
火车站	特等站	1	拥有特等车站	3
		2	距离特等车站30 km以内	2.5
		3	距离特等车站60 km以内	2
		4	其他	0
	一等站	1	拥有一等车站	2.5
		2	距离一等车站30 km以内	2
		3	距离一等车站60 km以内	1.5
		4	其他	0
	二等站	1	拥有二等车站	2
		2	距离二等车站30 km以内	1.5
		3	距离二等车站60 km以内	1
		4	其他	0
	三等站	1	拥有三等车站	1.5
		2	距离三等车站30 km以内	1
		3	距离三等车站60 km以内	0.5
		4	其他	0
	四等站	1	拥有四等车站	1
		2	距离四等车站30 km以内	0.5
		3	其他	0

第6章 省域主体功能区划方法与应用

续表

赋值	节点或干线	子类型	等级	标准
公路	高速公路	1	拥有高速公路出入口	2.5
		2	距离高速公路出入口30 km以内	2
		3	距离高速公路出入口60 km以内	1.5
		4	其他	0
	国道	1	全程为一级	2.5
		2	最差路段为二级	2
		3	最差路段为三级	1.5
		4	最差路段为四级	1
		5	其他	0
	省道	1	全程为一级	2
		2	最差路段为二级	1.5
		3	最差路段为三级	1
		4	最差路段为四级	0.5
		5	其他	0
港口	主要港口	1	拥有主要港口	2
		2	距离主要港口30 km以内	1.5
		3	距离主要港口60 km以内	1
		4	其他	0
	重要港口	1	拥有重要港口	1.5
		2	距离重要港口30 km以内	1
		3	其他	0
	一般港口	1	拥有一般港口	1
		2	其他	0
机场	干线机场	1	拥有干线机场	2
		2	距离干线机场30 km以内	1
		3	其他	0
	支线机场	1	拥有支线机场	1
		2	其他	0

资料来源：《省级主体功能区划分技术规程（试行）》（有修改）

$$[与中心城市距离指数] = d_{[与中心城市运输距离]} \times [中心城市等级] \quad (6-50)$$

$$[与中心城市运输距离]=[与最近中心城市的公路运输距离] \quad (6-51)$$

$d_{[与中心城市运输距离]}$ 为运输距离权重(表 6-16)。

表 6-16 交通运输距离赋值表

等级	距离/km	赋值
1	<30	2
2	30~60	1.5
3	>60	1

资料来源：《省级主体功能区划分技术规程(试行)》

$$[中心城市等级]=[地级市影响力指数]=\sqrt{e_j p_j}/\sqrt{e_0 p_0} \quad (6-52)$$

式中，e_j、p_j 分别为第 j 样本最近中心城市主城区的 GDP 总量和人口总量，e_0、p_0 分别为各省所有中心城市 GDP 总量和人口总量的平均值。中心城市原则上为各省地级市。

(2) 经济基础

$$[经济基础]=[人均GDP]\times[非农产业产值比重] \quad (6-53)$$

$$[人均GDP]=[GDP]/[总人口数] \quad (6-54)$$

$$[非农产业产值比重]=([第二产业产值]+[第三产业产值])/[GDP]\times 100\%$$
$$(6-55)$$

(3) 发展效率

$$[发展效率]=[全员社会劳动生产率]\times[固定资产投资回报率]\times[近五年GDP年均增长率]$$
$$(6-56)$$

$$[全员社会劳动生产率]=[GDP]/[全社会从业人员数] \quad (6-57)$$

$$[固定资产投资回报率]=[GDP]/[全社会固定资产投资]\times 100\%$$
$$(6-58)$$

$$[近五年GDP年均增长率]=(GDP_{t_5}/GDP_{t_0})^{1/5}-1 \quad (6-59)$$

式中，t_5 表示基期年之后的第 5 年，t_0 表示基期年。

6.5 区划技术方法群

省域主体功能区划总体上采用"自上而下"与"自下而上"相结合的区划方法，但这个过程中牵涉众多具体技术方法。因此严格意义上说，省域主体功能区划技术方法是一个方法群，而不是单一的方法。具体而言，区划方法群包括指标权重赋值方法、指标项指数合成方法、区域类型划分方法、区划方案集成方法等。

6.5.1 指标权重赋值方法

1) 指标权重赋值常用方法比较

目前，确定指标权重的方法主要包括两类：主观赋权法和客观赋权法。前类主要根据专家群体对指标包含信息的认识程度进行赋值，如德尔菲法、层次分析（AHP）法等；后类主要根据各指标间的相关关系或各项指标值的变异程度客观赋值，如熵值法、主成分分析法、因子分析法、复相关系数法、变异系数法等等。比较而言，前者的主观因素较强，不同的专家群体对同一指标的权重赋值可能存在较大差异，而后者根据指标本身的统计特征进行赋值，更具有客观性和科学性。尽管如此，各类方法之间彼此互有优缺点（表6-17）。

表6-17 确定指标权重的常用方法比较

方法	优点	缺点	适用范围
德尔菲法	不需样本数据即可赋予权重，定性模糊指标相对容易处理	主观因素过多，可信度与所选专家水平直接相关，忽视样本数据自身隐含内在关系	普遍适用
层次分析法	同德尔菲法，另外比德尔菲法更具逻辑性和可信度	同德尔菲法，比德尔菲法计算量高出很多，比较复杂	普遍适用
熵值法	能深刻反映指标信息熵值的效用价值，比较客观，可信度较高	需要样本数据齐全，模糊定性数据不易处理，缺乏指标间的横向比较，权重比较均衡	样本数据较为完整
主成分分析法	比较客观，大容量样本分析效果更好	需要样本数据齐全，模糊定性数据不易处理，消除量纲需进行标准化，降低了指标的变异程度	大容量样本，数据相对齐全

续表

方法	优点	缺点	适用范围
模糊聚类法	适用含有大量模糊指标的样本	只能对模糊指标的重要程度分类,不能对单项指标赋值	模糊数据和同一层次指标较多样本
变异系数法	根据指标信息变异程度赋权,更好区分指标重要性	缺乏指标横向比较	样本数据较齐全,特征值差异较大

资料来源:叶义成等,2006;王靖等,2001

2)省域主体功能区划指标权重赋值方法

省域主体功能区划指标权重的确定主要是指资源环境承载力、现有开发密度和未来发展潜力三个指标项中一级指标权重的确定。通过表 6-17 比较可以发现,目前尚没有一个十分完善的指标权重赋值方法,各方法都是在一定条件下应用效果较好。因此,省域主体功能区划指标权重赋值方法的确定,必须与设计的指标体系筹考虑。根据上述指标体系、基本分析单元的选择、指标权重确定常用方法的比较,著者认为省域主体功能区划指标权重应选择主观和客观赋值相结合或独立客观赋值的方法,同时应对具体方法进行适当修正。其中,主客观相结合赋值法是指熵值—变异系数结合法组合的客观赋值与主观的层次分析法相结合;独立客观赋值法是指从指标间的重复信息量或相关性进行赋值,具体选用主成分分析法,但为了避免该法标准化时消除了指标变异信息的损失,可采用均值法进行无量纲化处理。另外,之所以这么选择,还主要基于以下原因:首先,前述三个指标项下的指标体系所含指标,没有模糊指标,这符合熵值法、变异系数法和主成分分析法的适用要求;其次,各指标体系下的一级指标数量都较少,而评价样本较多,可以认为是大容量样本,符合主成分分析法要求。

(1)熵值—变异系数结合法组合客观赋权

第一,熵值法计算过程(郭显光,1998)。

① 进行指标无量纲处理。

为了消除指标量纲级差带来的影响,首先进行无量纲化处理,通常采用标准化方法,计算公式为:

$$x'_{ij} = (x_{ij} - \overline{x_j})/s_j \quad (6-60)$$

式中，x'_{ij} 为 i 样本第 j 项原始指标标准化值，$\overline{x_j}$ 为全体样本第 j 项原始指标的平均值，s_j 为第 j 项原始指标的标准差。$\overline{x_j}$ 和 s_j 的计算公式是：

$$\overline{x_j} = \frac{1}{m} \sum_{i=1}^{m} x_{ij} \tag{6-61}$$

$$s_j^2 = \frac{1}{m-1} \sum_{i=1}^{m} (x_{ij} - \overline{x_j})^2 \tag{6-62}$$

一般地，x'_{ij} 的范围在 $-x_0$ 到 x_0 之间，为消除负值，通常进行坐标平移，即令：

$$Z_{ij} = x_0 + x'_{ij} \tag{6-63}$$

② 计算第 j 项指标下第 i 样本指标值的比重 p_{ij}。

$$p_{ij} = Z_{ij} \Big/ \sum_{i=1}^{m} Z_{ij} \tag{6-64}$$

式中，m 为样本个数。

③ 计算第 j 项指标的熵值 e_j。

$$e_j = -k \sum_{i=1}^{m} p_{ij} \ln p_{ij} \tag{6-65}$$

式中，$k>0$，设 $k=1/\ln m$，则 $0 \leqslant e_j \leqslant 1$。

④ 计算第 j 项指标的差异性系数 g_j。

根据信息论知，对于给定的指标 j，x_{ij} 差异越大，熵值 e_j 越小，对方案比较所起的作用越大。反之，指标对方案比较所起的作用越小，当各样本同一指标都相等时，熵值最大为 1，这时指标对于方案比较无任何意义。因此，定义差异性系数为：

$$g_j = 1 - e_j \tag{6-66}$$

g_j 越大，指标越重要。

⑤ 赋予指标权重 a_j。

$$a_j = g_j \Big/ \sum_{j=1}^{n} g_j \tag{6-67}$$

式中，n 为指标个数。

第二，变异系数法计算步骤(叶义成等,2006)。

① 计算各指标的均值 $\overline{x_j}$ 和方差 s_j^2，具体计算同熵值法第①步。

② 计算各指标的变异系数 v_j。

$$v_j = s_j / \overline{x_j} \tag{6-68}$$

③ 对变异系数进行归一化处理，即得指标权重 w_j。

$$w_j = v_j \Big/ \sum_{j=1}^{n} v_j \tag{6-69}$$

第三，对两种权重进行组合，求得最后权重 p_j。

$$p_j = a_j w_j \Big/ \sum_{j=1}^{n} a_j w_j \tag{6-70}$$

(2) 主成分分析法客观赋权

主成分分析是利用降维的思想，把多项指标转化为少数或几个综合指标的多元统计分析方法。若提取的主成分不止一个，则同一指标在不同主成分上的赋值也不同。其在某一主成分上的权重是指标相关矩阵的对应特征根对应的特征向量的分量。具体计算步骤如下：

① 进行指标极值化处理和无量纲化处理。

对于极小型指标 x，令

$$x^* = M - x \tag{6-71}$$

或

$$x^* = 1/x, \quad x > 0 \tag{6-72}$$

式中，M 为 x 的允许上界。

对于居中型指标 x，令

$$x^* = \begin{cases} \dfrac{2(x-m)}{M-m}, & m \leqslant x \leqslant \dfrac{M+m}{2} \\ \dfrac{2(M-x)}{M-m}, & \dfrac{M+m}{2} < x \leqslant M \end{cases} \tag{6-73}$$

式中，m 为指标 x 的一个允许下界，M 为指标 x 的允许上界；

对于区间型指标 x,令

$$x^* = \begin{cases} 1.0 - \dfrac{q_1 - x}{\max(q_1 - m, M - q_2)}, & x < q_1 \\ 1.0, & x \in [q_1, q_2] \\ 1.0 - \dfrac{x - q_1}{\max(q_1 - m, M - q_2)}, & x > q_2 \end{cases} \quad (6-74)$$

式中,$[q_1, q_2]$ 为指标 x 的最佳稳定区间,M,m 分别为 x 的允许上下界。

对于指标的无量纲化,为避免标准化法带来的指标变异信息的损失可以采用均值化法。计算公式为:

$$x'_{ij} = x^*_{ij} / \overline{x^*_j} \quad (6-75)$$

式中,$\overline{x^*_j}$ 为全体样本第 j 项原始指标的平均值,x'_{ij} 为均值化值,x^*_{ij} 为指标极值化处理后的数值。

② 计算样本相关矩阵 $\boldsymbol{R}$。

$$\boldsymbol{R} = \begin{bmatrix} r_{11} & r_{12} & \cdots & r_{1n} \\ r_{21} & r_{22} & \cdots & r_{2n} \\ \vdots & \vdots & & \vdots \\ r_{n1} & r_{n2} & \cdots & r_{nn} \end{bmatrix}, \text{式中 } r_{ij} = \frac{1}{m-1} \sum_{t=1}^{m} x'_{ti} x'_{tj} \quad (6-76)$$

③ 令 $|\boldsymbol{R} - \lambda \boldsymbol{I}| = 0$,求相关矩阵 $\boldsymbol{R}$ 的特征值和特征向量,以及特征值贡献率和累计贡献率。

④ 根据累计贡献率大于 85% 的原则,确定主成分。

⑤ 各主成分对应特征值的特征向量即为各指标在该主成分上的权重;各主成分对应的方差贡献率即为该主成分在综合评价函数中的权重。

(3) 层次分析法主观赋权

该方法在 20 世纪 70 年代中期由美国著名运筹学家 T. L. Saaty 提出,他把复杂的决策问题表示为一个有序的递阶层次结构,利用人们的判断对决策方案的优劣进行评估和排序。该方法在系统综合评价中应用较为广泛。其基本步骤为:

① 构建综合评价指标体系的递阶层次结构。就资源环境承载力、现有开发密度和未来发展潜力三个指标项而言,指标体系主要由一级指标和二级指标构

成,但权重赋值主要指一级指标对指标项的权重大小。

② 构造判断矩阵 $A=(a_{ij})_{n\times n}$。矩阵要素 a_{ij} 表示 X_i 和 X_j 关于上层评价指标的相对重要程度之比的赋值,n 为 A 的维数。相对重要性程度的比较常用 1—9 标度法赋值,标度时采用专家赋值调查法。其中,a_{ij} 应满足:

$$\begin{cases} a_{ij}>0, & (i,j=1,2\cdots,n) \\ a_{ii}=1, & (i=1,2\cdots,n) \\ a_{ij}=1/a_{ji} & (i,j=1,2\cdots,n) \end{cases} \quad (6-77)$$

③ 矩阵 A 的一致性检验。通过一致性检验的标准通常是:

$$C.R.=C.I./R.I.<0.10 \quad (6-78)$$

式中,$C.I.=(\lambda_{\max}-n)/(n-1)$,为矩阵 A 的一致性指标,$\lambda_{\max}$ 为矩阵 A 的最大特征值,n 为 A 的维数;$R.I.$ 为平均随机一致性指标。$\lambda_{\max}$ 通常采用几何平均值法进行求解,步骤为:

首先,求矩阵 A 各行元素的几何平均值 b_i。即:

$$b_i=\sqrt[n]{\prod_{j=1}^{n} a_{ij}}, \quad (i=1,2,\cdots,n) \quad (6-79)$$

其次,求最大特征值对应的特征向量,$W=(w_1,w_2,\cdots,w_n)^T$。

$$w_j=b_j\Big/\sum_{k=1}^{n} b_k, \quad (j=1,2,\cdots,n) \quad (6-80)$$

最后,求最大特征值 $\lambda_{\max}$。

$$\lambda_{\max}=\frac{1}{n}\sum_{i=1}^{n}\frac{\sum_{j=1}^{n} a_{ij}w_j}{w_i} \quad (6-81)$$

④ 权重确定。上述所求最大特征值对应的特征向量即为指标权重向量。

(4) 主客观相结合赋值法

主客观相结合赋值法是基于上述熵值法和变异系数法组合而定的权重与层次分析法确定的权重,进行综合衡量,确定各指标最终权重。常用方法是取两个权重的均值,即:

$$a_j=(p_j+w_j)/2 \quad (6-82)$$

6.5.2 指标项指数合成方法

指标项指数合成方法是指在确定上述指标权重的基础上,合成计算资源环境承载力指数、现有开发密度指数和未来开发潜力指数的方法。通常采用加权求和的多指标综合评价模型,即:

$$Q_n = \sum (a_j \times x'_j) \qquad (6-83)$$

式中,Q_n、a_j、x'_j 分别为第 n 个指标项指数、一级指标 j 的权重和标准化值。

6.5.3 区域类型划分方法

区域类型划分是指基于指标项合成指数,初步确定基本空间单元主体功能类型属性,形成主体功能区划备选方案的过程。由于国家级主体功能区由国家确定,禁止开发区域是依法设立的各类保护区域,可以直接根据国家标准划定。所以本节的区域类型划分主要是对省级优化开发区域、限制开发区域和省市两级重点开发区域的划分。通常,确定样本属性的方法主要有序列分类法、标准定位法、组合评价法、主导因素法等(表6-18)。

表6-18 识别样本属性的常用方法比较

方法	主要程序	优点	缺点	适用对象
序列分类法	首先求出样本综合指数,形成综合指数序列,然后进行聚类和确定样本属性	定量方法,相对客观	要求不同类型在同一指数上具有序列效应,不能处理短板问题	综合指数在不同类型间具有较高区分度
标准定位法	对已知各类确立临界值标准,然后各样本对号入座	标准明确、容易判断	确定临界值标准相对困难	涉及因素较少的类型划分
组合评价法	包括魔方图法,首先求得分维指数进行聚类,然后对分维指数的各类进行不同组合做定性评价,确定归属	定量、定性结合,易处理短板效应	定性评价时主观因素可能影响属性结果	综合指数区分度不明显,影响因素相对复杂的样本分类
主导因素法	首先确定各类的主要影响因素,其次分别求主导因素指数并聚类,按照主导因素定性或定量要求确定样本属性	定量、定性结合,易处理短板效应	类型划分相对粗略,主导因素选择具有较高主观性	主导因素明确的样本"自上而下"粗略划分

根据综合比较,著者认为组合评价法、标准定位与组合评价结合法适用于"自下而上"的区划总体方法之中,而主导因素与序列分类结合法适用于"自上而下"的区划总体方法之中(表6-19)。

表6-19 主体功能区类型划分方法选择

方法	依据	程序方法
组合评价法	重点、优化和限制开发区域的主导因子均为A、B和C,不同组合对应不同主体功能	从A、B和C建立指标体系,分别组合评价,从而识别区域主体功能
标准定位与组合评价结合法	优化开发区域存在数量较少,主导因子主要为A和C变化,故可用标准定位识别;B与C对重点开发区域和限制开发区域的影响较大,不同组合对应不同主体功能,故可用组合评价识别两者	通过制定的A和C变化的指标临界值识别优化开发区域;从B和C两方面建立指标体系,分别组合评价,识别重点开发区域和限制开发区域
主导因素与序列分类结合法	重点开发区域和优化开发区域与限制开发区域在A上具有较高区分度;重点开发区域与优化开发区域的主要区别在于C的大小,C较大的为重点开发区域,反之为优化开发区域	选取A指标综合评价,利用序列分类识别限制开发区域和非限制开发区域;再从C指标识别重点开发区域和优化开发区域

注:A—现有开发密度;B—未来发展潜力;C—资源环境承载力。

1)"自下而上"划分方法

"自下而上"划分方法主要包括基本分析单元主体功能区类型确定方法(组合评价法、标准定位与组合评价结合法)和基本空间单元主体功能区类型确定方法等。

(1) 组合评价法

组合评价法是根据影响样本属性的各分维指标(项)指数大小的不同组合,确定样本属性的一种评价方法。区域主体功能类型划分选择该方法的原因是:一方面,影响重点开发区域、限制开发区域和优化开发区域的主导因素相对一致,即资源环境承载力、现有开发密度和未来发展潜力,且三个主导因素大小的不同组合对应不同的主体功能区类型,如资源环境承载力大,具有一定的开发密度、未来发展潜力大的区域可确定为重点开发区域。另一方面,区域主体功能的确定中又存在明显的"短板"效应,如资源环境承载力和未来发展潜力是限制开发区域的"短板",即只要资源环境承载力或者未来发展潜力较小,就可以不考虑其他因素直接确定为限制开发区域。该方法的具体步骤是:

① 对三个指标项指数分别聚类。聚类主要是把资源环境承载力指数、现有

开发密度指数和未来发展潜力指数分成不同类别,以便于利用三者的不同组合判断基本分析单元的主体功能,具体可采用系统聚类方法,以 SPSS 软件实现。由于禁止开发区域的确定不依赖评价结果,所以聚类时划分成大中小三类,聚类排序按照各类中样本综合得分平均值进行。

② 设计三维魔方图,组合评价并确定基本分析单元主体功能。具体方法步骤是:记聚类排序中平均得分最高的为第一类,设坐标为 3;居中的为第二类,记坐标为 2;最低的为第三类,记坐标为 1。这样,各样本就可以用 1、2 和 3 的组合表示其坐标,坐标中 x、y 和 z 分别代表资源环境承载力、现有开发密度和未来发展潜力。每一种组合也就可以代表三维魔方图中的一个魔方单元,而魔方单元都对应着一定的主体功能(表 6-20),从而各单元主体功能得以确立。

表 6-20 区域主体功能三维魔方图与主体功能定位

魔方图单元	主体功能
(2,2,3);(2,3,3);(3,2,3);(3,3,3)	省级重点开发区域
(2,1,2);(2,1,3);(2,2,2);(2,3,2);(3,1,2);(3,1,3);(3,2,2);(3,3,2)	市级重点开发区域
(1,3,1);(1,3,2);(1,3,3);(2,3,1);(3,3,1)	省级优化开发区域
(1,1,1);(1,1,2);(1,1,3);(1,2,1);(1,2,2);(1,2,3);(2,1,1);(2,2,1);(3,1,1);(3,2,1)	省级限制开发区域

(2) 标准定位与组合评价结合法

由于优化开发区域与限制开发区域和重点开发区域在自身特征上具有明显差异:优化开发区域侧重于当前开发密度和未来资源环境承载力变化两方面;而限制开发区域和重点开发区域侧重资源环境承载力和未来发展潜力的组合,两者之间的判定标准具有一定的互斥性,如重点开发区域要求同时具有较大的资源环境承载力和未来发展潜力,而两方面若至少有一方不能满足,则就定位为限制开发区域。因此,可以采用标准定位法单独划定优化开发区域,对于重点开发区域和限制开发区域可以采用组合评价法,组合分维仅侧重于资源环境承载力和未来发展潜力。所谓标准定位法就是首先确定某一类别的主要判别指标和临界值,然后把样本一一对照,符合要求的就可定位于该类型。标准定位与组合评价结合法的具体方法步骤是:

第一,选取省级优化开发区域主要判别指标并确立临界值,用于识别省级优化开发区域。

由于各省区优化开发区域的内涵是相同一致的,其主要判别指标也应是一致的。根据优化开发区域的定义,其判别指标应主要侧重资源环境承载力的变化和现有开发密度两个方面。衡量这两者的指标数量众多,而标准定位法要求判别指标必须精简,因此必须从中选取或构建少数针对性指标。同时,由于各省区发展水平和资源环境承载力的自然禀赋不同,各省同一指标的判别临界值也应有所不同,临界值选取应综合根据省区内分析单元的聚类分析和专家定性判断而定。因此,本节著者只能给出优化开发区域的判别指标和识别标准。

① 判别指标:

A:人口密度≥××人/km²

B:经济密度≥××万元/km²

C:饮用水水源地水质达标率≤××%

D:近五年空气质量改善指数≤0%

E:目前空气质量优良天数比率≤××%

上述指标中,A、B 反映开发强度,C、D、E 反映资源环境承载力及其变化情况,××代表指标临界值,具体可通过聚类分析和专家评判认定。

② 识别标准:

甲:A、B 同时满足;

乙:C、D、E 有一个或多个满足;

丙:甲和乙同时满足就可确定为省级优化开发区域。

第二,设计二维判断矩阵识别重点开发区域和限制开发区域。

本节二维判断矩阵的原理和具体步骤等同于前述三维魔方图,只是形式上变三维为二维。其中,二维是指资源环境承载力指数和未来发展潜力指数。识别重点开发区域和限制开发区域的二维判断矩阵如表 6-21。

表 6-21 限制开发区域和重点开发区域识别判断矩阵

		发展潜力		
	等级	小(1)	中(2)	大(3)
资源环境承载力	大(3)	省级限制开发区域	市级重点开发区域	省级重点开发区域
	中(2)	省级限制开发区域	市级重点开发区域	省级重点开发区域
	小(1)	省级限制开发区域	省级限制开发区域	省级限制开发区域

(3) 基本分析单元主体功能区类型方案集成方法

上述两种方法生成为两套不同的基本分析单元主体功能区类型方案,而要确定基本空间单元主体功能区类型,首先必须统一基本分析单元主体功能区类型,即把上述两套方案进行集成。

具体方法是:若同一基本分析单元在两种方法中的主体功能区定位相同,集成方案中即可确定为该类主体功能区;若两种方法中主体功能区定位不同,则按照省级重点开发区域、省级优化开发区域、市级重点开发区域、省级限制开发区域的正向顺序确定为后位类型的主体功能区,比如同一基本分析单元在组合评价法方案中为省级重点开发区域,而在标准定位与组合评价结合法方案中为省级优化开发区域,则集成方案中应定位于省级优化开发区域。

(4) 基本空间单元主体功能区类型确定方法

通过上述集成方法确定了基本分析单元的主体功能区类型,而基本分析单元(公里网格、乡镇行政区或县级行政区)并不总是等同于主体功能区划基本空间单元(县级行政区为主,乡镇行政区为辅)。因此,必须基于基本分析单元主体功能区类型合理确定基本空间单元的主体功能区类型。即生成"自下而上"区划方案。

① 基本分析单元等同于基本空间单元时,两者等同,包括同为县级行政区单元或乡镇行政区单元。因此,基本分析单元的主体功能区类型就是基本空间单元的主体功能区类型。

② 基本分析单元不同于基本空间单元时,基本空间单元的主体功能区类型确定应依据空间单元内面积占绝对比重的基于基本分析单元的某类主体功能区而定。比如,空间单元内 80% 的基本分析单元为省级重点开发区域,则空间单元就可定位于省级重点开发区域。若县级行政区单元内各类主体功能区面积比重大体相当,则应选择乡镇行政区为基本空间单元,主体功能区类型确定方法同县级行政区基本空间单元。

2) "自上而下"划分方法

"自上而下"划分方法是指首先确定省域内优化开发区域、重点开发区域和限制开发区域的三大类型划分,然后再进一步进行各类等级划分。与此两步对应,划分方法主要包括主导因素与序列分类结合方法和主体功能区细化分解方法。

(1) 主导因素与序列分类结合法

该方法主要用于"自上而下"划分中的第一步,即划分出优化开发区域、重点开发区域和限制开发区域三大类型。选择该方法的理由是:一方面,现有开发密度是区别限制开发区域和非限制开发区域（重点开发区域和优化开发区域）的主导因素，且两者在现有开发密度指数上具有明显的序列分异区分度。因此，可以首先利用现有开发密度指数的序列分异区分限制开发区域和非限制开发区域；另一方面，资源环境承载力是区别重点开发区域和优化开发区域的主导因素，且两者在资源环境承载力指数上具有明显的序列分异区分度。因此，可以利用资源环境承载力指数的序列分异把非限制开发区域中的重点开发区域和优化开发区域区别开来。具体方法步骤是：

① 计算各分析单元的现有开发密度指数，并聚类划分限制开发区域和非限制开发区域。根据现有开发密度指数大小，按照大小序列聚成两类。其中，现有开发密度指数较大的一类为非限制开发区域，较小的一类为限制开发区域。

② 计算非限制开发区域的资源环境承载力指数并聚类划分成重点开发区域和优化开发区域。根据资源环境承载力指数大小，按照大小序列聚成两类。其中，指数较大的一类为重点开发区域，较小的一类为优化开发区域。

③ 确定基本空间单元的主体功能区类型。确定方法同"自下而上"划分方法中的相关部分。由此形成了拥有优化开发区域、重点开发区域和限制开发区域三种类型的一级区划方案。

（2）主体功能区细化分解方法

省域主体功能区划方案要求各类主体功能区要体现出等级差异。因此，上述第一步划分结果还要进行细化分解。主要是把重点开发区域分成省级和市级两个等级。具体方法就是综合考虑区位条件、经济发展基础及其在省级空间发展格局中的战略地位等因素，选取那些区位条件优越、经济基础相对雄厚、在省级空间发展格局中占据重要地位的重点开发区域作为省级重点开发区域，剩余重点开发区域作为市级重点开发区域。

6.5.4　区划方案集成方法

"自上而下"与"自下而上"区划方法生成的区划方案都是只包括省级优化开发区域、省级和市级重点开发区域、省级限制开发区域等四类主体功能区的方案，并没有包括国家级主体功能区（禁止开发区也属于国家级主体功能区）。另外，两种方法生成的方案也并不是完全吻合，需要对此进行集成。按照省域主体功能区划技术规程要求，备选方案要与国家区划方案和邻省区划方案相协调，并要综合考量发展战略和政策支持能力，形成区划讨论方案。而后，经咨询讨论修改才能形成区划总体方案。

1) 备选方案的生成

备选方案是指基于"自上而下"与"自下而上"方案形成的包括省级优化开发区域、省级市级重点开发区域、省级限制开发区域和禁止开发区域五类主体功能区在内的区划方案。为此,首先应把"自上而下"与"自下而上"两种区划方法形成的方案集成为一种。

(1)"自上而下"与"自下而上"方案的集成

该步集成方法原理同前述基本分析单元主体功能区类型集成方法,具体集成方案见表6-22。

表6-22 "自上而下"与"自下而上"区划方法的集成方案

自下而上	自上而下			
	省级重点开发区域	省级优化开发区域	市级重点开发区域	省级限制开发区域
省级重点开发区域	省级重点开发区域	省级优化开发区域	市级重点开发区域	省级限制开发区域
省级优化开发区域	省级优化开发区域	省级优化开发区域	市级重点开发区域	省级限制开发区域
市级重点开发区域	市级重点开发区域	市级重点开发区域	市级重点开发区域	省级限制开发区域
省级限制开发区域	省级限制开发区域	省级限制开发区域	省级限制开发区域	省级限制开发区域

(2)禁止开发区域的叠加

禁止开发区域是国家和省级政府依法设立的各类保护区域,包括国家级和省级森林公园、自然保护区、世界自然文化遗产、地质公园、风景名胜区,是一种相对独立不依赖上述评价指标体系而确立的主体功能区。由于其面积较小,数量较多,故在省域主体功能区划中呈点状分散分布。但区划备选方案必须予以体现,具体方法是在文本中列举出禁止开发区域名录,备选方案区划图中以单独图层点状标识。

2) 讨论方案的生成

讨论方案是在备选方案的基础上,与国家区划、邻省区划相协调,综合考虑发展战略和政策支持能力的结果。

(1) 与国家区划方案的衔接

备选方案与国家区划方案的衔接主要是在备选方案中进一步识别出国家级主体功能区。其前提是国家区划方案中有涉及本省的国家级主体功能区区域,否则无须自行认定国家级主体功能区。在国家区划方案确认有涉及本省区域的情况下,应从备选方案省级主体功能区中选取与国家区划主体功能区类型相一致的基本空间单元作为国家级同类主体功能区候选空间单元,供国家论证定夺。例如,国家区划方案确定该省某区域为国家级重点开发区域,但没有指明具体范围,省级区划就应在该区域中选取省级重点开发区域作为国家级重点开发区域的候选,供国家定夺是否采用。国家采用的基本空间单元就确定为国家级重点开发区域,未采用的基本空间单元仍确定为原有类型,即省级重点开发区域。

(2) 与邻省区划方案的协调

与邻省区划方案的协调主要是指按照相对一致的原则合理调整省界两侧相邻基本空间单元的主体功能区类型。相对一致主要指保持两侧主体功能区四大类型和管制导向的相对一致。合理调整主要针对的是一侧为重点开发区域,另一侧为限制开发区域或禁止开发区域的类型调整。在此情况下,相邻省区划主管部门应及时沟通共同论证尤其是重点开发区域是否恰当,设为重点开发区域的基本空间单元尽量改变为与邻省相协调的限制类开发区域。若确实不能更改,则设为重点开发区域的基本空间单元在进行具体功能区规划时必须把距离省界一定范围设为保护类或限制类区域。

(3) 与各级发展战略的平衡

各级发展战略主要指国家实施的重大区域战略(长三角一体化发展、粤港澳大湾区建设、京津冀协同发展等)、区域协调发展战略(东部地区率先发展、中部地区崛起、西部大开发、东北老工业基地振兴等)和支持特殊类型地区发展战略,以及各省市实施的重点空间发展战略。备选方案与各级发展战略的平衡主要是改变那些因未来发展潜力或现有开发密度制约而设为限制开发区域和省市确定的发展轴或增长极上的县市主体功能区定位。在资源环境承载力允许的情况下,该类县市可设为重点开发区域。

(4) 与政策支持能力的匹配

主体功能区划不仅仅是一种地理空间的类型划分,更重要的是实施差异化政策的依据。限制开发区域和禁止开发区域需要政府进行财政转移支付,政府财力是主体功能区划必须考量的因素。财政转移支付能力大的省域可以适当提高限制开发区域和禁止开发区域的比重,反之就应适当降低比重。进行比重调整的前提是科学评估和预算各级政府的财政转移支付能力,调整的顺序是按照资源环境承载能力依次进行,资源环境承载力相对较大的省级限制开发区域优先调整为市级重点开发区域。

3）最终方案的生成

经过上述几次对备选方案的衔接调整生成了讨论方案,讨论方案更多的还只是专家和政府主管部门的初步共识。方案合理与否还需要进行一定范围的咨询论证,参与对象包括各地方政府主要责任人、省直管业务部门负责人、相关领域专家和一定比例的群众代表。在充分讨论的基础上,专家组和政府主管部门对讨论方案进行修正,提交最终方案供国务院批复。

6.6 省域主体功能区划实证:以湖北省为例

6.6.1 湖北省情概述

湖北省位于中国中部,洞庭湖以北,北接河南省,东连安徽省,东南和南邻江西、湖南两省,西靠重庆市,西北与陕西省为邻。介于 $29°05'—33°20'$ N 和 $108°21'—116°07'$ E 之间。东西长约 740 km,南北宽约 470 km,国土面积约 $1.86×10^5$ km^2,占全国总面积的 1.94%,居全国第 16 位。

全省地处中国地势第二阶梯向第三阶梯过渡地带,地势呈三面高起、中间低平、向南敞开、北有缺口的不完整盆地。西、北、东三面被武陵山、巫山、大巴山、武当山、桐柏山、大别山、幕阜山等山地环绕。山前丘陵岗地广布,中南部为江汉平原,与湖南省洞庭湖平原连成一片,地势平坦,土壤肥沃,除平原边缘岗地外,海拔多在 35 m 以下,略呈由西北向东南倾斜的趋势。山地、丘陵和岗地、平原湖区各占湖北省总面积的 55.5%、24.5%和 20%。

全省地跨长江和汉江两大水系,境内河流湖泊众多,素称"千湖之省"。水力资源非常丰富,可开发水能达 35 540 MW,居全国第 4 位,地表水体积占中国第 10 位。

全省矿产资源相对缺乏,已发现矿产 136 种,但储量都不大。省内金属矿有两个特点:一是除铜矿外,其他矿种以贫矿为主;二是共生伴生矿多。

湖北省地处我国中部,对外交通十分便捷。现已形成了公路、铁路、航空、内河航运高度一体的综合运输网络。京珠高速、沪蓉高速均穿省而过;京广、京九、焦枝一枝柳等铁路干线纵贯南北,武大、汉丹、襄渝铁路横穿东西;武汉、荆州、宜昌、襄阳、恩施、老河口均有民用机场,天河机场是省内和中部地区重要的航空港;长江、汉水沿线港口纵多,通航可西至重庆、东至上海。

湖北省是国家实施"中部崛起"战略的重要省份之一，位居中部六省之中，具有承南启北的战略地位。省会武汉是中部地区最大城市，是全国城镇体系中的重要节点城市、中部地区崛起的重要战略支点。武汉城市圈是长江中游地区国家级重点开发区域之一。

6.6.2 湖北省主体功能区划指标体系

湖北省主体功能区划指标体系的构建，遵循前述省域主体功能区划指标体系构建的原则和基本思路。指标体系主要由资源环境承载力、现有开发密度和未来发展潜力三个指标项构成，具体指标见表6-23。指标数据基期为2005年，数据主要来源于湖北省、各市统计年鉴和部门统计资料，基础地理信息数据来源于国家基础地理信息库。

表6-23 湖北省主体功能区划指标体系

指标项	一级指标	二级指标
资源环境承载力（A）	可利用土地资源(A1)	可新增建设用地面积(A11)
	可利用水资源(A2)	可利用水资源潜力(A21)
	环境容量(A3)	大气环境容量(A31)
		水环境容量(A32)
	生态系统脆弱性(A4)	土壤侵蚀脆弱性(A41)
		石漠化脆弱性(A42)
	自然灾害危险性(A5)	自然致灾因子综合指数(A51)
		自然灾害成灾综合指数(A52)
辅助指标	生态重要性(A6)	森林生态重要性(A61)
		生物多样性保护重要性(A62)
		湖泊湿地生态重要性(A63)
现有开发密度（B）	土地利用强度(B1)	适宜建设用地利用率(B11)
	水资源利用强度(B2)	可利用水资源利用率(B21)
	经济密度(B3)	地均GDP(B31)
	人口集聚度(B4)	人口集聚度指数(B41)
	城镇化水平(B5)	城镇化率(B51)

续表

指标项	一级指标	二级指标
未来发展潜力(C)	区位优势(C1)	交通可达性综合指数(C11)
	经济基础(C2)	人均GDP(C21)
		非农产业比重(C22)
	发展效率(C3)	全员社会劳动生产率(C31)
		固定资产投资回报率(C32)
		"十五"期间GDP年均增长率(C33)

6.6.3 湖北省主体功能区划方法步骤

1) 基本分析单元

根据数据可获得性原则,湖北省主体功能区划采用县级行政区作为基本分析单元,同时也保持了与区划基本空间单元的一致性,从而区划过程得到简化,提高了区划可操作性。

2) 指标权重赋值

根据区划指标体系和前述一级指标计算方法,本节指标权重赋值主要是指对三个指标项中一级指标的权重赋值。赋值时采用主客观相结合赋值法,具体采用定量方法中的熵值—变异系数结合法以及定性方法中的层次分析法。需要指出的是,由于资源环境承载力指标项中环境容量、生态系统脆弱性和自然灾害危险性三个一级指标指数为打分值(1—5分),因此抹杀了变量变异信息,故不能采用变异系数法赋值。具体权重见表6-24。

表6-24 湖北省主体功能区划指标权重

指标项	A					B					C		
一级指标	A1	A2	A3	A4	A5	B1	B2	B3	B4	B5	C1	C2	C3
熵值法	0.183	0.163	0.246	0.194	0.214	0.213	0.236	0.162	0.160	0.229	0.396	0.308	0.297
变异系数法	—	—	—	—	—	0.069	0.107	0.365	0.388	0.071	0.162	0.334	0.504
熵值—变异系数结合法	—	—	—	—	—	0.083	0.142	0.333	0.350	0.092	0.203	0.325	0.472
层次分析法	0.097	0.062	0.264	0.417	0.160	0.083	0.060	0.276	0.429	0.152	0.101	0.225	0.674
指标权重	0.140	0.110	0.255	0.307	0.188	0.083	0.101	0.305	0.389	0.122	0.152	0.275	0.573

其中,利用层次分析法计算权重(i)时,资源环境承载力(**A**)、现有开发密度(**B**)和未来发展潜力(**C**)三个指标项中一级指标权重的判断矩阵如下:

$$(A)\ \boldsymbol{A}(Ai-A) = \begin{bmatrix} 1 & 2 & 0.33 & 0.25 & 0.5 \\ 0.5 & 1 & 0.25 & 0.2 & 0.33 \\ 3 & 4 & 1 & 0.5 & 2 \\ 4 & 5 & 2 & 1 & 3 \\ 2 & 3 & 0.5 & 0.33 & 1 \end{bmatrix}$$

$$(B)\ \boldsymbol{B}(Bi-B) = \begin{bmatrix} 1 & 2 & 0.25 & 0.2 & 0.5 \\ 0.5 & 1 & 0.2 & 0.16 & 0.33 \\ 4 & 5 & 1 & 0.5 & 2 \\ 5 & 6 & 2 & 1 & 3 \\ 2 & 3 & 0.5 & 0.33 & 1 \end{bmatrix}$$

$$(C)\ \boldsymbol{C}(Ci-C) = \begin{bmatrix} 1 & 0.33 & 0.2 \\ 3 & 1 & 0.25 \\ 5 & 4 & 1 \end{bmatrix}$$

各判断矩阵的主要参数见表 6-25。

表 6-25 判断矩阵主要参数

判断矩阵	最大特征根 λ_{max}	C.I.	R.I.	C.R.
$\boldsymbol{A}(Ai-A)$	5.064	0.016	1.118 5	0.014<0.10
$\boldsymbol{B}(Bi-B)$	5.054	0.014	1.118 5	0.012<0.10
$\boldsymbol{C}(Ci-C)$	3.083	0.042	0.514 9	0.081<0.10

3) 一级指标及指标项指数

首先,利用前述一级指标计算公式,求出一级指标指数。其次,对一级指标指数进行标准化处理。最后,根据表 6-24 权重,采用加权求和法计算指标项指数,具体结果见表 6-26。以此作为聚类分析和组合评价的基础数据。

第6章 省域主体功能区划方法与应用

表6-26 湖北省主体功能区划基本分析单元一级指标及指标项指数

市(州)	单元	A1	A2	A3	A4	A5	A6	A	B1	B2	B3	B4	B5	B	C1	C2	C3	C
武汉	江岸区	13.93	−1.27	5	4	5	1	0.379	77.81	100	21 824.41	57 674.35	86.72	2.559	21	18 786.05	40 230	0.881
	江汉区	0.21	−0.66	5	4	5	1	0.375	99.08	100	53 981.45	93 628.48	73.8	4.567	21	28 827.48	45 631.25	1.268
	硚口区	7.76	−0.83	4	4	5	1	0.071	81.41	100	32 358.27	76 525.11	75.1	3.346	19.5	21 131.68	99 237.64	1.790
	汉阳区	43.45	−0.97	5	4	4	3	0.128	61.57	100	14 930.77	28 152.11	80.21	1.482	19.5	26 321.8	86 047.35	1.751
	武昌区	2.83	−1.06	4	4	5	1	0.069	93.98	100	24 670.03	71 410.98	86.28	3.063	19.5	17 273.28	52 923	0.978
	青山区	5.57	−6.23	1	4	5	3	−0.854	87.65	100	55 283.84	32 096.07	92.76	3.101	20	51 673.47	210 849.6	4.410
	洪山区	257.06	380.89	5	4	5	4	0.849	48.4	84	3 301.96	9 626.72	87.09	0.560	20	16 347.38	22 865.7	0.515
	东西湖区	280.69	292.16	5	4	5	3	0.769	32.46	63	1 677.41	2 356.61	73.57	0.131	19	18 853.11	36 691.2	0.767
	汉南区	124.72	0.57	5	4	5	3	0.422	25.15	54.4	722.98	368.44	97.74	0.120	11	14 840.6	35 952.75	0.384
	蔡甸区	502.68	269.79	5	4	4	3	0.567	32.54	30	456.58	410.42	31.22	−0.270	13.5	8 185.57	8 441.55	−0.153
	江夏区	608.33	8.18	4	4	5	3	0.303	39.78	25.09	405.67	304.63	36.42	−0.235	13.5	9 424.43	8 885.33	−0.109
	黄陂区	697.74	357.32	5	4	5	3	0.989	38.82	75	390	384.79	20.47	−0.176	15.5	6 717.9	5 740.37	−0.176
	新洲区	533	−1.65	3	4	3	3	−0.924	29.36	100	524.8	2 933.33	25.14	−0.047	13.5	6 374.53	5 335.23	−0.255
黄石	黄石港区	2.9	−0.59	2	4	5	4	−0.543	83.82	100	15 757.86	6 886.79	81.55	1.061	15.5	22 510.6	97 420.05	1.680
	西塞山区	23.7	−1.15	1	3	4	3	−0.843	60.7	100	6 784.21	4 131.58	54.52	0.463	12.5	16 420.38	11 4382.3	1.655
	下陆区	14.19	−2.81	3	4	5	3	−0.235	65.05	100	6 248.12	2 481.2	88.64	0.595	15	24 678.18	164 322	2.734
	铁山区	12.48	−0.67	4	3	5	3	0.073	87.23	100	4 615.65	6 836.73	79.1	0.686	15.5	20 253.73	67 959.26	1.170
	阳新县	967.15	13.78	5	3	3	3	0.127	20.25	16.89	223.34	309.4	20.58	−0.420	7	5 618.04	24 747.34	−0.19
	大冶市	585.33	7.19	4	3	4	2	0.031	31.06	34.18	639.6	530.55	45.64	−0.181	10	10 479.72	31 081.75	0.147

续表

市(州)	单元	A1	A2	A3	A4	A5	A6	A	B1	B2	B3	B4	B5	B	C1	C2	C3	C
十堰	茅箭区	22.33	3.35	5	3	3	4	−0.496	87.9	20.62	303.37	2 909.51	86.05	0.253	12	6 569	19 141.74	−0.089
	张湾区	57.96	0.31	5	3	5	4	0.039	61.41	74.17	410.33	1 415.88	91.96	0.301	15	7 390	23 326.21	0.093
	郧阳区	973.1	25.44	5	2	2	4	−0.742	9.27	4.25	47.19	149.88	21.21	−0.504	9	2 022.35	8 291.48	−0.484
	郧西县	354.68	23.06	5	2	3	3	−0.711	24.93	3.43	44.13	141.35	23.79	−0.434	5	1 756.41	2 323.72	−0.706
	竹山县	410.59	16.93	5	2	5	4	−0.171	22.16	5.26	40.47	120.19	24.83	−0.435	3	2112.45	288.94	−0.788
	竹溪县	135.07	20.98	5	2	5	5	−0.270	46.59	3.23	40.11	99.12	22.2	−0.362	2	2 486.82	854.8	−0.800
	房县	447.63	50.16	5	2	5	4	0.233	20.04	2.66	26.57	86.5	13.91	−0.508	5	1 947.06	839.36	−0.723
	丹江口	992.56	25.45	5	2	5	3	0.053	42.31	5.07	135.1	154.44	33.61	−0.310	10.5	7 569.51	10 154.06	−0.24
宜昌	西陵区	8.45	633.88	4	2	5	3	−0.014	86.88	0.07	21 477.66	25 389.76	87.52	1.480	15.5	42 219.79	11 1070.1	2.485
	伍家岗区	34.71	0.02	2	2	5	1	−1.247	69.46	94.44	4 548.76	2 070.55	68.04	0.423	15	21 509.69	17 103.5	0.429
	点军区	138.64	0.37	5	2	5	3	−0.289	16.89	84.19	231.76	194.55	37.48	−0.156	15	9 417.29	10 516.28	−0.038
	猇亭区	16.54	0.22	4	2	5	4	−0.640	90.65	72.73	1 519.78	433.33	55	0.231	15	24 806.23	113 825.9	1.981
	夷陵区	508.54	244.04	5	2	4	4	−0.172	28.87	0.59	182.99	475.76	22.34	−0.422	14	9 103.2	6 607.5	−0.137
	远安县	183.91	6.18	5	2	3	5	−0.433	34.41	15.11	120.79	536.53	20.69	−0.368	4.5	8 697.8	28 734.37	−0.114
	兴山县	90.74	16.72	5	2	5	4	−0.290	41.71	3.07	79.69	76.06	23.22	−0.375	5.5	8 036.48	5 085.69	−0.458
	秭归县	282.86	241.17	5	1	4	4	−0.616	28.18	0.23	93.57	468.48	16.78	−0.457	7.5	4 594.01	2 336.76	−0.542
	长阳县	228.03	32.25	5	2	3	4	−0.749	94.05	1.5	90.98	354.23	16.47	−0.207	7.5	5 916.64	2 671.37	−0.496
	五峰县	192.89	20.93	5	2	5	3	−0.248	24.88	1.18	65.61	94.59	13.16	−0.496	3.5	4 602.18	3 527.99	−0.648
	宜都市	270.6	8.75	5	2	5	5	0.126	34.48	15.78	401.37	282.98	29.9	−0.316	9	12 077.53	9 755.46	−0.155
	当阳市	757.09	4.96	5	2	5	3	0.303	28.36	36.73	267.55	220.11	26.21	−0.304	7	8 409.1	7 945.41	−0.357
	枝江市	650.67	230.95	5	2	3	3	−0.395	28.32	0.95	456.2	380.15	27.05	−0.392	10.5	9 042.26	3 279.51	−0.298

第6章 省域主体功能区划方法与应用

续表

市(州)	单元	A1	A2	A3	A4	A5	A6	A	B1	B2	B3	B4	B5	B	C1	C2	C3	C
襄阳	襄城区	255.25	-3.55	5	3	4	2	-0.154	38.41	100	2 816.43	676.11	62.48	0.198	16.5	39 990.2	94 815.76	2.205
	樊城区	163.21	-4.24	5	4	4	1	0.169	46.33	100	733.59	1 332.16	61.11	0.168	15	5 231.44	23 111	0.024
	襄州区	873.17	23.29	5	4	4	3	0.460	40.84	21.76	438.03	394.62	21.52	-0.313	16	9 324	141.57	-0.165
	南漳县	221.56	11.94	5	2	4	4	-0.509	75.1	19.33	47.26	138.9	22.63	-0.204	7	2 926.13	6 764.54	-0.542
	谷城县	422.92	26.48	5	2	5	4	-0.157	29.56	6	245.43	199.37	34.38	-0.347	9	4 649.44	44 672.18	0.142
	保康县	246.12	12.30	5	2	4	4	-0.499	21.34	4.8	65.62	82.17	23.85	-0.444	2	3 577.58	1 652.21	-0.754
	老河口市	418.6	20.54	5	4	3	2	0.026	41.68	4.15	179.68	469.96	45.63	-0.244	11.5	2 294.02	9 362.16	-0.381
	枣阳市	1 354.29	6.95	5	3	5	3	0.527	29.32	34.04	219.71	312.48	34.36	-0.266	9	4 921.88	1 621.06	-0.495
	宜城市	870.09	3.54	5	3	4	3	-0.277	20.22	51.85	147.54	243.97	44.21	-0.203	12	4 660.2	18 350.46	-0.159
鄂州	梁子湖	142.63	1.03	5	3	3	5	-0.454	21.94	69.55	250.78	411.49	15.53	-0.285	10	442.45	45 158.4	0.052
	华容区	173.58	2.13	5	3	5	4	0.084	30.12	49.05	420.38	578.64	9.59	-0.333	14	5 448.75	15 1351.2	1.922
	鄂城区	211.57	0.75	4	3	5	3	0.148	40.9	75.65	758.45	916.55	52.99	0.026	12.5	6 620	103 140	1.188
荆门	东宝区	504.44	3.65	5	2	5	3	0.208	56.2	32.77	371.37	1 085.11	51.82	-0.053	12	15 378.59	15 961.47	0.132
	掇刀区	320.36	9.62	4	3	5	3	-0.161	38.16	28.45	172.38	188.19	27.14	-0.290	8.5	26 824.25	16 601.38	0.381
	京山县	1 099.9	30.76	5	3	5	3	0.456	24.52	14.6	225.64	325.83	13.21	-0.447	6	6 016.41	7 129.57	-0.473
	沙洋县	894.32	35.05	5	3	5	1	0.026	36.62	12.02	177.87	226.6	31.21	-0.320	11.5	4 055.36	16 785.84	-0.216
	钟祥市	1 525.57	-0.22	3	3	4	3	-0.292	31.3	100	924.19	1 582.79	69.44	0.166	12	5 435.82	19 151.1	-0.123

续表

市(州)		单元	A1	A2	A3	A4	A5	A6	A	B1	B2	B3	B4	B5	B	C1	C2	C3	C
直管		仙桃市	1 129.93	26.52	5	4	4	3	0.558	24.97	25.2	567.65	1 637.12	47.29	-0.196	9	7 959.74	19 416.52	-0.136
		潜江市	783.02	27.97	5	4	3	3	0.168	25.89	13.51	531.74	473.05	42.19	-0.283	9.5	8 973.3	15 599.09	-0.147
		天门市	946.15	4.34	3	3	5	3	0.118	29.71	62.14	415.03	2 707.86	39.93	-0.088	6	5 612.66	3 920.46	-0.534
		神农架林区	73.66	22.89	5	1	5	5	-0.648	21.29	0.04	16.31	65.12	36.25	-0.397	4.5	6 259.07	12 899.2	-0.426
孝感		孝南区	525.2	3.72	5	3	4	3	-0.047	26.65	37.78	398.2	870.59	44.65	-0.192	13	2 310.27	6 548.52	-0.376
		孝昌县	473.67	2.05	5	3	5	3	0.195	24.35	52.28	203.89	483.16	27.04	-0.266	10	2 553.06	3 523.61	-0.508
		大悟县	770.1	7.25	5	2	5	1	-0.048	15.77	18.08	166.12	289.03	26.96	-0.403	7	3 942.82	4 513.53	-0.544
		云梦县	272.73	0.14	5	3	4	2	-0.144	28.63	94.13	777.52	867.55	37.33	-0.048	12.5	6 494.96	4 230.37	-0.299
		汉川市	762.9	3.78	5	3	4	2	0.042	24.11	48.05	491.86	523.12	46.41	-0.169	8.5	6 886.94	11 889.02	-0.297
		应城市	542.81	2.08	5	3	5	2	0.221	24.85	58.62	287.22	414.02	37.09	-0.193	7.5	6 325.93	5 867.4	-0.436
		安陆市	604.23	19.65	5	3	5	2	0.261	25.48	28.91	541.8	597.11	39.43	-0.251	11	4 843.68	4 313.8	-0.395
荆州		沙市区	204.84	-1.50	4	4	4	2	-0.119	24.7	100	1 810.98	1 150.41	79.1	0.210	13	14 646.4	22 852.51	0.244
		荆州区	480.19	1.21	5	4	5	2	0.555	28.68	69.52	391.74	534.42	56.8	-0.040	12	5 164.86	29 316.46	0.021
		江陵县	413.01	4.99	5	2	5	3	0.271	20.24	52.87	223.12	415.6	33.85	-0.246	6	3 472.42	6 221.41	-0.564
		公安县	908.53	5.17	5	3	5	3	0.717	36.34	61.5	181.46	411.48	25.98	-0.202	6.5	2 445.75	2 207.6	-0.64
		监利县	1 293.72	1.49	5	4	4	3	0.594	23	64.44	177.82	355.62	14.96	-0.302	4	2 539.61	2 505.38	-0.711
		石首市	542.08	3.75	5	3	4	4	0.222	25.67	46.58	313.1	406.45	36.84	-0.225	4	5 709.03	9 760.1	-0.505
		洪湖市	971.07	7.15	5	3	5	5	0.743	16.68	41.44	194.85	332.67	25.5	-0.338	6	3 480.38	2 805.43	-0.615
		松滋市	889.92	8.95	5	3	5	4	0.356	28.15	31.78	201.57	348.1	28.86	-0.304	6	3 946.22	6 272.49	-0.549

第6章 省域主体功能区划方法与应用

续表

市(州)	单元	A1	A2	A3	A4	A5	A6	A	B1	B2	B3	B4	B5	B	C1	C2	C3	C
咸宁	咸安区	462.57	10.03	4	3	5	3	−0.107	21.55	14.93	233.13	337.55	48.52	−0.276	11	5 227.58	11 852.37	−0.270
	赤壁市	677.25	2.09	4	4	5	4	0.322	24.82	61.51	318.19	341.2	34.29	−0.200	10.5	10 474.8	23 266.11	0.045
	嘉鱼县	450.11	8.80	5	3	5	3	0.193	23.4	17.23	199.81	346.32	23.91	−0.389	6.5	6 622.14	25 670.75	−0.161
	通城县	270.92	15.50	5	3	5	3	0.133	22.85	10.98	134.65	216.46	16.57	−0.453	4.5	4 525.03	14 321.85	−0.458
	崇阳县	475.48	20.50	5	4	5	4	0.572	16.3	3.67	55.43	142.91	22.06	−0.475	5.5	4 408.58	16 449.05	−0.398
	通山县	575.52	10.32	5	4	5	4	0.599	21.31	26.77	360.12	279.74	33.11	−0.319	6.5	2 581.71	6 651.65	−0.569
黄冈	黄州区	115.39	360.70	5	3	5	3	0.418	46	28	1 189.49	6 841.36	54.61	0.083	14	10 892.82	29 567.83	0.262
	团风县	353.84	2.60	5	3	4	4	0.247	29.55	27.78	188.38	2 028.81	12.72	−0.351	9.5	3 250.28	6 273.42	−0.461
	红安县	642.89	6.27	5	2	4	4	−0.358	20.79	25.08	158.02	337.97	18.3	−0.407	4	3 117.12	5 627.11	−0.646
	罗田县	658.32	13.34	5	2	5	4	−0.083	21.16	11.48	103.07	260.67	19.98	−0.440	4	2 577.67	9 513.42	−0.605
	英山县	209.84	9.91	5	3	5	4	−0.253	48.09	7.47	132.27	250.52	18.95	−0.354	4	2 696.93	4 381.03	−0.678
	浠水县	689.47	358.17	4	3	5	3	0.322	26.28	1.03	228.08	488.97	20.58	−0.437	9	2 969.49	14 826.88	−0.357
	蕲春县	631.72	10.71	5	2	5	4	0.262	34.7	19.47	160.63	332.84	19.83	−0.363	7.5	3 589.55	7 254.96	−0.498
	黄梅县	510.43	7.19	5	3	5	3	0.214	35.33	32.73	239.15	539.09	22.29	−0.302	8	2 626.64	16 715.91	−0.370
	麻城市	1 290.36	16.43	4	2	5	4	−0.152	19.28	15.62	132.12	299.53	23.3	−0.416	5.5	2 636.77	7 570.04	−0.585
	武穴市	371.1	359.26	3	3	5	3	−0.101	33.56	0.83	374.11	545.75	35.71	−0.326	8.5	4 657.98	17 310.83	−0.284

续表

市(州)	单元	A1	A2	A3	A4	A5	A6	A	B1	B2	B3	B4	B5	B	C1	C2	C3	C
随州	曾都区	1 684.51	13.62	4	3	5	3	0.349	27.39	30.33	185.91	206.61	43.28	−0.242	10.5	6 629.67	9 809.29	−0.274
	广水市	969.03	6.31	5	2	5	3	0.025	27.23	30.58	238.53	301.47	40.23	−0.253	8.5	5 662.03	4 712.62	−0.442
恩施	恩施市	803.06	37.05	5	2	4	4	−0.268	15.77	1.88	108.44	184.79	26.51	−0.456	5	3 967.37	2 049.9	−0.643
	利川市	1 147.22	37.91	5	3	5	4	0.481	11.51	2.92	72.43	155.85	10.68	−0.553	3.5	2 686.99	2 339.37	−0.724
	建始县	393.66	26.22	5	2	5	5	−0.168	18.94	1.13	73.83	180.05	10.13	−0.532	5	2 056.5	509.57	−0.724
	巴东县	308.97	255.07	5	2	3	5	−0.498	29.59	0.1	59.14	136.26	11.42	−0.489	6	2 498.76	1 059.21	−0.671
	宣恩县	429.54	26.45	5	2	5	5	−0.155	14.7	1.45	52.57	110.62	8.81	−0.556	4.5	2 633.53	1 218.41	−0.712
	咸丰县	406.66	20.82	5	2	5	5	−0.169	13.02	1.98	63.26	132.55	8.49	−0.562	2.5	2 331.85	1 268.55	−0.783
	来凤县	238.72	13.11	5	2	5	5	−0.239	17.54	2.75	91.89	212.05	15.16	−0.505	4.5	2 401.14	325.32	−0.732
	鹤峰县	225.27	31.73	5	2	5	5	−0.225	24.89	0.87	45.44	71.92	41.35	−0.353	1.5	4 165.63	2 269.8	−0.743

第6章 省域主体功能区划方法与应用

4）备选方案生成

(1)"自下而上"区划方案

一是组合评价法区划方案。组合评价法首先是把资源环境承载力、现有开发密度和未来发展潜力三个指标项分别聚成大中小三类，然后根据表6-20确定基本分析单元的主体功能区类型，从而形成区划方案（图6-2）。

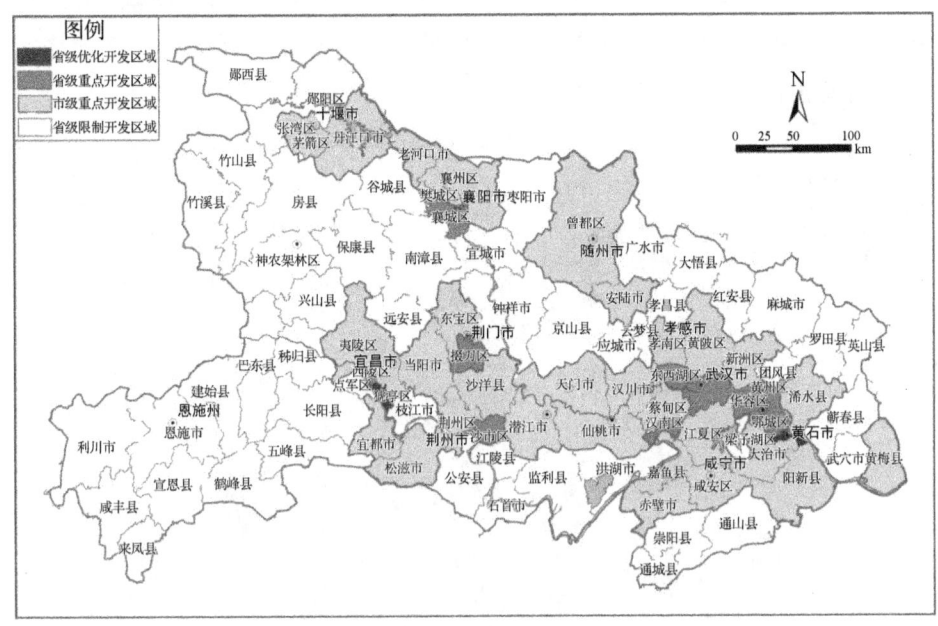

图6-2 湖北省主体功能区划（组合评价法）

注：本图底图采用湖北省自然资源厅监制标准地图［审图号：鄂S(2018)009号］。

二是标准定位与组合评价结合法区划方案。首先，根据人口密度与经济密度的聚类结果和专家意见，确定标准定位法中的人口密度、经济密度、饮用水水源地水质达标率、"十五"期间空气质量改善指数和空气质量优良天数比率五个指标临界值（表6-27）。而后按照标准定位法识别标准确定优化开发区域。

表6-27 湖北省主体功能区划标准定位法指标临界值

指标	临界值
人口密度	$\geqslant 5\,000$ 人$/km^2$
经济密度	$\geqslant 20\,000$ 万元$/km^2$
饮用水水源地水质达标率	$\leqslant 85\%$

续表

指标	临界值
"十五"期间空气质量改善指数	≤0%
空气质量优良天数比率	≤80%

对于剩余的其他分析单元,把资源环境承载力和未来发展潜力三个指标项分别聚成大中小三类,然后根据表6-21确定基本分析单元的主体功能区类型,从而形成区划方案(图6-3)。

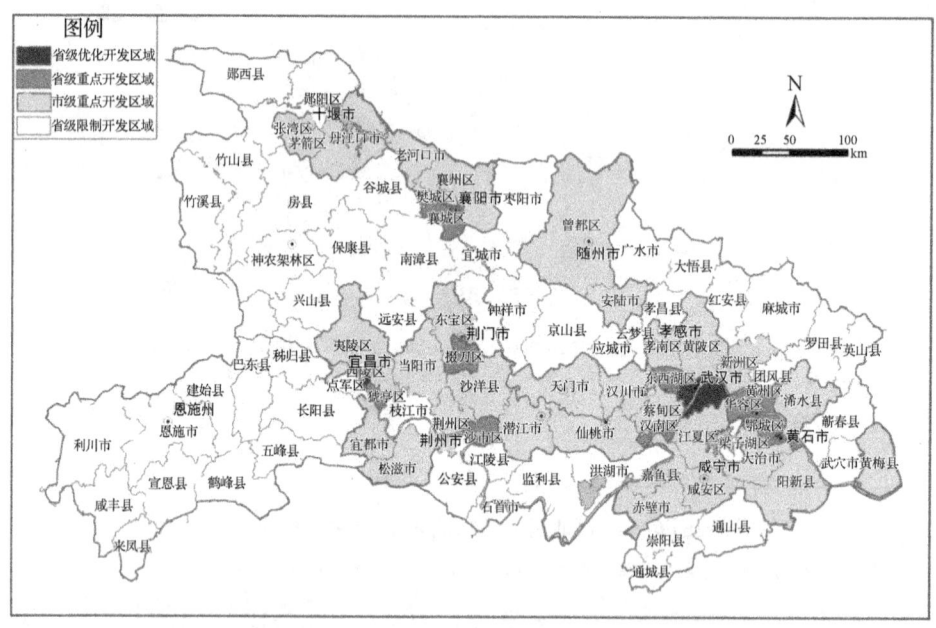

图6-3 湖北省主体功能区划(标准定位与组合评价结合法)

注:本图底图采用湖北省自然资源厅监制标准地图[审图号:鄂S(2018)009号]。

三是自下而上区划总方案。按照前述"自下而上"区划方案的集成方法,生成"自下而上"区划方案(图6-4)。

(2)"自上而下"区划方案

按照"自上而下"区划方法步骤生成区划方案(图6-5)。

第6章 省域主体功能区划方法与应用

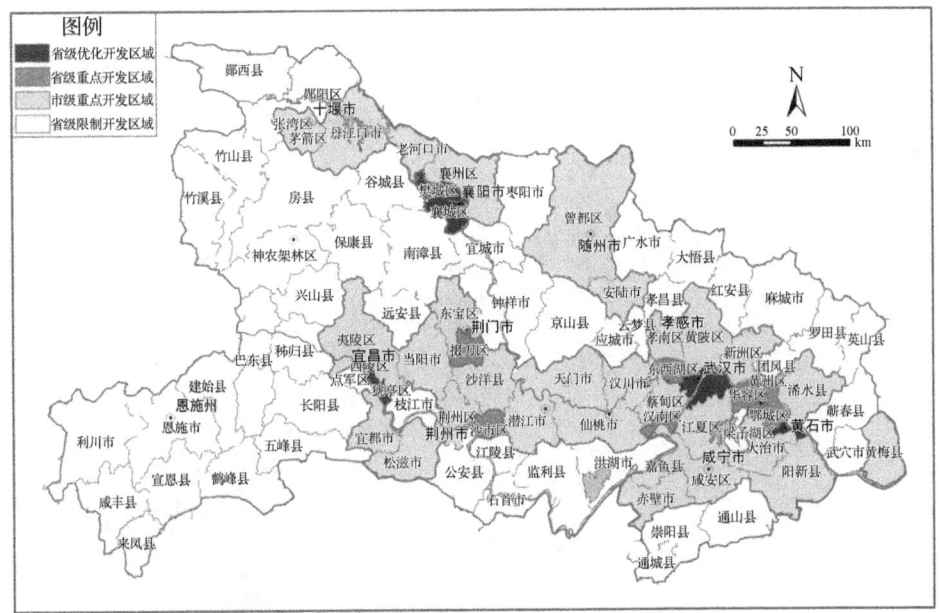

图6-4 湖北省主体功能区划(自下而上区划法)

注:本图底图采用湖北省自然资源厅监制标准地图[审图号:鄂S(2018)009号]。

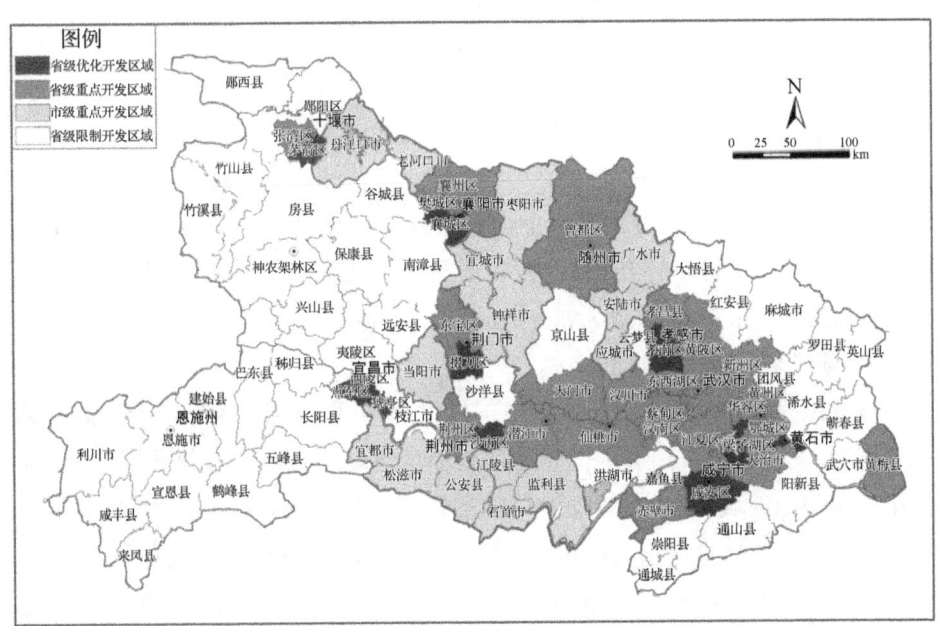

图6-5 湖北省主体功能区划(自上而下区划法)

注:本图底图采用湖北省自然资源厅监制标准地图[审图号:鄂S(2018)009号]。

(3) 备选方案的集成

根据前述备选方案的集成方法生成湖北省主体功能区划备选方案(图6-6)。

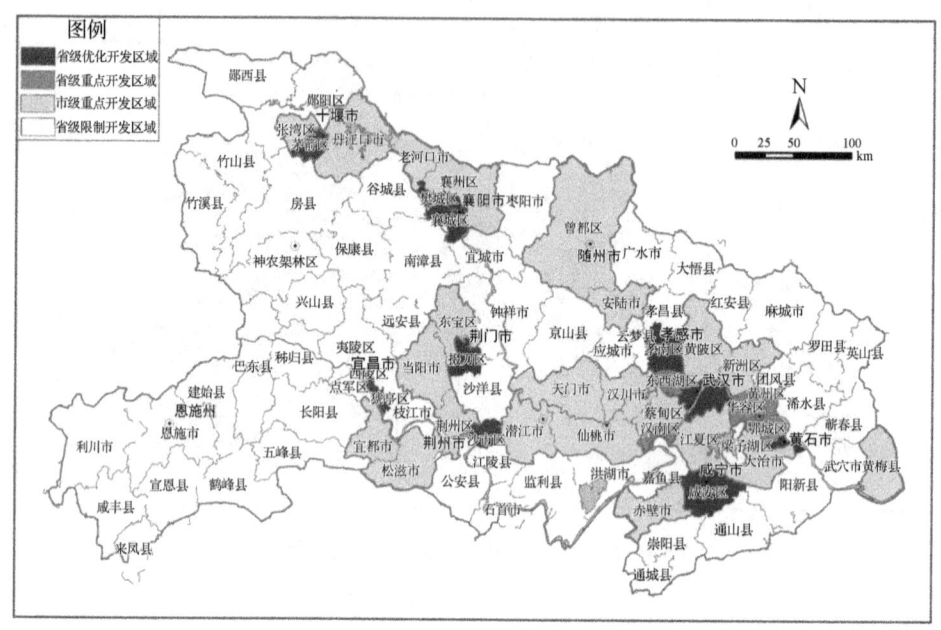

图6-6 湖北省主体功能区划(备选方案)

注:本图底图采用湖北省自然资源厅监制标准地图[审图号:鄂S(2018)009号]。

6.6.4 区划方案生成

该步骤在前述备选方案基础上,充分考虑国家区划方案、邻省区划方案和各级发展战略,完善主体功能区类型(补充国家级主体功能区和禁止开发区域),并经专家讨论从而确定区划方案(图6-7,表6-28)。

1) 与国家区划方案的衔接

虽然国家主体功能区划方案尚未正式出台,但根据国家主体功能规划总体框架可知,湖北省纳入国家主体功能区规划的区域主要有武汉城市圈区域、大别山土壤侵蚀区域、三峡水源保护与灾害整治区域三大板块。其中,武汉城市圈区域是长江中游地区国家级重点开发区域的主要组成部分,大别山土壤侵蚀区域和三峡水源保护与灾害整治区域是国家级限制开发区域。根据前述衔接办法,备选方案中的武汉城市圈中省级重点开发区域则升格为国家级重点开发区域,主要包括东西湖区、汉南区、新洲区、黄陂区、蔡甸区、江夏区、黄州区、孝

第6章 省域主体功能区划方法与应用

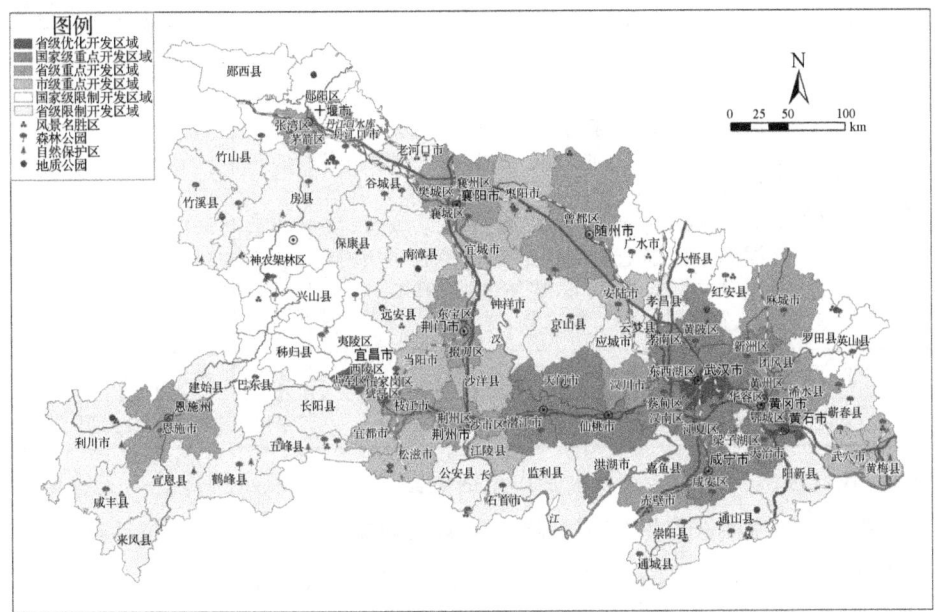

图 6-7 湖北省主体功能区划（最终方案）

注：本图底图采用湖北省自然资源厅监制标准地图[审图号：鄂S(2018)009号]。

表 6-28 湖北省主体功能区划最终方案统计

主体功能区	县（市、区）名录	个数	比重/% 国土	人口	经济
国家级重点开发区域	东西湖区、汉南区、蔡甸区、黄陂区、江夏区、新洲区、潜江市、天门市、仙桃市、大冶市、鄂城区、华容区、黄州区、咸安区、孝南区	15	15.44	18.1	19.43
省级重点开发区域	赤壁市、东宝区、掇刀区、恩施市、汉川市、荆州区、沙市区、麻城市、团风县、浠水县、曾都区、枝江市、襄州区、樊城区、襄城区、茅箭区、张湾区	17	8.95	10.45	7.46
市级重点开发区域	黄梅县、武穴市、安陆市、当阳市、宜都市、沙洋县、松滋市、江陵县、宜城市、枣阳市	10	0.05	11.35	29.07
省级优化开发区域	江岸区、江汉区、硚口区、青山区、武昌区、洪山区、汉阳区、点军区、伍家岗区、西陵区、猇亭区、黄石港区、铁山区、西塞山区、下陆区	15	40.16	27.76	17.05
国家级限制开发区域	广水市、大悟县、红安县、罗田县、英山县、巴东县、兴山县、秭归县、夷陵区、神农架、丹江口市、郧西县、郧阳区	13	17.48	9.54	5.84

续表

主体功能区	县(市、区)名录	个数	比重/%		
			国土	人口	经济
省级限制开发区域	阳新县、梁子湖区、蕲春县、孝昌县、应城市、云梦县、崇阳县、通城县、通山县、保康县、南漳县、谷城县、老河口市、长阳土家族自治县、五峰土家族自治县、远安县、公安县、洪湖市、嘉鱼县、监利县、石首市、京山县、钟祥市、来凤县、利川市、建始县、鹤峰县、咸丰县、宣恩县、房县、竹山县、竹溪	32	9.42	17.8	18.15
禁止开发区域	表6-29至表6-32	138	8.5	5	3
合计	全省	240	100	100	100

南区、咸安区、大冶市等区市；大别山土壤侵蚀区域和三峡水源保护与灾害整治区域中的省级限制开发区域则升格为国家级限制开发区域，主要包括红安市、罗田县、英山县、神农架林区、巴东县、兴山县、秭归县、夷陵区等县市。另外，由于湖北省丹江口水库是国家"南水北调"中线工程的水源地，对全国水资源的合理配置和区域发展具有重大意义，因此丹江口水库上游县市也应作为国家级限制开发区域，主要包括郧阳区、郧西县和丹江口市。

2) 与邻省区划方案的协调

由于没有获得邻省区划的正式成果，本节与邻省区划方案的协调主要是对湖北省内作为重点开发区域的边界区县市进行两侧发展条件对照，修正主体功能区类型，比如与河南信阳比邻的广水市，由于北临国家级风景名胜区鸡公山，所以广水市就应设为限制开发区域。

3) 与各级发展战略的平衡

2005年，湖北省有革命老区县(市、区)52个，国家级贫困县25个、省级贫困县4个、少数民族自治县2个和国家规划的优质粮食产业工程县21个。武汉是全省空间发展的主中心，宜昌和襄阳是两个副中心，全省实施的是"一主两副"城市圈式空间发展战略。这都是全省主体功能区划应统筹考虑的因素。为此，应对涉及上述战略的县市进行主体功能区类型调整，在资源环境承载力允许的情况下，尽量定位为重点开发区域。

湖北省禁止开发区名录见表6-29至表6-32。

表 6-29 湖北省禁止开发区(风景名胜区)名录

序号	风景区名称	级别	面积/km²	所在地
1	东湖	国家级	82	武汉市
2	武当山	国家级	312	十堰市
3	九宫山	国家级	196	通山县
4	西陵峡口	国家级	142	宜昌市
5	隆中	国家级	209	襄阳市
6	随州大洪山	国家级	305	随州市
7	京山大洪山	国家级	330	京山县
8	钟祥大洪山	国家级	104.74	钟祥市
9	赤壁陆水湖	国家级	118	赤壁市
10	大别山国家森林公园	国家级	300	罗田县
11	星星竹海	省级	66.67	咸宁市
12	清江	省级	207.95	长阳县
13	三潭	省级	55	广水市
14	鸣凤山	省级	6.6	远安县
15	漳河	省级	400	荆门市
16	洈水	省级	365	松滋市
17	腾龙洞	省级	50	利川市
18	唐崖土司城遗址	省级	1	咸丰县
19	神龙溪	省级	400	巴东县
20	东坡赤壁	省级	500	黄冈市
21	西山	省级	3.33	鄂州市
22	磁湖	省级	23.96	黄石市
23	天台山	省级	85	红安县
24	五祖寺—挪步园	省级	70	黄梅县
25	野花谷	省级	180	保康县
26	太柏顶	省级	72	随州市
27	炎帝神农烈山	省级	127	随州市

续表

序号	风景区名称	级别	面积/km²	所在地
28	神农峡	省级	100	房县
29	梨花湖	省级	42	老河口市
30	青龙山—熊河	省级	68.4	枣阳市
31	白水寺—九连墩	省级	15.3	枣阳市
32	玉泉山	省级	8.9	当阳市
33	木兰山	省级	78	武汉市
34	黄山头	省级	110	公安县
35	神农架	省级	3 250	神农架林区
合计	国家级10个,面积2 098.74 km²;省级25个,面积6 286.11 km²;共35个,总面积8 384.85 km²			

表6-30 湖北省禁止开发区(地质公园)名录

序号	名称	级别	类型	面积/km²	所在地
1	木兰山国家地质公园	国家	高压超高压变质带	78	武汉
2	青龙山恐龙蛋化石群国家地质公园	国家	白垩纪恐龙蛋化石群产地	4	郧阳区
3	神农架国家地质公园	国家	地质地貌	50	神农架林区
4	通山县隐水洞地质公园	省级	岩溶地质公园	24	通山县
5	五峰地质公园	省级	地质地貌	30	五峰县
6	武当山地质公园	省级	地质地貌类	312	十堰市
7	崇阳百泉地质公园	省级	泉类、岩溶地貌类地质公园	150	崇阳县
8	南漳水镜湖地质公园	省级	构造岩溶山水景观自然公园	88.6	南漳县
9	堵河源地质公园	省级	地质地貌	20	竹山县
10	远安化石群地质公园	省级	古生物化石群	65	远安
11	大别山(黄冈)地质公园	省级	地质地貌	1 000	黄冈市
12	利川腾龙洞地质公园	省级	岩溶地质地貌	122	利川市
合计	国家级3个,面积132 km²;省级9个,面积1 811.6 km²;共12个,总面积1 943.6 km²				

表6-31 湖北省禁止开发区(森林公园)名录

序号	公园名称	级别	行政区	建设面积/hm²
1	九峰森林公园	国家级	武汉市武昌区	333.33
2	鹿门寺森林公园	国家级	襄阳市襄州区	1 866.67
3	玉泉寺国家森林公园	国家级	宜昌市当阳市	9 666.67
4	大老岭国家森林公园	国家级	宜昌市	6 000.00
5	大口森林公园	国家级	荆门市钟祥市	6 333.00
6	神农架国家森林公园	国家级	神农架林区	13 333.33
7	龙门河国家森林公园	国家级	宜昌市兴山县	4 644.40
8	薤山国家森林公园	国家级	襄阳市谷城县	4 533.33
9	清江国家森林公园	国家级	宜昌市长阳县	49 880.00
10	大别山国家森林公园	国家级	黄冈市罗田县	57 427.00
11	柴埠溪国家森林公园	国家级	宜昌市五峰县	6 667.00
12	潜山国家森林公园	国家级	咸宁市	206.47
13	八岭山国家森林公园	国家级	荆州市江陵县	666.67
14	危水国家森林公园	国家级	荆州市松滋市	28 600.00
15	三角山国家森林公园	国家级	黄冈市浠水县	6 451.70
16	中华山国家森林公园	国家级	随州市广水市	6 927.00
17	太子山国家森林公园	国家级	荆门市京山县	7 930.00
18	天台山国家森林公园	国家级	黄冈市红安县	6 000.00
19	吴家山国家森林公园	国家级	黄冈市英山县	5 873.00
20	坪坝营国家森林公园	国家级	恩施市咸丰县	13 237.50
21	千佛洞国家森林公园	国家级	荆门市	689.1
22	双峰山国家森林公园	国家级	孝感市孝昌县	1 400
23	大洪山国家森林公园	国家级	随州市	1 755.5
24	青龙山森林公园	省级	武汉市武昌区	1 921.33
25	嵩阳森林公园	省级	武汉市汉阳区	1 240.00
26	五祖寺森林公园	省级	黄冈市黄梅县	586.67
27	九宫山森林公园	省级	咸宁市通山县	1 746.67

续表

序号	公园名称	级别	行政区	建设面积/hm²
28	大贵寺森林公园	省级	随州市广水市	2 186.67
29	潜江森林公园	省级	潜江市	160.00
30	岘山森林公园	省级	襄阳市	1 733.33
31	七里山森林公园	省级	襄阳市南漳县	1 733.33
32	百花山森林公园	省级	襄阳市老河口市	140.00
33	白兆山森林公园	省级	孝感市安陆市	613.33
34	黄山头森林公园	省级	荆州市公安县	1 200.00
35	武当山森林公园	省级	十堰市丹江口市	4 400.00
36	五脑山森林公园	省级	黄冈市麻城市	2 153.33
37	泉山(水)寨森林公园	省级	孝感市大悟县	520.00
38	官山森林公园	省级	襄阳市保康县	1 485.47
39	承恩寺森林公园	省级	襄阳市谷城县	95.20
40	金银岗森林公园	省级	宜昌市	356.13
41	横岗山森林公园	省级	武穴市、蕲春县	1 082.47
42	陆水森林公园	省级	咸宁市赤壁市	9 293.33
43	牛头山森林公园	省级	咸宁市嘉鱼县	100.00
44	格子河森林公园	省级	恩施市巴东县	1 829.67
45	南岳山森林公园	省级	荆州石石首市	166.67
46	将军山森林公园	省级	武汉市新洲区	1 170.00
47	素山寺森林公园	省级	武汉市黄陂区	1 533.33
48	九真森林公园	省级	武汉市汉阳区	2 000.00
49	凤凰山森林公园	省级	恩施市	46.67
50	大崎山森林公园	省级	黄冈市团风县	1 336.67
51	白竹园寺森林公园	省级	襄阳市枣阳市	2 933.33
52	巴山森林公园	省级	恩施市巴东县	186.67
53	偏头山森林公园	省级	十堰市竹溪县	1 520.00
54	铜盆水森林公园	省级	恩施市	346.67

续表

序号	公园名称	级别	行政区	建设面积/hm²
55	宋山森林公园	省级	宜昌市宜都市	1 530.00
56	大幕山森林公园	省级	咸宁市通山县	6 626.67
57	虎爪山森林公园	省级	荆门市京山县	3 600.00
58	牛头山森林公园	省级	十堰市	1 606.67
59	黄州滨江森林公园	省级	黄冈市	496.67
60	凤池山森林公园	省级	咸宁市通山县	412.26
61	沼山森林公园	省级	鄂州市	647.53
62	毕升森林公园	省级	黄冈市英山县	73.00
63	锡山森林公园	省级	咸宁市通城县	200.00
64	太平森林公园	省级	黄冈市蕲春县	1 514.40
65	雷山森林公园	省级	黄石市大冶市	537.33
66	西塞国森林公园	省级	宜昌市	14 646.67
67	鹤峰县八峰森林公园	省级	恩施市鹤峰县	1 420.00
68	丹江口牛河森林公园	省级	十堰市丹江口市	13 500
69	房县五台山森林公园	省级	十堰市房县	10 800
70	郧阳区苍浪山林林公园	省级	十堰市郧阳区	7 466.66
71	大冶市大工山森林公园	省级	黄石市大冶市	1 533
72	竹山县九华山林林公园	省级	十堰市竹山县	8 400
73	咸宁桂花森林公园	省级	咸宁市崇阳县	1 000
74	黄石东方山森林公园	省级	黄石市下陆区	1 800
75	黄石黄荆山森林公园	省级	黄石市临江街道	1 500
合计	国家级 23 个，面积 162 392.09 hm²；省级 52 个，面积 82 195.87 hm²；共 75 个，总面积 244 587.96 hm²			

表 6-32 湖北省禁止开发区（自然保护区）名录

序号	保护区名称	级别	行政区	面积/hm²
1	神农架自然保护区	国家	神农架林区	70 468
2	五峰后河自然保护区	国家	五峰县	40 964.9
3	星斗山自然保护区	国家	利川、恩施	68 339

续表

序号	保护区名称	级别	行政区	面积/hm²
4	九宫山自然保护区	省级	通山县	16 608.7
5	木林子自然保护区	省级	鹤峰县	2 133
6	洪湖湿地自然保护区	省级	洪湖市	41 412.069
7	梁子湖湿地自然保护区	省级	鄂州市	37 946.3
8	七姊妹山自然保护区	省级	宣恩县	34 550
9	赛武当自然保护区	省级	茅箭区	38 778
10	龙感湖自然保护区	省级	黄梅县	22 322
11	堵河源自然保护区	省级	竹山县	48 452
12	十八里长峡自然保护区	省级	竹溪县	30 459
13	大老岭自然保护区	省级	宜昌市	22 244
14	野人谷自然保护区	省级	房县	28 517
15	网湖湿地自然保护区	省级	阳新县	20 495
16	沉湖湿地自然保护区	省级	蔡甸区	11 579.1
合计	国家级 3 个,面积 179 771.9 hm²;省级 13 个,面积 355 496.169 hm²;共 16 个,总面积 535 268.069 hm²			

6.7 本章小结

本章重点研究了省域主体功能区划方法,并以湖北省为案例进行实证研究。主要研究内容和主要结论有:

第一,省域主体功能区划思路与方法研究。省域主体功能区划是牵涉自然、社会和经济等众多因素,定性、定量因素高度融合的复杂性系统工程。任何单一区划方法都无法做到省域主体功能区划的科学性和可操作性。因此,省域主体功能区划总体思路应是"复杂性的系统工程—简单化的假设处理—合理化的分析识别"。区划方法总体上采用"自上而下"与"自下而上"相结合、定性分析与定量分析相结合。具体方法是一个方法群,包括指标权重赋值方法、指标项指数合成方法、区域类型划分方法、区划方案集成方法等。区划的前提是构建指标体系,认为应基于资源环境承载力、现有开发密度和未来发展潜力分别构建,并且各省之间的具体指标可以有所不同,以体现各省省情差异。在指标权重赋值上,应采用主观赋值和客观赋值相结合的方法,可采用层次分析法(主观)与熵值—变异系数结合法(客观)。而指标项指数合成则采用加权求和法。在区域类型划分上,"自下而上"方法有组合评价法、标准定位与组合评价结合法两种选择,"自上而下"法则可选用主导因素与序列分类结合法。而区划方案的集成则包括"自上而下"与"自下而上"方案的集成、与国家区划方案的衔接、与邻省区划方案的协调、与各级发展战略的平衡、与政策支撑能力的匹配等,通过修正生成最终区划方案。

第二,湖北省主体功能区划的实证研究。按照上述方法,以县级行政区为基本区划单元,湖北省主体功能区划最终方案中包括国家级重点开发区域[15县(市区)]、省级重点开发区域[17县(市区)]、市级重点开发区域[10县(市区)]、省级优化开发区域[15县(市区)]、国家级限制开发区域[13县(市区)]、省级限制开发区域[32县(市区)]和禁止开发区域(138处)等七种类型,总体分布符合全省"一主两副"和"武汉城市圈建设为重点"的空间发展格局。通过湖北省实证检验,本章研究的省域主体功能区划方法具有较高的适用性和科学性,但普适性还需要更多省份的实证检验。

第 7 章　主体功能区规划与空间规划体系变革

2010 年,国务院印发了《全国主体功能区规划》(国发〔2010〕46 号),标志着主体功能区规划作为一项新型空间规划正式进入实施阶段。此后,各省、自治区、直辖市陆续公布了本地省级主体功能区规划,个别地级市也公布了本市主体功能区规划。可以说,主体功能区规划开始成为中国区域规划体系的重要一员。2019 年,中共中央、国务院印发了《中共中央　国务院关于建立国土空间规划体系并监督实施的若干意见》(中发〔2019〕18 号),要求把主体功能区规划、土地利用规划、城乡规划等空间规划融合为统一的国土空间规划,拉开了我国空间规划史上的重大改革序幕。自此,主体功能区规划结束了近 10 年的独立基础性空间规划地位。但不可否认,主体功能区规划的诞生还是终结都有其历史经纬和客观必然性。本章将基于时代背景,梳理国土空间规划体系建立之前的主体功能区规划性质定位、中国空间规划体系的重构等问题,以期还原主体功能区规划与空间规划体系变革脉络和路径。

7.1　主体功能区规划之前的区域规划体系

7.1.1　区域规划与区域规划体系

区域规划(Regional Planning)是指在一定地域范围内对国民经济建设和土地利用的总体部署,具有战略性综合性的特点。依据不同的分类方法,可以把区域规划分成不同类型,通常所说的区域规划是按照规划内容和侧重点划分的综合性区域规划。由于其与国土空间紧密联系,所以部分国家(如日本和法国)

第7章 主体功能区规划与空间规划体系变革

有时也称区域规划为国土规划(National Spatial Planning),我国最高层次的区域规划为全国国土规划(崔功豪等,1999)。区域规划只是空间规划的一种类型,空间规划还包括土地利用规划、城乡规划等专门领域的空间规划。

区域规划体系是指由区域规划法规体系、区域规划行政(管理)体系和区域规划运作体系构成的有机整体。其中,区域规划法规体系是核心,行政体系是手段,运作体系是关键(曾菊新等,2006)。本章所述区域规划体系主要是指区域规划运作体系,即不同层级各类区域规划构成的彼此关联的有机整体,其构成部分主要包括不同层级的自然区域规划、(跨)行政区区域规划、经济区域规划、城镇密集区区域规划等。

7.1.2 主体功能区规划之前的区域规划体系与问题诊断

我国区域规划工作始于20世纪50年代中期,起初借鉴苏联模式,而后经历了60—70年代的停顿、80年代的复兴、90年代的高潮与衰落和21世纪初的振兴与繁荣等几个阶段。21世纪初之前的多数区域规划是在20世纪90年代编制完成的,但由于缺乏应有的法律地位,大量规划成果只被作为基础资料保存,未能发挥区域规划的应有效用(胡序威,2002)。随着21世纪区域规划的再次兴起,我国区域规划运作体系也逐步趋于完善(图7-1)。但与21世纪初我国区域发展差距显著、区际竞争与合作并存、乡村衰落趋势明显、工业化城市化进程加速推进、资源环境问题日益突出、空间开发无序和空间结构失衡的基本国情还不太适应。具体表现在:① 区域规划空间层次过多,主要包括全国、跨省区、省域、跨市区、市域、县域和村镇域等7类空间层次。② 区域规划错位和失位并存,如作为地域单元变动最为剧烈的市级行政区的市域规划最为普及,而作为社会经济基本地域单元的县级行政区的县域规划则相对薄弱。同时,作为区域规划核心的全国国土规划一直未能面世。③ 涉及跨省级行政区的国家级区域规划进展相对缓慢,协调难度非常之大。④ 直接面向广大乡村地域的村镇规划比较匮乏,尤其是2005年党的十六届五中全会提出建设社会主义新农村之前更是如此。⑤ 旨在加强国土空间开发管治的主体功能区规划举步维艰,并未取得应有的法律地位。

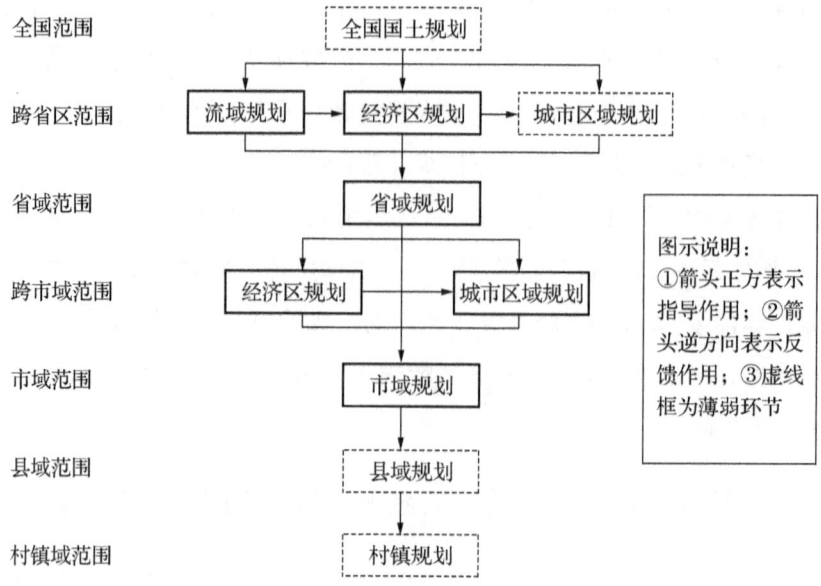

图7-1 2010年之前的区域规划运作体系

7.2 主体功能区规划实施期间的空间规划体系

7.2.1 空间规划体系框架

2010年及之后,国务院及各省区先后印发了《全国主体功能区规划》和各省主体功能区规划,标志着主体功能区规划进入实施阶段并正式成为空间规划体系的一员。就区域层面的空间总体规划而言,形成了包括全国、省域、市域、县域、镇域和村域不同行政区层级和跨政区层级(跨省域、跨市域)等八个空间尺度,以主体功能区规划、土地利用总体规划和城镇总体规划(含城镇体系规划)为主体,流域规划、经济区规划、城市区域规划和村庄规划为补充的空间规划体系(图7-2)。其中,城市区域规划是指以城市群和都市圈为主要空间组织形式,城镇密集分布区域的空间规划,包括跨省区城市区域规划(如长三角城市群规划和粤港澳大湾区规划等)和省内跨市域的城市区域规划(如南京都市圈规划、山东半岛城市群规划、中原城市群规划和武汉城市圈规划等)。在该空间规划体系中,土地利用总体规划自上而下从全国到乡镇五个层级做到了全覆盖,主体功能区规划主要涵盖了全国和省域两级,城镇总体规划(含城镇体系规划)

第7章 主体功能区规划与空间规划体系变革

主要涵盖全省到乡镇四个层级。它们各自形成了相对独立的纵向指导系统（规划的上下位关系），横向之间保持特殊的弱协调关系。就规划地位而言，众多空间规划中只有土地利用总体规划、城镇总体规划和村庄规划具有明确的法律保障和法定地位，《中华人民共和国土地管理法》和《中华人民共和国城乡规划法》分别是两者的核心法律。总体看，主体功能区规划实施期间（2010—2020年），我国空间规划体系相对齐全，但各类空间规划关系尚未理顺，规划冲突时有发生，并且无论法定规划还是非法定规划都存在一定的薄弱环节，如法定规划中的乡镇总体规划、村庄规划长期得不到重视和缺少实施的严肃性，非法定规划中的主体功能区规划、城市区域规划落地较为困难等等。

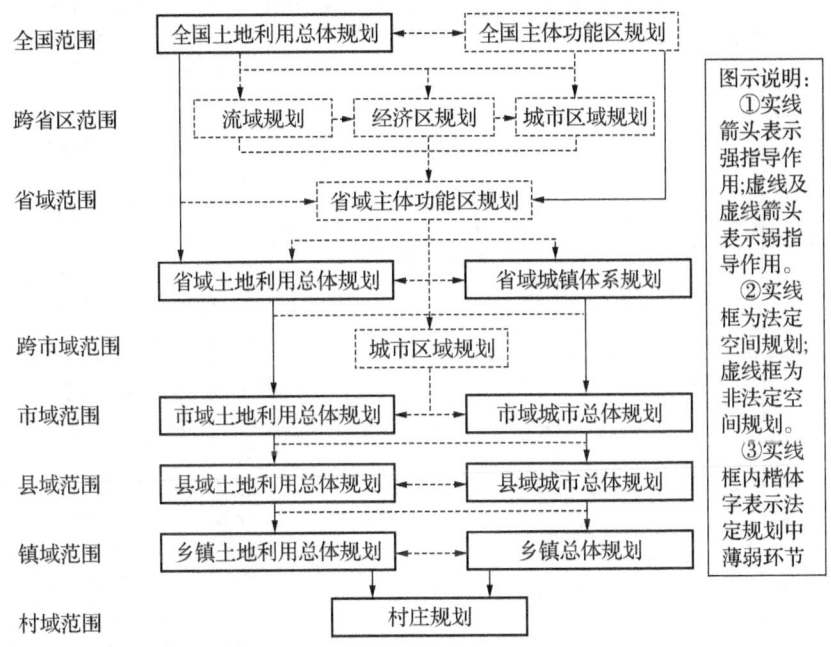

图7-2 主体功能区规划实施期间的空间规划体系框架

7.2.2 不同空间层次的重要规划及规划侧重点

坚持问题导向是近些年空间规划转型的重要方向。在不同空间层次上虽有多种空间规划，但各自侧重点不同。相对而言，土地利用总体规划和城镇总体规划的任务明确，规划内容有着明确的规范约定。那么，其他类型的空间规划在性质定位上应与两者错位分工，重点解决区域发展中的突出问题（表7-1）。

表 7-1 2010—2020 年间重点类型空间规划及规划侧重点

空间范围	突出问题	空间规划类型	规划重点
全国范围	区域发展不平衡,重点区域空间管制力度不足,主体功能区格局尚未形成,高质量转型发展压力大,人地关系未得到根本缓解	全国主体功能区规划	塑造主体功能区战略格局;制定措施严格落实禁止开发区和限制开发区保护;统筹全国重大基础设施布局;突出重点开发区建设,促进区域协调发展;强化重点区域的空间管制
省域范围	空间开发秩序性较弱,功能分区不够明晰,资源环境承载力不同程度下降	省域主体功能区规划	以县域为规划基本单元,结合自然环境的均质性进行主体功能区区划,制定相关的主体功能区实施保障措施和政策体系,严格主体功能区空间管制途径
城镇密集区	产业雷同、恶性竞争,基础设施有待提质增效,经济转型发展任务艰巨,区域协同发展尚不理想,人地关系紧张	城市区域规划	完善产业链条,明确产业分工,培育产业集群;整合资源,共建共享,统筹基础设施布局;明确四大开发类型区域;强化空间管制和有序开发;提高区域生态系统完整性和整体功能
县域范围	① 东部县域:发展不平衡,产业先进性不足,对人口吸引力不足,土地利用效率不高 ② 中西部县域:发展缓慢,生态退化,基础设施落后,技术含量低下,打工经济比重过大	县域规划	① 东部县域:整合产业园区,引导产业升级;强化空间管制和耕地保护 ② 严格生态建设;健全社会保障体系;中西部县域:培育特色产业,加快发展;优化投资环境,加速完善基础设施;提高技术含量,促进产业升级;大力保护脆弱的生态环境
村镇域范围	经济发展缓慢,村镇布局散乱,乡村衰退明显,基础设施落后,乡村振兴动力不足	村镇规划	因地制宜,培育特色,发展现代农业;完善村镇布局;整治乡村人居环境;加大农民综合素质和劳动技能培训

资料来源:曾菊新等,2006

7.2.3 主体功能区规划地位分析:核心规划

如上所述,主体功能区规划是一项首创性空间规划,一直缺乏严格明确的

第7章 主体功能区规划与空间规划体系变革

法律地位。而确立规划法律地位和在规划体系中扮演角色的关键因素是该规划的性质定位。通常,影响规划性质定位的主要因素包括规划目的、规划层级和规划范围。规划目的越宏观、规划层级越高、规划范围越大就越具有战略性和基础性,在规划体系中扮演的角色就越重要;反之,规划就越具有具体性和实践性,在规划体系中的地位也就越低。

就主体功能区规划而言,其目的是规范空间开发秩序、优化国土空间格局和促进区域协调发展,具有明显的宏观规划特征。因此,主体功能区规划应具有战略性和约束性的规划性质。就其规划层级和规划范围来看,主要分为国家级和省级两个层面,且国家实施的是部分国土覆盖,省级实施的是国土全覆盖,具有规划层级高和规范范围广的特点。因此,主体功能区规划也应具有战略性和基础性的规划性质。

综上所述,主体功能区规划应是基础性、战略性和约束性的区域规划。其战略性主要体现在所针对的问题是宏观空间开发秩序和国土空间格局优化,是整个国土空间的横向协调以及人与自然的协调,对国家和区域发展具有长远战略性意义;其基础性是战略性的延伸,主要体现在主体功能区规划层级高、范围广,对城市规划、国民经济和社会发展规划、土地利用规划以及其他空间规划起着基础依据作用;其约束性主要体现在所有规划和区域发展不应违背主体功能区规划所确立的区域主体功能定位,具有强制性的特点。

主体功能区规划是一种战略性、基础性和约束性的区域规划,决定了其在区域规划体系中理应占据核心指导地位,这也是此前我国区域规划体系重构的立足点和切入点。

7.2.4 主体功能区规划与其他空间规划关系

1) 不同层次的主体功能区规划关系

主体功能区规划主要存在于 2010—2020 年期间,按照该时期空间规划体系(图 7-2),主要集中在全国和省域两个层面展开。其中,全国主体功能区规划实施部分国土覆盖,省域主体功能区规划实施国土全覆盖。这样,主体功能区规划之间的关系就体现为全国与省域之间的纵向关系和省域主体功能区规划之间的横向关系。

(1) 省域主体功能区规划与全国主体功能区规划关系

这两类主体功能区规划都是国家主体功能区规划的有机组成部分。两者之间是地方与中央的关系，是下位规划与上位规划间的纵向关系。具体而言，全国主体功能区规划是对全国具有重要影响意义的区域进行的战略性主体功能区规划，把握的是全国空间开发全局，体现的是一种宏观的战略空间格局。省域主体功能区规划是对各省全部国土进行的主体功能规划，把握的是本省空间开发全局，体现的是相对中观的空间结构。全国主体功能区规划是省域主体功能区规划的依据和基础，省域主体功能区规划是全国主体功能区规划的进一步落实和补充，必须遵从全国主体功能区规划。两者之间是相辅相成和相互促进的关系。

(2) 省域主体功能区规划之间的关系

省域主体功能区规划彼此之间是一种横向的协作关系。这种横向协作主要体现在省际边界区主体功能的协调性和边界区主体功能区的共建之上。省际边界区主体功能的协调，主要通过主体功能区规划编制过程和编制成果的相邻省份之间的协商和监督实现。协调性要求尽量保持基本条件相近的边界区主体功能相同或相近，如一省边界区被定位于禁止开发区域或限制开发区域，则另一省紧邻地区也应被定位于为禁止开发区域或限制开发区域。边界区主体功能区的共建，主要是指边界区相邻同类主体功能区的共同推动建设，如三峡库区横跨湖北和重庆两省市，在各省的部分区域都被确定为禁止开发区域或限制开发区域，两省市应共同推动三峡库区的保护建设。

2) 主体功能区规划与其他规划

如图7-2所示，主体功能区规划在空间规划体系中占据重要地位，但在不同层面对其他空间规划的指导作用也有所不同。除此之外，主体功能区规划还应是各类发展规划和专项规划的依据和基础。

(1) 全国主体功能区规划与其他规划

不言而喻，全国主体功能区规划是其下位规划(包括跨省区、省区、跨市区、市区、县区和镇村区域范围内的所有规划)的基础和依据，下位规划不应违背全国主体功能区规划。就全国层面的同位规划而言，国家主体功能区规划和全国土地利用总体规划共同承担核心规划的任务，两者都是编制全国性其他规划的基础和依据，两者之间相互指导相互协调。

(2) 省域主体功能区规划与其他规划

就其与全国性或跨省区空间规划之间的关系而言,省域主体功能区规划是这些规划的下位规划,理应服从上位规划,但也对上位规划起反馈作用。就省内规划而言,省域主体功能区规划是一个省(直辖市、自治区)内其他所有规划的核心,是其他各类(包括同位规划和下位规划)规划的依据和基础,省内其他各类规划必须遵从本省主体功能区规划。

7.3 "多规合一"改革后的国土空间规划体系

7.3.1 "多规合一"改革历程

长期以来,我国的规划体系主要包括空间规划和发展规划两大系列,在不同时期形成了不同的规划体系,对完善国家治理方式和推动社会经济进步发挥了重要作用。但随着时代的发展和社会主要矛盾的变化,尤其是进入新时代,原有规划体系的弊端日趋凸显,已经不能适应国家现代化治理和社会经济发展需要。为此,2003 年 10 月,国家发展改革委启动了在苏州、宜宾、宁波等 6 个规划体制改革试点,将国民经济和社会发展规划、城市总体规划、土地利用总体规划落实到一个共同的空间规划平台上。之后,上海、广州、武汉等城市相继开展"两规合一""三规合一"探索,同时部分城市也进行了规划和国土部门的合并。这一阶段可以视为"多规合一"改革的探索试点阶段。

2013 年 12 月,习近平总书记在中央城镇化工作会议上要求,积极推进市、县规划体制改革,探索能够实现"多规合一"的方式方法,实现一个市县一本规划、一张蓝图,并以这个为基础,把一张蓝图干到底。2014 年 8 月,国家发展改革委、国土资源部、环境保护部、住房和城乡建设部四部委联合下发《关于开展市县"多规合一"试点工作的通知》(发改规划〔2014〕1971 号),明确了开展试点的主要任务及措施,并提出在全国 28 个市县开展"多规合一"试点。2016 年 12 月,中共中央办公厅、国务院办公厅出台了《省级空间规划试点方案》(厅字〔2016〕51 号)。这标志着"多规合一"改革进入正式试点阶段。

2019 年 12 月,中共中央、国务院印发了《中共中央 国务院关于建立国土空间规划体系并监督实施的若干意见》(中发〔2019〕18 号),要求把主体功能区规划、土地利用规划、城乡规划等空间规划融合为统一的国土空间规划,标志着"多规合一"改革进入全面实施阶段。

7.3.2 "多规合一"改革前规划体系存在的问题

1) 名目繁多、类型多样

我国规划体系除具有前述空间层次偏多的特点外,还具有规划名目繁多和类型多样的特征。按照规划性质,有综合规划和专项规划、总体规划和详细规划之分;按照规划范围,有全国规划、跨省区(包括流域)规划、省域规划、跨市域规划、市域规划、县域规划、乡镇域规划和村庄规划等之分;按照规划地域类型,有城市规划、乡村规划、区域规划等之分;按照规划对象任务,有国民经济和社会发展规划、主体功能区规划、土地利用规划、资源开发与保护规划、生态环境规划等等。规划名目如此繁多、类型如此多样,一方面,极易产生实施中的各种矛盾,导致部门利益纷争;另一方面,编制如此多的规划,需要庞大资金支持,尤其对于本不富裕的县域(尤其是中西部县域)而言(因为各类规划通常落实到县级单元,县域各类规划齐备),其势必带来额外的财政负担。从经济学角度讲,会造成"范围不经济"。

2) 层次关系混乱、彼此缺乏协调

在规划名目繁多、类型多样的同时,各种规划层次关系混乱、彼此缺乏协调成为原有规划体系最严重的问题,并很容易导致实施上的矛盾,如城市规划项目往往想突破土地利用规划约束指标等等,严重影响着规划的实际效用。

3) 规划质量参差不齐、部分可操作性差

在"多规合一"改革前的规划体系中,除国民经济和社会发展规划、土地利用规划和城市规划相对成熟外,其他很多规划的编制仍处在摸索阶段,缺乏成熟的技术规范。同时,规划编制队伍业务水平也存在较大差距。虽然部分地方聘请国外规划团体和规划师进行规划编制,但由于他们缺乏对中国国情的深入了解,规划方案往往脱离实际。因此,原有规划质量参差不齐,部分成果可操作性差。主要表现在各种规划尤其是综合型规划,多是定性描述多、定量分析少,目标多、措施少。中长期规划,往往不能得到及时修编,且多是刚性规划,不能满足时代发展的需要。另外,规划与管理相脱节(林炳耀,1994)。"规划规划、纸上画画、墙上挂挂"等现象屡见不鲜。

第7章 主体功能区规划与空间规划体系变革

7.3.3 "多规合一"改革前规划体系存在问题的成因剖析

"多规合一"改革前,我国规划体系存在的上述诸多问题有着体制、机制、历史遗留等多方面的原因。其主要原因可总结如下:

1) 规划法规体系不健全

完整的规划法规体系包括核心法、配套法、相关法及地方法规。虽然我国将《中华人民共和国城市规划法》修改为《中华人民共和国城乡规划法》,并于2008年1月1日开始实施,但仍然缺乏对各类规划编制及实施具有全局指导意义的核心法律,比如区域规划法。在此情况下,姑且形成了以《中华人民共和国城乡规划法》《中华人民共和国土地管理法》为核心法,《城市规划编制办法》等为配套法,再加以《中华人民共和国环境保护法》《历史文化名城名镇名村保护条例》等相关法为支撑的并不完善的规划法规体系。而且从法律条文中还可以发现:无论土地利用总体规划(《中华人民共和国土地管理法》第17条)还是城乡规划(《中华人民共和国城乡规划法》第5条)都应依据国民经济和社会发展规划,但即使截至目前后者也并没有明确的和规范的法律依据,这便出现了有法可依的规划服从于无法可依规划的"困地"局面。另外,虽然2008年实施的《中华人民共和国城乡规划法》较之以前《中华人民共和国城市规划法》而言,较好地处理了城市总体规划与土地利用总体规划之间的关系,即两者都规定城市总体规划必须与土地利用规划相衔接,而不是《中华人民共和国城市规划法》所强调的城市总体规划应当与土地利用规划相协调和土地利用必须符合城市总体规划。但《中华人民共和国土地管理法》自身仍存在不易协调和操作的规定上的矛盾:城市总体规划中建设用地规模不得超过土地利用总体规划确定的城市建设用地规模;在城市规划区内城市建设用地应当符合城市规划、村庄和集镇规划。这种法律规定上的矛盾和相关规划法律的缺失势必造成规划关系的混乱,并导致实际工作的困难,同时也反映出我国规划法规体系的不健全。

2) 对各种规划间关系认识不统一,存在一定的部门利益导向

在我国规划法规和法制不健全的背景下,部门行为难以得到全面约束和规范。同时,我国很多规划又是属于行业或部门组织编制的规划,这就难免从本部门利益出发看待和编制各种规划。因此,对各种规划间的关系也就不可避免地产生认识上的不统一(表7-2)。那么,各种规划也就很难做到有机协调。

表 7-2 对"多规合一"改革前规划关系的不同认识

	国民经济和社会发展规划	主体功能区规划	土地利用总体规划	城市总体规划	城镇体系规划
主体功能区规划	① 前者是后者的依据 ② 后者是前者的依据 ③ 两者互为依据				
土地利用总体规划	① 前者是后者的依据 ② 后者是前者的依据 ③ 共同指导其他规划	后者是前者的依据			
城市总体规划	① 后者是前者的依据 ② 互为依据,不存在层次关系	后者是前者的依据	① 前者是后者的依据 ② 后者是前者的内容 ③ 法规存在矛盾		
城镇体系规划	① 前者以后者为依据 ② 前是后者的空间形式	后者是前者的依据	后者是前者的依据,后者为前者服务	后者是前者的依据,前者是后者的组成部分	
区域规划	① 前者是后者的依据 ② 两者相一致 ③ 前者是后者的延伸	后者是前者的依据	① 前者指导后者 ② 后者是前者的基础 ③ 后者是前者专项规划	① 前者是后者的依据 ② 后者是前者的组成部分	① 整体与部分趋向一致 ② 后者是前者的专项规划

注:前者指第一列的规划名称,后者指第一行的规划名称。
资料来源:刘传明等,2005

3) 县级规划队伍力量相对薄弱

我国各类规划质量参差不齐,除前文所述原因外,县级规划队伍力量的相对薄弱也是一大因素。因为,我国县域范围内的规划大多是由同级政府牵头,规划和自然资源、住房和城乡建设、文化和旅游、发展和改革委员会等职能部门组织编制实施的。从一定程度上讲,职能部门中规划管理队伍和委托的编制队伍(规划设计研究院)力量的强弱决定着规划质量的高低。在我国 2 000 多个县中,除东部及中西部少数县外,大多数县社会经济不发达,规划管理队伍专业人员缺乏,管理手段落后,专项经费缺乏保障,委托编制单位多为本市或本县规划设计公司,技术力量比较薄弱,因此规划质量也很难得到保障。

7.3.4　改革后的现行空间规划体系框架

基于以上问题和国家各级政府对规划的日益重视,为理顺规划关系发挥规划在国家和区域治理中的重要作用,经过多年"多规合一"改革试点,2019年中共中央、国务院印发了《中共中央　国务院关于建立国土空间规划体系并监督实施的若干意见》,意见明确提出把主体功能区规划、土地利用规划和城乡规划统一为国土空间规划,要形成包括全国、省、市、县和乡镇五级,总体规划、详细规划和专项规划三类规划,规划编制审批、实施监督、法规政策、技术标准等四个体系在内的国土空间规划体系框架(图7-3)。

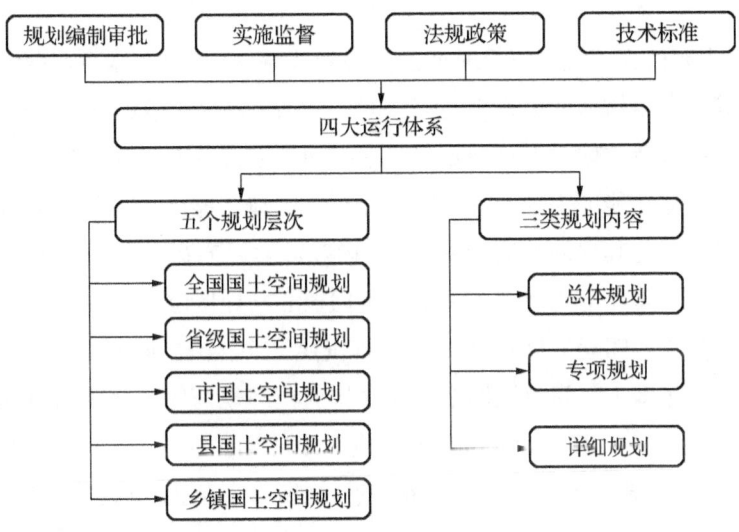

图 7-3　现行国土空间规划体系

资料来源:https://www.zhihu.com/question/363453775/answer/2053579499

就规划层级而言,国家和省级规划侧重战略性,对全国和省域国土空间格局作出全局安排,提出对下位规划约束性要求和引导性内容;市县级规划承上启下,侧重传导性;乡镇级规划侧重实施性,实现各类管控要素精准落地。五级规划自上而下编制,落实国家战略,体现国家意志;下位规划要符合上位规划要求,不得违反上位规划确定的约束性内容。

就规划内容而言,总体规划强调综合性,详细规划强调实施性,相关专项规划强调专业性。在国家、省、市、县编制国土空间总体规划,各地结合实际编制乡镇国土空间总体规划;相关专项规划可在国家、省、市、县层级编制;详细规划在市、县及以下编制，强调可操作性，是对具体地块用途和强度等作出的实施性安排，是开展国土空间开发保护活动、实施国土空间用途管制、核发城乡建设项目规划许可、进行各项建设等的法定依据，在城镇开发边界外编制实用性村庄规划作为详细规划。

就规划运行的四个保障体系而言，规划编制审批体系和实施监督体系包括从编制、审批、实施、监测、评估、预警、考核、完善等完整闭环的规划及实施管理流程；规划法规政策体系和技术标准体系是两个基础支撑。

7.4 本章小结

本章主要研究了我国三个时期区域规划体系、空间规划体系及国土空间规划体系的演变，主体功能区规划在第二时期（2010—2020年）空间规划体系中的定位和作用，以及主体功能区规划与其他空间规划的关系。主要结论有：

第一，主体功能区规划的性质定位分析。主体功能区规划的目的具有综合性和全局性，因此其规划性质应是一项具有战略性、基础性和约束性的空间规划，这也决定了其在空间规划体系中应占据核心指导地位。

第二，关于空间规划体系变革。本章按照2010年全国主体功能区规划的发布和2019年国土空间规划体系的建立作为空间规划体系变革的时间节点和标志事件，把我国空间规划体系变革分成三个时期。应该说，每一时期空间规划体系框架都有着其当时的社会经济背景，之所以变革也反映了此前我国空间规划体系存在问题且已不能适应时代发展的需要。空间规划体系改革也是基于问题导向而做出的安排。主体功能区规划虽然作为独立的空间规划类型之一，仅仅存在短短的10年左右时间，但其在规范空间开发秩序、优化国土空间格局、促进区域协调发展方面所发挥的作用及其长期影响是不可低估的。空间规划体系变革不是一劳永逸的，变革成效需要在实践中检验。

第8章 "多规合一"改革前的省域主体功能区规划

省域主体功能区划是一种地理空间的政策类型区划分,为主体功能区规划的编制提供了重要基础。主体功能区规划是落实主体功能区划和促进形成主体功能区的重要手段。如前所述,主体功能区规划是一项新型空间规划,需要创新的理念指导和方法支撑。本章主要对比"多规合一"改革前的省域主体功能区规划与传统和当代区域规划,探讨省域主体功能区规划应遵循的规划理念方法、编制程序、内容框架等问题。

8.1 规划编制理念与方法

规划理念是人们对规划工作的理性认识、理想追求以及所形成的观念体系,反映的是规划的基本价值和导向,是规划的灵魂。随着社会经济发展和人们认识程度的逐步提高,规划理念也不断发生变化,在一定程度上要求与时俱进。而主体功能区规划作为一项新型管治型区域规划,其规划编制理念就必须在继承传统区域规划理念基础上,顺应区域规划理念新发展,并进行一定的创新。规划方法是在规划理念指导下编制规划的手段和方式,是落实规划理念和完成规划内容的工具。规划理念的变革要求规划方法也要变革,规划理念与方法紧密相连,是一个统一体。

8.1.1 传统区域规划理念与方法的新发展

传统区域规划理念与方法主要是指在计划经济体制下的区域规划理念方法,主要包括开发主导理念、区域内综合平衡理念和平均主义理念,与此对应的方法主要是定性描述法、区域比较分析法、区划方法以及传统的计量地理学方法(如层次分析法、聚类分析法、主成分分析法)等(崔功豪等,2006a)。应该说,这些传统的区域规划理念与方法有着特定的社会时代背景,固然对当时区域规划起到了积极的推动作用。但不可否认的是,随着经济发展和社会变迁,传统区域规划理念与方法日益暴露出更多缺点和诸多不适应性。为此,区域规划理念与方法呈现出一些新的发展趋势。

1) 区域规划理念的新发展

由于区域规划基于的社会经济背景和所要解决的主要问题不同,国内外区域规划理念发展既有相似之处也存在一定差异。

近20年来,国外区域规划呈现的新理念主要有:美国"3E"(Economy, Environment, Equality)协调发展理念(武廷海,2000),欧盟均衡可持续的空间发展理念,日本"3C"(Coordination, Cooperation, Compromise)并举规划理念以及英国大伦敦增长、公平与可持续发展理念(崔功豪等,2006a)。

而国内区域规划随着发展观的全面转变,特别是在习近平新时代中国特色社会主义思想指导下,也呈现出了一些新规划理念,主要包括:

(1) "统筹规划"理念

传统区域规划多以经济优先增长和城市优先发展为导向,规划内容"重城市,轻乡村;重核心,轻边缘;重经济,轻社会;重速度,轻质量",这显然违背了区域规划的本质,也有违于新发展观。因此,"统筹规划"被作为新规划理念应用到各地"多规合一"改革前的区域规划编制之中。

所谓"统筹规划"主要是指统筹城乡规划、统筹区域规划、统筹经济社会发展规划和统筹人与自然的和谐发展规划等。

其中,统筹城乡规划是指区域规划把城镇空间和乡村空间作为一个统一有机体同等规划,而不再是"顾此失彼"或"厚城薄乡",具体体现是利用国家社会主义新农村建设、乡村振兴战略和《中华人民共和国城乡规划法》颁布实施的良好机遇,对城乡产业、城乡就业、居民保障、城乡市场和基础设施进行统筹规划,合理配置城乡资源,促进城乡协调发展。

统筹区域规划,一方面,是指统筹规划空间内部核心区与边缘区协调发展。在继续突出核心区规划,强化其引擎作用的同时,根据比较优势和产业链条发展原则,优化产业布局和区域分工,更加注重边缘区包括基础设施在内的综合环境整治规划,以增强边缘区发展动力;另一方面,是指区域规划不再仅仅局限于规划空间自身,而是开始重视与比邻区域的平等协商和错位竞争与合作。

统筹经济社会发展规划是区域规划抛弃"GDP增长至上"理念,贯彻新时代新发展理念的具体体现,该理念下经济发展规划是重点内容之一,但不是唯一,还应对社会、生态、文化等方面的发展进行全面规划。

统筹人与自然的和谐发展规划是新区域规划中的重中之重,也是实现可持续发展的必然要求,通常是首先划出生态空间,按照"反规划"途径编制区域规划。对于可开发利用的自然资源空间,明确开发时序和开发原则,进行有序开发。在规划指标体系构成中也不再仅仅包括社会经济等预期性指标,而是更加强调自然环境等约束性指标,以实现人与自然的和谐共生为目标。

(2)"以人为本"理念

"以人为本"是新型城镇化的核心内涵,也是指导我国区域规划变革的重要理念之一。近年来,随着市场机制的逐步完善和规划编制模式的变革,"以人为本"规划理念已逐步得到体现。"以人为本"规划理念就是把规划由单纯关注经济增长转变为关注人的全面发展和满足人的各种需求,把规划重点由合理布局经济空间转移到创造适宜人居环境上来。

为此,区域规划应充分尊重公众的参与权和知情权。区域规划不仅是一种国家行为,而且也是一种社会行为;不仅代表国家利益,而且反映公众利益(赵崇生,2005)。所以在编制规划的各个阶段均允许各方人士参与,实施开放式规划,充分考虑各方意见和利益,即在规划模式上做到"自上而下"与"自下而上"的有机结合,在规划理念上坚持"以人为本",从而能更好地解决区域发展中的问题。

(3)"弹性规划"理念

"弹性规划"理念已逐步根植于我国规划编制思想之中,并在规划成果中得到切实体现。但在具体运用时,我国还存在两大突出问题,即对"弹性规划"内涵理解上存在偏差和确定弹性度的不严谨性。

一是对"弹性规划"内涵理解上的偏差。在具体实践中,我国区域规划的"弹性规划"理念主要体现在社会经济发展指标的预测值(目标值)和规划实施方案的备选性两个方面。这显然是片面的,"弹性"还应包括弹性期限和弹性内容体系等方面。弹性期限是指规划期限不应局限于一个固定周期,而应根据区域实际和具体问题选择灵活的规划期限。弹性内容体系,是指规划内容不应局限于已有的固定模式或技术规范,否则同类规划内容体系就会丧失特色,缺少针对性;相反,应根据要解决的具体问题灵活安排和选择内容体系,即坚持"问题导向型"规划,这也是国外城市与区域规划的发展趋势和经验。本节所言"规划内容不应局限于技术规范",不是忽视或弱化技术规范的作用,而是强调技术规范也应留用足够的弹性空间,以利于规划内容体系的创新和提高规划的针对性。

二是弹性度确定的不严谨性。"弹性规划"相对于传统的"刚性规划"而言,固然具有明显优点,但正如任何事物都具有两面性一样,"弹性规划"也有其自身缺点,即弹性度如何确定,或者说多大的弹性空间才算合理。就目前而言,大多规划弹性度的确定存在较大随意性和主观性。如确定规划区域未来一段时期 GDP 增长速度时,往往是根据该区域历史统计数据进行定量预测,并参照当地政府意向,然后上下浮动一定幅度,即为提出的"弹性增长"方案。诚然,弹性度的精确化具有较高难度。但一定程度上讲,弹性度的合理与否直接影响规划成果质量的高低。因此,"弹性规划"理念必须要求采取各种措施尽量提高弹性度的精确性和可行性,如规划编制成员中尽量吸纳数学技能好又掌握规划技术的专业人士,或者强化自身知识结构,力做复合型人才,同时把定量与定性相结合,充分征求专家、政府和群众意见等。

(4)"开放发展"理念

"开放发展"理念也是"统筹规划"理念的一个重要组成部分和重要体现。传统的区域规划往往把规划区域作为一个相对封闭的空间,中心—腹地模式是规划的主导模式。各种要素安排往往局限于规划区域之内,区域自身保持内部循环和低水平均衡化发展(崔功豪等,2006a)。但随着区域一体化和经济全球化进程的推进,任何区域事实上已不再是孤立自封的发展,而是或多或少的参与其中,并且参与程度越大的地区获得的发展机会越大,发展水平也越高。这就对区域规划采用"开放发展"的理念提出了迫切的现实要求。近些年,我国各类区域规划已逐步采纳了该规划理念,主要做法是:区域分析跳出了"就区域论区域"的思想,注重大区域乃至全球化影响分析;区际关系由恶性竞争向错位竞争与有效合作转变;边缘区与核心区之间由被动影响向主动融入转变。

(5)"问题导向"理念

传统区域规划往往被视为规划区域内各种规划的汇总,面面俱到,包罗万象。因此,也很难突出规划重点,在实施上缺乏针对性。大多没有逃脱"规划规划,纸上画画,墙上挂挂"的命运。规划的生命力在于成果的应用导向前景,而应用导向前景在于规划解决问题的针对性(方创琳,2000)。正因为如此,我国区域规划逐步兴起了"问题导向"理念。区域规划不再是"无限目标"规划,而是针对特定问题实施"有限目标"规划,如旨在实现城镇群协调发展、提升整体竞争力的《珠江三角洲城镇群协调发展规划》。

(6)"分区管制"理念

"分区管制"理念是在充分认识空间稀缺性和空间需求多样性基础上,以"因地制宜"为原则,以协调人地关系和促进可持续发展为目标而形成的规划理念。该理念下区域规划不再仅仅是开发型规划,而是保护优先、兼顾开发型规划。因此,"分区管制"理念首先要求划分出保护或限制开发区域,再次划出承担不同开发功能的管制类型区域,并对各区域制定严格的空间准入制度。如本书研究主题之一主体功能区规划就是贯彻该理念的深刻体现。另外,"多规合一"改革前的城镇体系规划中的空间开发管制分区和土地利用规划中的土地利用分区管制,改革后的国土空间规划中的国土空间管制分区等都是"分区管制"理念的重要体现。

(7)新"竞争优势"理念

区域竞争是市场经济体制下一个不可破灭的话题,培育区域竞争优势是区域规划不可或缺的目标之一。应该说,"竞争优势"理念贯穿于区域规划发展始终,但在不同阶段竞争优势有着不同的内涵。传统工业化时期,工业化依赖自然资源,以扩大生产规模推动区域发展为特点,区域竞争优势是立于自然资源"所有"的单一型竞争优势。在此"竞争优势"理念下,传统区域规划仅仅是围绕自然资源而培育区域竞争优势。但随着新型工业化和信息化时代的到来,区域竞争优势已不再局限于此,而是差异化多样化或综合竞争优势。在新"竞争优势"理念下,区域规划将依赖于区域"所能"重点培育差异化竞争优势或综合竞争优势,以培育区域特色为导向,实施区域间的错位竞争战略。

(8)"设计结合自然"理念

"设计结合自然"理念是对"以人为绝对中心"的人与自然关系观念的重新审视,认为人对大自然存在依存关系。违背自然及掠夺性的开发会给人类带来严重灾难,人类活动及规划设计应适应自然特性,充分利用自然体,并探索出处理设计与自然相结合问题的生态规划方法。该理念的核心在于"结合",而不是单独的"设计"或"自然"(麦克哈格,2006)。

2) 区域规划方法的革新

区域规划新方法主要包括区域竞争优势识别法、多方案动态比较法、公众参与法、生态分析法、GIS 多目标决策支持系统等。

(1) SWOT-PEST 分析法

该方法始于企业战略分析,后被广泛应用到区域规划领域,尤其是对区域发展战略定位分析、主导产业选择等具有较高的适用性。SWOT 就是分析区域发展中的优势(Strength)、劣势(Weakness)、机遇(Opportunity)和挑战(Threat);而 PEST 是指分析所涉及的因素,即政治的(Political)、经济的(Economical)、社会的(Social)和技术的(Technical)。该方法分析问题时常采用矩阵表(表 8-1)的形式,从中进行相应的策略抉择。

表 8-1　SWOT-PEST 分析法

	优势(S)PEST	劣势(W)PEST
机遇(O)PEST	机遇优势(SO)策略 依靠内部优势 利用外部机遇	机遇劣势(WO)策略 克服内部劣势 利用外部机遇
挑战(T)PEST	挑战优势(ST)策略 依靠内部优势 应对外部挑战	挑战劣势(WT)策略 克服内部劣势 应对外部挑战

资料来源:崔功豪等,2006a

(2) 方案(Scenario)分析法

该方法主要是对未来不确定性事件的协助决策,而不是对未来的精确预测。其主要是通过一些特定的关键因素在不同条件下的变化情况,尽可能寻找适应未来不确定环境下更好的解决方案,是一种处理长期不确定性的有效方法。完整的分析过程通常包括六个阶段:界定问题;现状描述分析与确定相关因素;方案元素的分类、评估与筛选;方案设计;方案分析解释与筛选;方案决策(崔功豪等,2006a)。

(3) 公众参与法

在以人为本和开放型规划理念下,区域规划越来越重视公众参与,并切实反映公众利益。具体参与方法形式多种多样,通常有公众座谈与咨询、设计情景问卷、网上建言献策、方案讨论与修改、实施过程监督等。

(4) 生态分析与"反规划"方法

随着可持续发展观的贯彻深入,人们越来越认识到生态环境是人类赖以生存的基础,生态环境也有其自身容量限制,人类活动超出生态环境的承载能力或违背自然就会得到相应惩罚。而传统区域规划往往忽视生态环境建设和保护,只注重人类活动的空间开发。为扭转该种格局,生态分析与反规划方法被逐步应用到区域规划之中。其中,生态分析主要用于分析区域资源环境的承载能力,以决定区域可承载的人口和经济规模。这是区域规划方案制定的前提和基础。而"反规划"方法则是对"设计结合自然"理念的响应,也是对生态分析法的进一步落实。其主要强调非建设规划的编制,即首先按照自然条件对生态环境重要区域进行保护和控制,然后再对建设空间进行规划。从本质上讲,"反规划"是一种强调通过优先进行非建设区域的控制,来进行城市区域空间规划的方法论(俞孔坚等,2005)。

(5) GIS 与多目标决策支持系统方法

传统区域规划面对大量庞杂的资料和多目标决策问题,往往采用简易计算、人工识别和专家判别的方法,工作量庞大,程序不够规范,结果有时也失客观。随着 GIS 开发和应用技术的日益成熟,区域规划引入 GIS 手段已成为必然,国土空间规划采用 GIS 为技术平台已说明了该点。GIS 不仅可以实现规划管理与决策的集成,而且也可以实现区域规划方法的模型化,更有针对性地开发特定应用支持系统,从而提高区域规划的科学性和可操作性。通常,区域规划决策支持系统由对话部件、模型部件和数据部件三部分构成(图 8-1)。

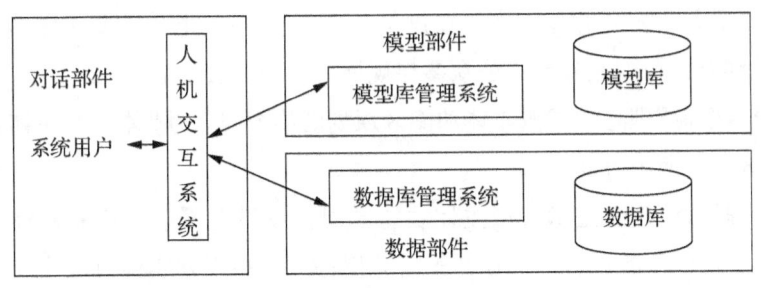

图 8-1 区域规划决策支持系统构成图

资料来源:崔功豪等,2006a

8.1.2　主体功能区规划目标分析

规划目标决定了规划所要采用的理念和方法。主体功能区规划目标在于按照分区差异化管理的原则,以资源环境承载能力为前提,综合考虑现有基础、发展潜力、国土利用格局、人口经济分布等因素,实施开发管制分区,以规范空间开发秩序,优化空间格局,促进区域协调发展。这一目标从根本上讲就是,实现保护与开发并重的国土有序利用和区域均衡发展格局。这里的均衡发展不是区域经济总量的均等,而是基本公共服务和生活水平的大致相当。因此,主体功能区规划的目标是综合性目标,包括了社会、经济、自然等目标。

8.1.3　省域主体功能区规划理念与方法选择

如前所述,主体功能区规划是一项新型空间规划,其规划目标具有综合性。省域主体功能区规划虽然只是主体功能区规划的一个有机组成部分,但同样具有创新性和综合性的特点。这就决定了其规划理念与方法必须延续区域规划的最新理念与方法,并进行必要和适当的创新。

1) 省域主体功能区规划理念

根据前述区域规划理念的新发展和省域主体功能区规划的目标特点,著者认为省域主体功能区规划应坚持"统筹规划"理念、"以人为本"理念、"分区管制"理念和"过程管理"理念。

"统筹规划"理念着重是指统筹人与自然、统筹陆地与海洋、统筹相邻区域。

"以人为本"理念是省域主体功能区规划的落脚点,即使得生活在不同区域的人民享受大致相当的基本公共服务和生活水平,同时也是省域主体功能区规划方法上的要求,即充分允许公众参与规划。

"分区管制"理念是省域主体功能区规划的出发点,主要体现在主体功能区划和分区管理两个方面。

"过程管理"理念是指省域主体功能区划在成果上不能仅仅是对终极目标的描绘,更应注重实现目标的途径策略分析;另外,在规划实施过程中应实行动态评估管理,根据实施过程中的各种反馈信息,及时对实施状况和区域发展格局进行评估,以便对规划方案进行中期修正,从而提高规划的可操作性和实用性(吴超等,2003)。

第8章 "多规合一"改革前的省域主体功能区规划

2) 省域主体功能区规划方法

如前所述,省域主体功能区规划牵涉众多因素,是一项复杂的系统工程。因此,在规划方法选择上不可能依赖于某一单一方法,而应是一种方法集。总体上看,方法集应是定性方法与定量方法的结合,这也是处理复杂系统问题的常用和有效方法(于景元,1997)。定性与定量相结合的系统集成实验室模式如图8-2所示。

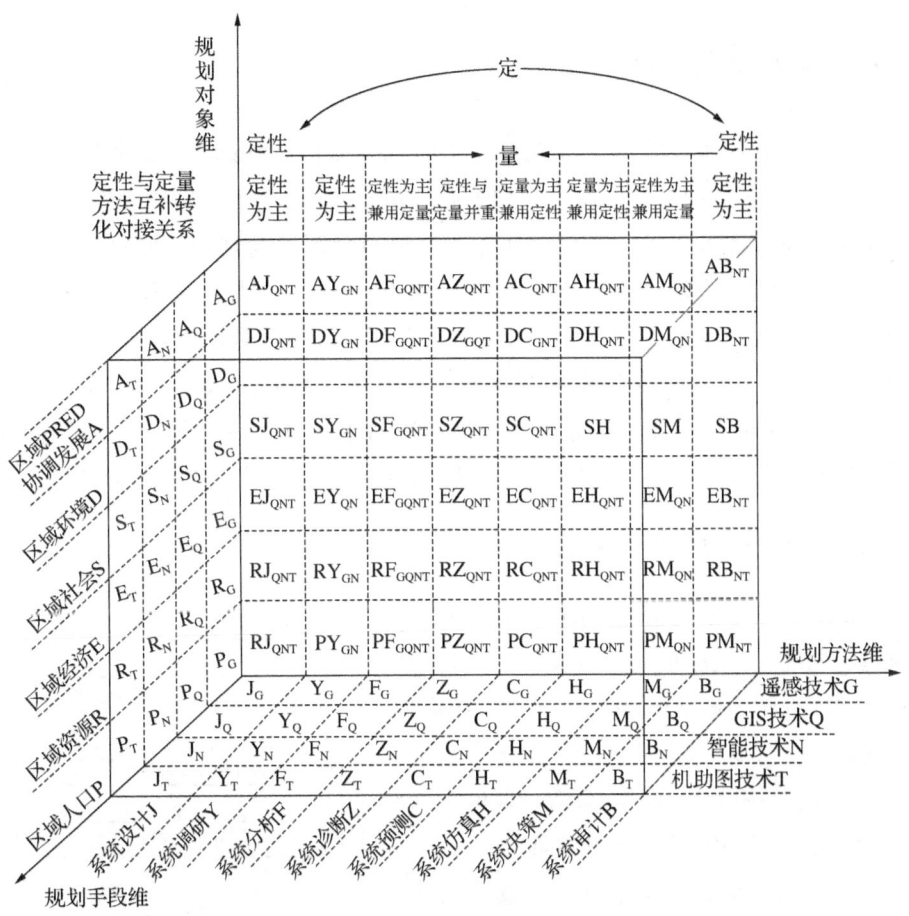

图8-2 区域规划中定性与定量相结合的系统集成实验室模式示意图

资料来源:方创琳,2000

就具体规划方法而言,省域主体功能区规划应选择"反规划"方法、公众参与法、基于GIS的多目标决策支持系统法等。其中,"反规划"方法主要用于主体功能区划,即首先确定禁止开发区域和限制开发区域,再确定优化开发区域和重点开发区域;公众参与法主要采取座谈咨询、问卷调查、网上建言献策和反馈信息等形式,参与解决的问题包括区域主体功能定位、区域主导产业选择、区域管制策略等,公众主体包括各地方及各职能部门负责人、职能部门相关业务科室专业人员、企业业主代表、典型区域居民代表等;基于GIS的多目标决策支持系统法是省域主体功能区规划的关键,既能使规划决策模型化,又能构建省域主体功能区规划实施的动态跟踪机制和系统。

8.2 规划编制程序

规划编制程序也就是规划编制工作步骤,通常以现状调查与基础资料收集为工作起点,其前期是政府作出规划编制决策、成立编制工作领导小组、委托规划编制单位等准备工作。规划编制程序的繁简及顺序与规划编制理念与方法密切相关。随着规划理念与方法的不断变革和创新,规划编制程序也不断改进。但由于规划决策过程是一个前后关联性和回馈性极强的过程,规划工作步骤不能过于细分,且前期的现状调查与资料收集、规划方案设计等步骤对于任何区域规划都必不可少,因此可以说规划编制程序的改进只是一种局部性改进。这种局部性改进体现在传统区域规划和当代区域规划编制程序之中。

8.2.1 传统区域规划编制程序

传统区域规划通常坚持的是刚性规划和静态规划理念,只注重规划成果的提交,而忽视其实施效果和动态适应性。因此,其规划编制程序相对简单,一般包括六个步骤,且回馈路线较少(图8-3)(崔功豪等,2006b)。

1) 实地调研与基础资料收集

该阶段主要是实地考察区域发展历史、现状与存在的主要问题,通过座谈等形式了解当地政府未来的发展设想与愿望,明确规划具体要求,尽可能详细地收集规划所需基础资料。该步骤工作是区域规划编制工作极为重要的第一环,直接影响规划成果质量。通常,该项工作很难一次性完成,在

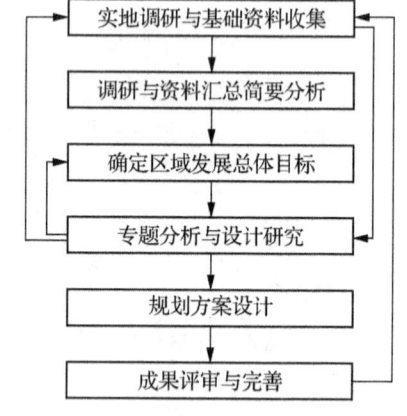

图8-3 传统区域规划编制程序

第8章 "多规合一"改革前的省域主体功能区规划

编制过程中还要根据专题分析与设计研究、成果评审意见与方案修正的要求进行针对性补充调研和资料收集。

2）调研与资料汇总简要分析

该阶段主要是室内工作阶段，重点在于对实地调研和收集的基础资料进行分类汇总整理，形成资料库。同时，对影响区域发展总体目标定位的宏观因素和资料进行简要针对性分析，为确定区域发展总体目标奠定基础。

3）确定区域发展总体目标

区域发展总体目标是区域规划的核心和指针方向。其余编制工作都是围绕总体目标进行研究和设计的。区域发展总体目标的确定一般遵循"形势发展的预期性与地方资源和条件的支撑性相结合"的原则。

4）专题分析与设计研究

专题分析与设计研究是区域规划的有机组成部分，是对总体发展目标的进一步论证和落实，是提高区域规划科学性和可操作性的必要手段。通常，区域规划中的专题分析与设计研究包括发展环境与发展趋势预测、人口增长与城镇化进程、城镇体系布局、主导产业选择与新兴产业培植、产业空间布局、基础设施布局、生态环境建设与保护、重点区域规划以及发展对策等。随着该阶段工作的深入和完善，上步确立的区域发展总体目标有可能需要重新修正，从而形成专题分析与发展目标之间的一个回馈路径。另外，专题分析与设计也可能对基础资料的完整性和针对性提出新的要求，因此在该阶段工作中通常会穿插进行实地再调研和基础资料再补充收集，从而在专题分析与设计以及实地调研和资料收集之间形成回馈路径。

5）规划方案设计

规划方案设计包括专项规划方案设计和规划总体方案设计，是对前述各项工作的高度概括和形象表达，通常以规划图纸形式呈现。进行规划方案设计时，首先提出若干备选设计方案；之后，综合各部门和专家意见，进行综合协调和比较，从备选方案中选择最优备选方案；最后，对最优备选方案进行进一步完善和修改，将其作为成果推荐方案参加评审。推荐方案往往是唯一的，因此具有刚性规划特征。至此，规划工作的核心部分已经完成。

6）成果评审与完善

由于传统区域规划编制只注重规划成果的提交，而不重视实施效果和发展条件的动态变化。因此，成果评审与完善往往成为传统区域规划编制程序的最后一项工作。该项工作主要是把规划成果评审稿提交评审会论证,而后根据评审意见进行相应完善。完善方案时往往也需要新一轮的资料补充以及发展目标和专题分析的深化论证。因此,在成果评审与完善和实地调研与基础资料收集之间形成一个大的回馈路径,该路径可以说是对区域规划的又一次系统梳理。

8.2.2 当代区域规划编制程序的创新

当代区域规划相对于传统区域规划而言,其更注重"以人为本"理念、"问题导向"理念、"弹性规划"理念和"过程管理"理念,在规划方法上也更加注重公众参与和策略分析。因此,编制程序相对更加复杂,反馈路径更加丰富,但也更符合系统分析特征。在具体步骤上,除继续延承了传统区域规划的六个步骤之外,又增加了公众参与、成果公示与报批、动态跟踪实施、规划修编等环节(图8-4)。其中,前六个步骤中的专题分析与设计研究和规划方案设计两个环节与传统区域规划之间存在较大差异。

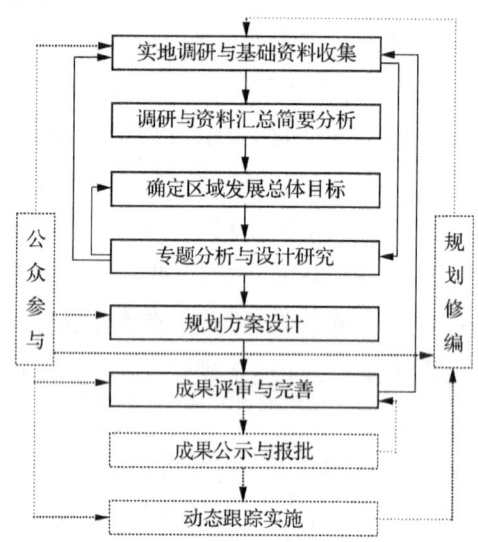

图8-4 当代区域规划编制程序

注:虚线表示相对于传统区域规划新增环节。

1) 专题分析与设计研究

由于当代区域规划注重"问题导向"理念和实施对策研究,因此该阶段工作不再是面面俱到的分析,而是针对区域规划所解决的主要问题进行相应专题分析,以及实现对策与路径分析。例如,旨在协调区域发展的区域规划,该部分就主要包括产业一体化布局、基础设施一体化布局、生态环境一体化保护等专题分析与专项方案设计,以及实现协调发展的机制对策研究。

2) 规划方案设计

该部分与传统区域规划的最大不同之处在于设计的方案均具有一定弹性,且针对不同发展情景具有不同的备选方案,而这些方案一并作为推荐方案参与成果评审。例如,对土地利用和基础设施建设等事项的安排与设计,不再严格按照时限序列设计,而是按照人口规模和经济规模等级进行匹配性设计,即:设计形式为某地人口规模为××万人,经济总量为××亿元时,建设用地为×× km^2,公路网密度为××km/(100 km^2)等;而不是到20××年时,建设用地为×× km^2,公路网密度为××km/(100 km^2)等。

3) 成果公示与报批

区域规划成果报批是当代区域规划的一个重要环节,也是区域规划走向法制化和获取权威性地位的必然要求。通常,在报批之前进行必要的公示,征求各方及公众意见,这也是公众参与规划的重要形式。区域规划报批机构虽然没有法律规定,但一般做法是跨行政区规划要报上级主管部门或政府批复,行政区域规划报同级人民政府或人大批复。成果审批机构在批复区域规划成果的同时,往往也会提出一些修改和实施意见。因此,区域规划编制单位还应对批复后的成果进行适当完善,从而在成果评审与完善以及成果公示与报批之间形成一个良性回馈路径。

4) 动态跟踪实施

当代区域规划不再视规划成果为静态产物,而是以"过程管理"理念贯穿于编制全过程。批复的成果只是规划编制的阶段性任务,更重要的是成果实施及其对形势变化的适应能力。为此,当代区域规划注重规划的动态跟踪实施。通常,规划管理部门会定期组织规划实施评估和形势发展分析,而后根据评估结果提出规划修编和实施建议,并以此作为规划修编的依据。规划期末,则会做出规划实施成效评估报告,对实施过程中出现的问题进行深入分析和总结,以作为新一轮区域规划编制的基础。

5) 公众参与

公众参与是"以人为本"理念的根本体现,也是当代区域规划的重要环节,贯穿区域规划全过程。在实地调研和基础资料收集阶段,通过公众参与可以大体了解当地实况和公众发展意愿,也可以通过宣传提高公众对规划的参与监督意识;在方案设计阶段,通过公众参与可以丰富规划思想和完善规划方案;在成果评审与完善阶段,通过公众参与可以发现不足并弥补缺陷,也可以通过公众宣传规划方案,以便于监督实施;在动态跟踪实施阶段,公众参与是反馈实施信息的最好渠道;在规划修编阶段,公众参与可以提供丰富的修编信息,了解最新的修编方案,以便正确监督修编方案的实施。

6) 规划修编

如果说规划动态跟踪实施程序为及时了解规划实施成效提供了保障,则规划修编程序则是"一张蓝图干到底"的必要环节。需要指出的是,规划修编主要是应对形势变化而做出的方案调整,而不是对原有规划的全盘否定。规划修编期限虽然没有明文规定,但也不能随意而为,更不能随主要领导的主观意志或人事更迭而盲目确定。通常,区域规划是中长期规划,规划期限为10—20年,修编期限为5—10年,遇特殊情况(发展形势急剧变化)可定为3年。规划修编之前和修编之后都要进行必要的公示,修编过程中要鼓励公众积极参与,修编成果仍然要进行论证评审和重新报批。批复后的修编成果将作为实施依据,原有成果自动废止。

8.2.3 省域主体功能区规划编制程序

省域主体功能区规划作为一项新型区域规划,固然遵循当代区域规划理念和编制程序,但也具有其自身特点。例如,进行主体功能区划、分区规划和保障体系设计都是区别于其他区域规划的重要特征。因此,其编制程序更加独特(图 8-5)。

1) 省域主体功能区划

如前所述,省域主体功能区划是省域主体功能区规划的基础和前提。从广义上讲,其也是省域主体功能区规划的重要有机组成部分。该项具体工作参见前述第五章内容。需要指出的是,区划方案必须进行纵向与国家层面的衔接和横向与周边省市的协调。这是其他区域规划的薄弱环节。

2) 确定各主体功能区发展目标

其他区域规划需要确定的是规划区域发展总体目标,而省域主体功能区规划的总体目标已经明确,即规范空间开发秩序、优化空间格局、促进区域协调发展。因此,该阶段需要确定的是各类主体功能区的发展目标。这也是分区管制理念的重要体现。

第8章 "多规合一"改革前的省域主体功能区规划

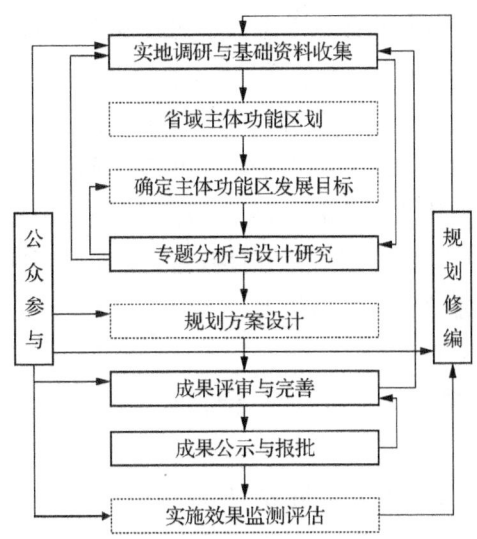

图 8-5　省域主体功能区规划编制程序

注：虚线表示相对于当代区域规划特殊环节。

3）专题分析与设计

由于省域主体功能区规划带有明显的空间开发管制问题导向，因此其专题分析内容重点突出。主要是各类主体功能区管制原则措施、主导产业选择及空间布局和规划实施保障措施等。

4）规划方案设计

省域主体功能区规划方案设计不同于传统区域规划和当代区域规划，其具备刚性与弹性兼而有之的特征。刚性主要体现在规划期内限制类主体功能区范围一旦确定就不能缩减或变为开发类主体功能区，全省和限制类主体功能区开发强度指标一旦确定就必须严格执行，而不能超越；弹性主要指开发类主体功能区在规划期内可以转为限制类主体功能区，即主体功能区划可以适当变更、省域范围内各开发类主体功能区开发强度可以综合平衡等。

5）成果评审与报批

成果评审是保证成果质量和报批之前的重要环节。由于省域主体功能区划要求进行纵向和横向的衔接协调，所以，省域主体功能区规划成果首先要报国家主管部门或国务院征求意见，经修改完善后才可提交省政府或省人大批准。批准后的成果要再次报国家备案。

6）实施效果动态评估

由于省域主体功能区规划是我国第一次开展，国内外没有成熟模式和经验可供借鉴。因此，规划实施效果的动态评估尤其重要。该环节主要侧重规划中刚性内容的执行情况和弹性内容的适用性，如开发强度控制、产业准入目录的执行、基本公共服务均等化的实现程度、开发类主体功能区之间开发强度的综合平衡、规划保障措施体系的及时补充和调整等。同时，由于区划是一项复杂的系统工程，牵涉众多因素和数据，因此，该环节还应与国家推动的人口、经济、土地、资源、地理国情普查等工作密切衔接，建立起及时更新的主体功能区数据库，实时监测主体功能区规划实施效果。

8.3 规划内容框架

省域主体功能区规划属于区域规划范畴，但又不同于以往的各类区域规划。因此，内容框架设计必须对以往区域规划有所借鉴，更重要的是要有所创新。何况以往区域规划内容框架也不是固定不变的，而是随着时代发展规划类型不断调整和完善。所以，在借鉴以往区域规划内容框架时，必须对其进行系统性梳理和比较分析。

8.3.1 传统区域规划内容框架

传统区域规划主要侧重经济建设的总体部署，涉及面十分广泛，但也绝不是面面俱到、无一遗漏。通常，其规划内容紧紧围绕经济发展这一主题，对自然资源与生态环境保护治理方面重视程度不足，且大多只注重规划方案设计而忽视发展政策和实施策略研究。总体上看，传统区域规划内容框架主题突出，但缺乏系统完整性。概括起来，其内容框架如下：

1）发展定位与发展目标

该项内容主要确定区域发展性质及其功能定位，这是引领区域发展的方向，也是区域规划的基点。另外，还要确定规划期甚至远期内区域发展的总体目标以及各领域具体目标。其中，具体目标通常以发展指标的形式呈现，如人口增长率、GDP增长率、人口规模、GDP总量、人均GDP、城镇化率、产业结构比重、公路网密度等指标。由于传统区域规划坚持的是经济优先增长方针，因此指标体系偏重经济预期性指标，相对缺乏社会预期性和生态环境约束性指标。

2）产业发展与产业布局

这是任何时期区域规划中的一项重要内容。但传统区域规划侧重第一和第二产业发展与布局规划,对第三产业重视不够。主要内容包括分析产业结构现状、选取主导产业、培植新兴产业、进行产业空间布局规划、提出产业结构优化措施等。其中,产业发展通常坚持"大而全、自成体系"的原则,空间布局多坚持"生产地域综合体"原则。乡镇等中小企业过度分散,而国有大中型企业又过度集中在城镇或工矿区,没有形成有机协作配套体系。

3) 城镇化发展与城镇体系规划

城镇化是区域发展的必然趋势,也是区域规划的重要内容。传统区域规划坚持的是"城乡二元结构"理念,城镇化发展只注重城镇建设而忽视乡村变革。该部分内容主要包括分析城镇化趋势、制定城镇化发展目标、进行城镇体系规划。城镇体系规划主要侧重确定城镇职能结构、城镇规模结构、城镇空间结构以及基础设施网络等传统的"三结构一网络"规划。

4) 基础设施规划

基础设施是保障社会经济发展和人民生活正常进行的必要的物质条件,也是社会经济发展现代化水平的重要标志,具有超前性、基础性和公共性等特点。主要包括生产性基础设施和社会性基础设施两大类。基础设施规划是区域规划的必要内容。但传统区域规划只注重水、电、路、通信等生产性基础设施规划,而轻视文化、卫生、教育、公共服务等社会性基础设施规划。规划内容主要包括发展现状分析、需求量预测、规划数量、规模、等级及空间布局等。

5) 土地利用保障规划

区域规划最终要落实到空间上,因此不可避免地与土地利用规划发生关联;而土地利用规划具有法律地位和法律保障,不能随意变更。不可回避的是,土地利用规划有时又会约束区域规划空间布局和影响区域发展。因此,区域规划与土地利用规划之间需要平衡协调,区域规划中的土地利用保障规划便承担了此重任。传统区域规划中的土地利用保障规划通常会倾向优先保障区域规划中的各项重大建设工程用地。因此,其更多的是发挥协调功能,而实际上区域规划与土地利用规划之间仍存在大量矛盾。

8.3.2 当代区域规划内容革新

如上所述,传统区域规划坚持的是相对保守的规划理念,规划内容侧重经济发展,已经不能适应形势发展需要。因此,当代区域规划革新了规划理念,规划内容也相应得到调整和完善。但不同区域规划所针对的问题有着明显差异,因此规划内容也必然存在较大区别,这也是"问题导向型"理念的体现。就当代综合型区域规划内容(图8-6)而言,其相对于传统区域规划的革新主要有以下几方面：

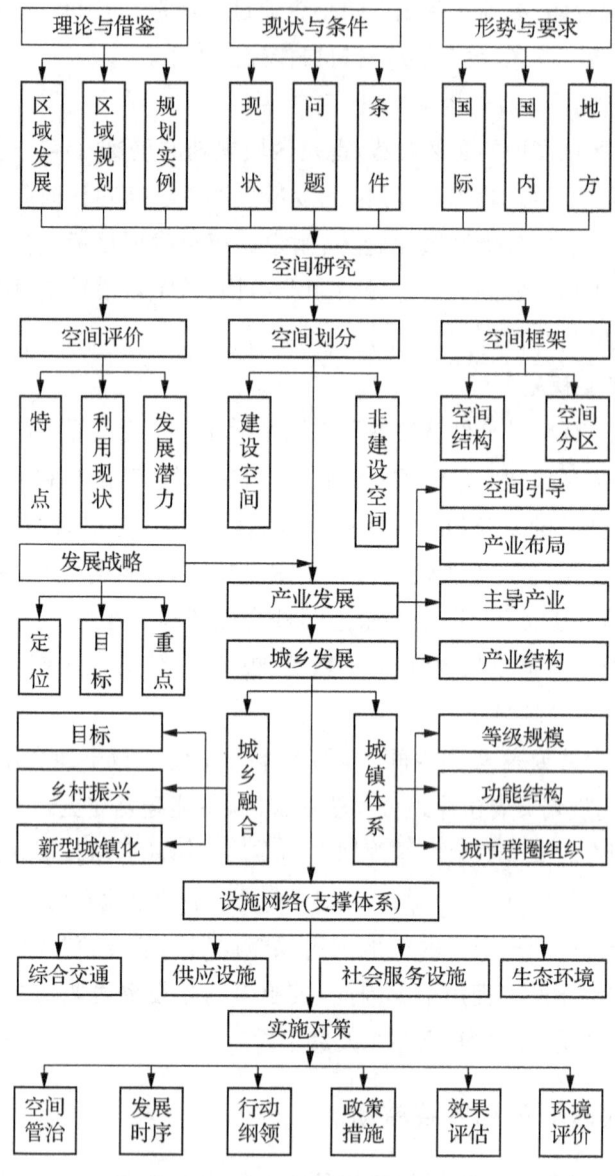

图 8-6 当代区域规划内容体系框架

资料来源：崔功豪等,2006a(微调)

第 8 章 "多规合一"改革前的省域主体功能区规划

第一,产业发展与产业布局规划注重三次产业之间的协调发展,在内容上新增第三产业发展规划。同时,在空间布局上引用"产业集群化发展"理念,注重产业链条建设。

第二,在城乡关系上突出城乡融合发展,而不再是城乡二元发展。乡村建设突出乡村振兴战略的落实,城镇发展突出高质量的新型城镇化要求。在城镇化布局上,除保留传统的城镇等级规模结构和城镇职能结构外,空间布局注重城市圈、城市群培育和一体化发展。

第三,丰富基础设施规划内容,更加强调社会性基础设施规划,在规划标准上由基本小康标准依次向全面小康标准和基本现代化、全面现代化标准提升。这也反映了"以人为本"和"与时俱进"理念。

第四,新增生态环境保护规划、灾害防治规划、空间管制规划、发展政策与实施策略规划等内容,反映了"可持续发展""分区管制""策略规划"等新理念。

第五,空间布局更加尊重土地利用规划的权威性,尽可能符合土地利用规划要求。

8.3.3 省域主体功能区规划内容框架

根据传统区域规划和当代区域规划内容框架的系统分析,结合省域主体功能区规划问题导向及相关理念,总结已公布的各省主体功能区规划,著者认为省域主体功能区规划内容应主要包括省域主体功能区划、分区规划、基础设施一体化规划与规划实施保障体系等部分(图 8-7)。

其中,省域主体功能区划是规划基础,具体内容包括区划原则、主体功能指标体系、区划方法和区划方案。

主体功能分区规划是重点,其是指四大类主体功能区的分区域规划(无优化开发区域的省域分区规划为三类),即优化开发区域规划、重点开发区域规划、限制开发区域规划和禁止开发区域规划。在每一类分区规划中,具体内容包括区域概况、发展定位与发展目标、开发强度与开发原则、城镇体系结构规划、空间开发管制规划、产业发展与布局规划等。其中,开发强度与开发原则是对国家空间开发强度约束指标的分解细化以及如何实现的原则性规定;城镇体系结构规划是对各类主体功能区内部城镇化发展空间的统筹安排,主要侧重城镇职能结构、规模结构和空间结构规划;空间开发管制规划是对各类主体功能

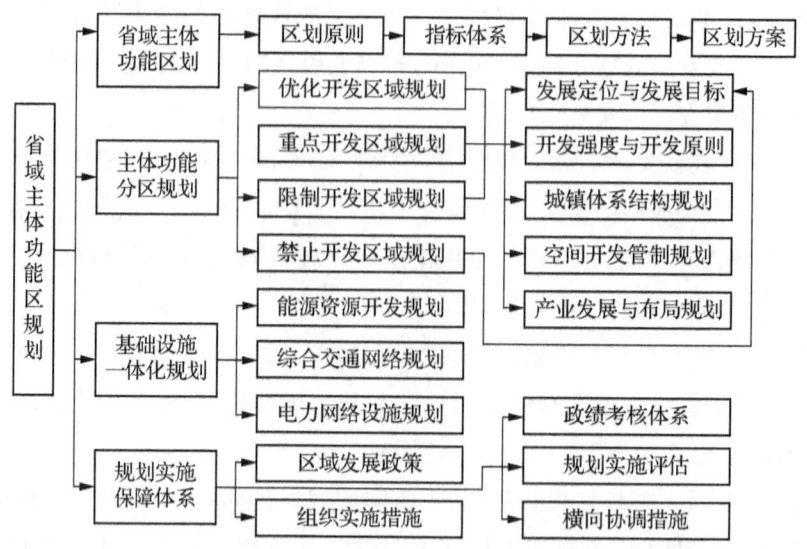

图 8-7 省域主体功能区规划内容框架

区内部空间合理利用管制的类型区划分及相应管制策略规划,划分类型通常包括"三区三线",即城镇空间、农业空间、生态空间,城镇开发边界、永久基本农田边界、生态保护红线;产业发展与布局规划是形成主体功能区的经济力量,主要包括主导产业的选择、产业集群化发展的空间布局等。

另外,若省域内优化开发区域、重点开发区域和限制开发区域分别存在几个片区,呈现"大分散、小集中"格局,则分区规划中的发展定位与发展目标、开发强度与开发原则、空间开发管制规划等具体内容,应对各片区做出对比式规划。产业发展与布局规划、城镇体系结构规划可以按同一类型主体功能区整体统筹规划。

基础设施一体化规划是主体功能区建设的重要支撑系统,是全省主体功能区空间格局形成的缩影,主要是对影响全省主体功能区形成的重大生产性基础设施的统筹安排,包括能源资源开发、综合交通网络、电力网络设施规划等方面。

规划实施保障体系是保障规划有效实施的外部条件,主要包括区域发展政策、政绩考核体系、规划实施评估、横向协调措施、组织实施措施等方面。其中,区域发展政策是对各类主体功能区实施差异化的发展政策的简要设计,包括人口政策、土地政策、环境政策、财政政策、投资政策等方面。但由于主体功能区

第8章 "多规合一"改革前的省域主体功能区规划

存在国家级、省级和市级差异,为保证同一级别主体功能区发展政策的一致性,区域发展政策应按照级别进行对比式规划。

在此框架下,规划编制大纲可参考如下:

第一章　总则
　　第一节　规划目的
　　第二节　规划范围
　　第三节　规划原则
　　第四节　规划期限
　　第五节　规划依据

第二章　主体功能区划
　　第一节　区划原则
　　第二节　区划指标体系
　　第三节　区划方法
　　第四节　区划方案

第三章　优化开发区域规划
　　第一节　区域概况
　　第二节　发展定位与发展目标
　　第三节　开发强度与开发原则
　　第四节　城镇体系结构规划
　　第五节　空间开发管制规划
　　第六节　产业发展与布局规划

第四章　重点开发区域规划
　　第一节　区域构成及发展概况
　　第二节　发展定位与发展目标(片区对比式规划)
　　第三节　开发强度与开发原则(片区对比式规划)
　　第四节　城镇体系结构规划
　　第五节　空间开发管制规划(片区对比式规划)
　　第六节　产业发展与布局规划

第五章　限制开发区域规划
　　第一节　区域构成及发展概况

第二节　发展定位与发展目标(片区对比式规划)

第三节　开发强度与开发原则(片区对比式规划)

第四节　城镇体系结构规划

第五节　空间开发管制规划(片区对比式规划)

第六节　产业发展与布局规划

第六章　禁止开发区域规划

第一节　区域构成及发展概况

第二节　发展定位与发展方向

第七章　基础设施一体化规划

第一节　能源资源开发规划

第二节　综合交通网络规划

第三节　电力网络设施规划

第八章　规划实施保障体系

第一节　区域发展政策

第二节　规划绩效考核

第三节　政绩考核体系

第四节　规划监测评估

第五节　规划协调

8.4　本章小结

本章是在主体功能区划研究基础上,着重探讨省域主体功能区规划的编制问题。主要内容包括规划编制理念与方法研究、规划编制程序研究和规划内容框架研究,这也是区域规划编制中的三个核心问题。

1) 规划编制理念与方法研究

计划经济体制下的传统区域规划坚持的"刚性规划""静态规划"等理念与方法已经不能适应时代需要。市场经济体制下的当代区域规划主要理念有"统筹规划""以人为本""弹性规划""开放发展""问题导向""分区管制"、新"竞争优势"和"设计结合自然"等,规划方法主要有 SWOT-PEST 分析法、方案分析法、公众参与法、生态分析与"反规划"方法、GIS 与多目标决策支持系统方法等。

当代区域规划理念和方法为省域主体功能区规划理念方法的建立奠定了基础，但也应当进行创新。

省域主体功能区规划应坚持"统筹规划""以人为本""分区管制"和"过程管理"理念。规划方法应是定性与定量方法相结合的方法集。具体包括"反规划"方法、公众参与法和基于GIS的多目标决策支持系统法等。

2）规划编制程序研究

传统区域规划的编制程序相对简单，且回馈路径较少。而当代区域规划除继承了传统区域规划的六个步骤之外，又增加了公众参与、成果公示与报批、动态跟踪实施、规划修编等环节。当代区域规划中的专题分析与设计研究、规划方案设计两个环节与传统区域规划也存在较大差异。其中，专题分析与设计研究不再是面面俱到，而是具有问题针对性，并且注重规划方案实现对策与路径分析。规划方案设计多具有弹性特征。省域主体功能区规划的编制程序与当代区域规划的最大不同之处在于，增加了主体功能区划和确定各类主体功能区发展目标两个主要环节，规划方案体现"刚性弹性相结合"的特征，回馈路径更加丰富。

3）规划内容框架研究

传统区域规划在内容上面面俱到，而当代区域规划则提高了问题的针对性。另外，当代区域规划更加注重三次产业之间的协调发展，在空间布局上注重产业集群培育和产业链条建设。同时，还增加了社会性基础设施规划、生态环境保护规划、灾害防治规划、空间管制规划、发展政策与实施策略规划等内容。省域主体功能区规划相对于其他区域规划具有特殊性，在内容框架设计上更应突出宏观性。

省域主体功能区规划内容框架主要包括省域主体功能区划、分区规划、基础设施一体化规划与规划实施保障体系等部分。其中，省域主体功能区划是规划基础，具体内容包括区划原则、指标体系、区划方法和区划方案。分区规划则是对各主体功能区的具体规划，内容包括区域概况、发展定位与发展目标、开发强度与开发原则、城镇体系结构规划、空间开发管制规划、产业发展与布局规划等。而基础设施一体化规划主要是对影响全省主体功能区形成的重大生产性基础设施的统筹安排，包括能源资源开发、综合交通网络、电力网络设施等方面。规划实施保障体系是落实规划的保障条件，主要包括区域发展政策、政绩考核体系、规划实施评估、横向协调措施、组织实施措施等方面。

第9章 主体功能区建设的政策体系构建

分类实施的区域政策是主体功能区建设成败的关键保障。主体功能区建设是一项影响深远的系统性工程,是国家长期坚持推动实施的重大发展战略之一,需要各类区域政策的相互协调和共同发力,形成有利于主体功能区持续建设的区域政策体系。由于各地发展水平、基本省情等存在差异,因此各省之间实施的区域政策也必然存在不同。本章主要从省级政策体系维度,简要研究各类区域政策导向。

9.1 财政政策

主体功能区建设中的各地拥有大致相当的生活水平目标,限制开发区域、禁止开发区、农产品主产区、重要生态功能区的发展都需要各级财政支持,而财政资金来源主要依靠优化开发区域和重点开发区域的经济发展和税收贡献。因此,财政政策是主体功能区建设中的首要条件。

9.1.1 建立完善省级财政转移支付制度

适应主体功能区建设要求,强化省级财政在保障各主体功能区方面提供基本公共服务能力的责任。建立主体功能区建设省级财政专项资金,统筹各类主体功能区转移支付。调整一般性转移支付机制,结合限制开发区域所在县(市)社会经济发展水平及人口规模变化,制定差异化的动态转移支付标准,适度加大对限制开发区域的支持力度,确保基本公共服务支出需求。加大省市财政对自然保护区等禁止开发区域的投入力度,争取国家专项资金支持,切实提高禁止开发区域保护力度。

9.1.2 建立完善直通县的横向对口帮扶制度

限制开发区域主要集中在相对落后的县域层面,自我发展驱动力不足。在省级层面统筹全省资源,出台发达县市对口帮扶落后限制开发类县市的横向财政支持制度。一方面激励限制开发县的重大经济项目落地重点开发县,实施异地设厂和财政补偿政策,提高限制开发县自我发展能力;另一方面,加大对限制开发县基本公共服务能力帮扶力度,相关设施或服务可以直接援建或者共享。

9.1.3 建立健全生态补偿机制

探索建立生态产品价值核算和实现机制。按照"谁保护、谁受益""谁受益、谁补偿""多贡献多受益"原则,加大财政转移支付中生态补偿力度。完善跨界断面河流水量水质目标考核与生态补偿相结合的办法,逐步提高各地保护水源的积极性和受益水平。建立健全分类补偿与分档补助相结合的林草湿地生态效益补偿机制。加大对生态移民的财政支持,做好移民技能培训工作,增强就业能力。

9.2 投资政策

9.2.1 出台分主体功能区的政府重点投资目录

省级和地级市政府结合各地实际出台各类主体功能区建设的重点投资领域指导目录,主体功能区所在县要根据指导目录、本县主体功能定位、经济基础和经济结构,出台政府重点投资详细目录。投资目录的基本导向是:优化开发区域重点投资增强自主创新能力建设、高新技术产业发展、现代服务业发展、国际竞争力、城市修补等领域;重点开发区域重点投资基础设施建设、新兴产业发展、特色产业基地和优势产业集群建设、新型城镇化与乡村人居环境整治建设等;限制开发区域重点投资农业综合能力建设、生态修复和环境保护、公共服务设施建设和特色产业发展等;禁止开发区域重点投资公共服务设施、交通设施、智能管护设施、生态环境设施建设等。

9.2.2 加大政府对农业和生态环境项目的投资力度

按照国家对农业发展的统一政策,省政府做好中央和本省农业发展资金的统筹安排。农业投资重点用于加强农产品主产区综合生产能力和农业现代化建设。在生态环境保护方面,重点投资用于加强重点生态功能区保护与生态产品生产建设。对限制开发和禁止开发区域内非经营性的农业开发项目、生态环境保护项目、基础设施项目,逐步降低市县政府的投资比例。

9.2.3 引导社会资本对不同主体功能区的合理投资

按照不同区域的主体功能定位,鼓励和引导民间资本投资。对优化开发和重点开发区域,鼓励和引导民间资本进入法律法规未明确禁止准入的行业和领域。对限制开发区域,鼓励民间资本主要投向基础设施、市政公用事业和社会事业。积极利用金融手段引导民间投资。引导商业银行按主体功能定位调整区域信贷投向,鼓励向符合主体功能定位的投资目录内的限制开发区域项目提供贷款,严格限制向不符合主体功能定位的项目提供融资服务。

9.3 产业政策

9.3.1 调整完善产业分类指导目录

根据国家产业政策,结合本省和各主体功能区实际,调整完善与主体功能区定位相适应的产业指导目录,明确细化在不同主体功能区鼓励、限制和禁止发展的产业门类。优化开发区域鼓励高新技术产业和现代服务业发展,限制低端劳动密集型、高能耗产业发展,淘汰和禁止高污染、高能耗产业发展。重点开发区域鼓励带动性强、市场前景好的主导产业及配套产业发展,按照产业链选择制定完善产业目录。限制开发区域鼓励有利于本区域生态功能和农产品生产的产业发展,尽快淘汰对生态环境造成严重影响的产业。禁止开发区域及时淘汰各类不符合定位的产业,除科研等特殊任务需要外。

9.3.2 严格市场准入标准和建立产业退出机制

制定并实行严格的市场准入标准。对不同主体功能区的产业投资项目实行不同的占地、耗能、耗水、资源回收率、资源综合利用率、工艺装备、"三废"排放和生态保护等强制性标准。对不符合市场准入标准的产业,坚决不提供用地审批,不允许落地投资。

建立产业退出和转移机制。对优化和限制开发区域内不符合主体功能定位的现有产业,可通过规划和政策引导,促进产业退出或跨区域转移。禁止开发区域内不符合主体功能定位的现有产业,要加快退出。综合运用经济、法律、技术和必要的手段,建立完善落后产能的市场退出机制。采取设备折旧补贴、迁移补贴、土地置换等手段,促进产业跨区域转移或退出。

9.4 土地政策

9.4.1 实行差别化的土地利用政策

按照不同主体功能区的功能定位和发展方向,实行差别化的土地利用和土地管理政策,科学确定各类主体功能区的建设用地总量和增量。优化开发区域严格控制建设用地增加,大力推进城市更新,优先使用和盘活存量建设用地,进一步提高建设用地效率。重点开发区域适当扩大生产和生活建设用地供应,保障民生工程和重点项目建设,引导产业集中建设、集群发展。限制开发区域结合产业退出,加大土地整治和复垦,在保障基础设施、生态环境建设、符合主体功能定位的优势特色产业用地基础上,压缩建设用地规模,力争增加耕地和基本农田规模。禁止开发区域严禁任何不利于生态保护的土地利用活动,维护生态空间。

9.4.2 实行城乡建设用地增加挂钩和人地挂钩政策

实行城乡建设用地增减挂钩,城镇建设用地增加量不超过本地区农村建设用地的减少量;实行城镇建设人地挂钩,城镇建设用地规模要与城镇常住人口规模变化相适应,严格执行城市建设用地分类与规划用地标准,按照规划常住人口规模、城市所在气候区划和同等级城市所对应的人均用地标准确定城市建设用地规模。

9.4.3 坚持用地结构调整与社会经济发展相适应导向

控制工业用地增加,适度增加城市居住用地,逐步减少农村居住用地,合理控制交通用地增长。坚持最严格的耕地保护制度,确保耕地保有量和基本农田保护面积不减少、质量有提高。禁止擅自改变基本农田用途和位置。积极探索重大建设项目补充耕地省域内统筹办法和耕地占补平衡市场化方式。严格林地用途管制,控制林地转为建设用地,保护优质林地。

9.4.4 改革完善土地供应管理制度

进一步完善土地征收制度、工业用地招拍挂制度,积极探索农村宅基地空间置换和工业存量用地盘活机制,促进土地节约集约利用。建立土地市场化配置机制和城乡统一的建设用地市场,逐步推行和建立城市建设用地集中供应、土地使用权公开交易及专项检查制度,推进农村建设用地分类管理、分方式供应改革。

9.5 人口政策

9.5.1 实施差异化的人口迁移政策

优化开发区域不断优化外来人口落户制度,适度控制外来人口落户规模,优化外来人口结构。重点开发区域实施积极的人口迁入政策,加强人才集聚和吸纳能力建设,放宽户口迁移限制,鼓励外来人口迁入和定居,加大外来人口市民化力度。限制开发区域重点发展以县城为主要载体的城镇化,大力发展就地城镇化,促进乡村人口向城镇转移,不断优化村镇聚落体系,不断提高城乡人口基本公共服务水平。禁止开发区域实施积极的人口迁出政策,加强技能培训和搬迁补贴等保障和激励政策。促进形成人口与经济、资源环境承载力分布相协调和有序流动的空间格局。

9.5.2 实施积极的人口增长和配套政策

坚持全国人口生育政策一盘棋,积极克服人口自然增长率持续下滑和老龄化日趋严重问题。在继续推行"三孩"生育政策下,尽快全面放开人口生育,加强生育补贴等红利释放力度,采取生育、养育、教育、住房、就业、养老等政策的系统化设计和推进,降低生育养育和教育成本,激发生育意愿。有条件地区采取更多优惠激励配套政策,促进人口合理增长。

9.6 双碳政策

9.6.1 实行适度区别的环境标准

在"绿水青山就是金山银山"生态文明思想指引下,各类主体功能区都应执行严格的环境标准,但考虑各地环境容量和发展阶段的不同,在环境标准上应适度区别。其中,优化开发区域严格贯彻执行国家限制和淘汰落后生产能力、工艺的规定和产品目录,严格控制高耗能、高污染或产能过剩的行业。重点开发区域按照国内先进水平,根据环境容量执行较高的产业准入环境标准,适度承接优化开发区域产业转移,按照行业清洁生产标准审批新建项目。农产品主产区按照保护和恢复地力的要求设置产业准入环境标准。重点生态功能区按照生态功能恢复和保育原则设置产业准入环境标准。禁止开发区域制定和执行最为严格的按强制保护原则设置的产业准入环境标准。

9.6.2 建立完善的碳核算标准体系

在国家建立起统一的碳核算标准体系之前,各省首先在本省内统一核算体系。尽快建立碳核算方法、核算参数、核算领域范畴、核算数据等系列标准。全省对各主体功能区按照统一的碳核算标准进行核算,建立标准的碳核算数据库,发布权威性碳核算报告。建立完善碳核算违法违纪行为防范机制,强化碳核查有效监督机制。加大数据造假惩罚力度,严肃查处企业碳核查违法违规行为。

9.6.3 建立统一的碳排放权交易市场

碳排放权交易是促进各类主体功能区协调发展的重要抓手,可以实现区域碳排放总量控制和有利于碳达峰控制,可以发挥限制开发区域和禁止开发区域的碳汇优势，是实现生态产品价值转换为经济价值和生态补偿的主要渠道。为保证公平公正交易，省域层面应基于前述碳核算标准，建立统一的碳排放权交易市场，制定碳排放权交易最低指导价制度和具体交易规则，加大碳排放权交易后的碳排放核算监管，保证碳排放总量控制。

9.7 本章小结

本章主要研究了省域主体功能区建设所需的区域政策体系。区域政策体系应包括财政、投资、土地、产业、人口、双碳等政策，各类政策相互关联配合，形成同向发力的政策体系，政策的制定和实施更需要国家和地方以及各部门之间的密切协作。区域政策既要有省域层面不分主体功能区类型的通行政策，更要有针对不同类型主体功能区的差别有度的区域政策。区域政策要根据主体功能区建设成效的评估结果实施动态调整。区域政策的实施也绝非一朝一夕就能见效，各地在推动主体功能区建设中要有"久久为功"的定力，通过区域政策实施最终必能实现人口、经济与资源环境承载力分布相协调的主体功能区格局。

第10章 主体功能区建设监测评估

主体功能区战略是我国塑造国土空间格局的重大长期战略,主体功能区建设是一项持久的系统工程,建设成效如何、国土空间格局有何变化、主体功能区政策是否需要调整等都是需要在主体功能区建设过程中予以回答和解决的问题,这就需要对主体功能区建设进行动态监测和评估。

10.1 监测评估内涵与意义

10.1.1 监测评估内涵

主体功能区建设监测评估包括监测和评估两部分内容。顾名思义,监测就是对事物发展变化特征值的动态测定与趋势监督,评估就是对事物状态的评价。主体功能区建设监测是对主体功能区的特征趋势等进行监视和测量,是动态掌控主体功能区运行状态的基础;主体功能区建设评估是对特定时点主体功能区建设状态与预期设定目标吻合程度的评判,是评估主体功能区建设实施效果和效益的基础(李军等,2013)。主体功能区建设监测与评估之间是既有区别又相辅相成的关系。其中,监测是进行评估的重要支撑和基础,评估是指导修正监测的重要依据。

10.1.2 监测评估意义

1) 动态掌控省域主体功能区建设运行状态

主体功能区建设监测是推动主体功能区战略实施的一个重要环节。通过监测,可以及时跟踪主体功能区建设进度,发现建设过程中存在的问题,便于及时总结建设经验和查找问题原因,为推进主体功能区建设采取适时调整策略提供依据。通过监测不同类型主体功能区表征指标的变化,能够准确了解省域主体功能区的动态演化过程以及未来趋势,从而动态掌控省域主体功能区运行状态(余瑞林等,2018)。

2) 科学评估省域主体功能区建设成果效益

主体功能区建设评估可以综合判断主体功能区建设现状与预期目标的吻合程度,是对主体功能区建设成效的全面评价和检验。通过评估和政绩考核的结合,能够更好地指导政府采取针对性措施改进方式方法,更好地推进主体功能区建设。主体功能区建设监测与评估能够为建设指标的完成提供指引,有利于提高建设效率和科学性,督促地方政府按照主体功能区战略要求来制定社会经济发展方略,引导和约束国土空间规划和发展规划的编制实施。

3) 是科学管理国土空间开发与保护的依据

通过开展主体功能区建设监测评估,可以较为全面地获取国土空间自然、人文、经济、社会等全要素数据。将这些数据进行汇总、分类、入库,能为各级政府开展国土空间管理工作提供丰富的基础数据,并通过不断的监测评估更新数据库,为国土空间规划的科学编制、实施和管理提供重要依据,有利于科学推动国土空间开发和保护。

10.2 监测评估类型与内容

借鉴《地理国情监测内容指南》《资源环境承载能力监测预警技术方法(试行)》《城市总体规划实施评估办法(试行)》等,考虑省域主体功能区建设以县级行政区为基本单元的客观事实,著者认为主体功能区建设监测评估应分成县级单元的基础监测评估、专项监测评估、总体绩效监测评估三大类型(表10-1)。

其中,基础监测评估主要从主体功能区划指标体系入手,按照一定时间周期进行全方位监测,为主体功能区划的调整提供科学依据;专项监测评估是针对不同类型主体功能区,选取特定的监测评估指标,按照动态化、常态化要求进行跟踪监测评估,以及时发现主体功能区建设过程中存在的问题,并提出相应解决对策;总体绩效监测评估是根据主体功能区建设的目的,从区域基本公共服务均等化、开发强度控制等方面,监测评估主体功能区建设的总体成效。

表 10-1 主体功能区建设监测评估类型与侧重点

监测评估类型	基础监测评估	专项监测评估	总体绩效监测评估
监测评估对象	县级行政区	各类主体功能区	省域所有主体功能区
监测评估目的	为主体功能区划调整提供依据	及时发现建设中的问题	总体评价建设绩效,优化建设方略
监测评估内容	主体功能区划指标	各类功能区特定指标	基本公共服务均等化、开发强度控制
监测评估周期	5年	1年	5年

10.3 监测评估依据

省域主体功能区建设监测评估要以国家或行业发布的法律法规、规范和技术标准为依据。目前,虽然没有专门的主体功能区建设监测评估规范或标准,但下列文件可为省域主体功能区建设监测评价提供参考依据:

① 省主体功能区规划;
② 省国土空间总体规划;
③《省级主体功能区划分技术规程(试行)》;
④《地理国情监测内容指南》;
⑤《资源环境承载能力监测预警技术方法(试行)》;
⑥《城市总体规划实施评估办法(试行)》。

10.4 监测评估单元与数据来源

10.4.1 监测评估单元选择

由于各省差异,省域主体功能区划的基本单元以县级单元为主体,但并不完全一致,个别省区还包括乡镇单元。为保证监测评估发挥实际效用,并考虑监测评估指标的动态可比性与数据的可获得性,著者认为主体功能区建设监测评估单元应保持与省域主体功能区划单元相一致。

10.4.2 监测评估数据来源

主体功能区建设涉及面广,区划工作涵盖面多,监测评估内容和指标也是包罗万象。因此,监测评估的数据来源渠道广泛,主要数据有省域及各县市地理国情普查数据、土地调查数据、人口普查数据、经济普查数据、基础地理信息数据、主体功能区划专题数据、各行业统计数据以及遥感影像解译提取的数据。

10.5 监测评估指标体系与指标算法

10.5.1 监测评估指标选取原则

1) 体现主体功能区核心功能

划分主体功能区的初衷是区域因地制宜地差别化发展,区域差异化发展的目标决定了主体功能区监测评估必须分门别类进行。因此在选取主体功能区监测评估指标或确定指标权重时,必须充分体现不同区域的主体功能。

2) 满足监测评估的可操作性

主体功能区本身是地理区域的发展,主体功能区建设监测评估必然是可空间化表达的,即要求指标具有可获取性、可空间化处理、可空间化表达等方面的可操作性。受各方面因素的影响,某些对主体功能区监测评估有意义的指标,在指标不具有可操作性时就应舍弃,或用其他相关指标作为替代。指标选择必须满足监测评估工作的需要,并且能够根据实际情况进行调整。

3) 综合性与独立性相结合

在监测评价指标选择时既要考虑综合性指标,也要考虑独立性较强的指标。独立性指标用于监测评估区域某方面的特征,综合性指标用于监测评估区域总体情况。

10.5.2 基础监测评估指标体系与指标算法

基础监测评估针对的是主体功能区划的基本单元。在实践中,监测评估指标体系应依据《省级主体功能区划分技术规程(试行)》(表10-2)或省级国土空间规划确定主体功能区划分时所采用的指标体系,各指标算法见本书第6.4节。

表 10-2 省域主体功能区建设基础监测评估指标体系

指标项	监测评估指标
可利用土地资源	人均可利用土地资源
可利用水资源	人均可利用水资源潜力
环境容量	大气环境容量、水环境容量
生态系统脆弱性	脆弱性指数
生态重要性	重要性
自然灾害危险性	危险性
人口集聚度	人口集聚度
经济发展水平	经济发展水平
交通优势度	交通优势度

10.5.3 专项监测评估指标体系与指标算法

1) 专项监测评估指标体系

主体功能区专项监测主要针对不同主体功能区的定位差异,根据其发展重点和限制要求的不同,选取针对性指标,监测各类主体功能区的建设进展和绩效,具体监测评估指标见表 10-3。

表 10-3 省域主体功能区建设专项监测评估指标体系

类型	主体功能	考核重点	监测评估指标
优化开发区域	国家发展的领头羊,体现国家竞争力和参与国际竞争	经济增长、产业结构、社会发展、环境质量	GDP、人均GDP、城市居民人均可支配收入、第三产业比重、高新技术产业比重、出口依赖度、建成区人口密度*、城镇化率、工业用地利用效率、空气质量优良天数比率、万元GDP能耗*、单位工业产值工业废气排放量*、单位工业产值工业废水排放量*、工业固体废物综合利用率
重点开发区域	集聚大规模人口和经济,带动区域经济发展	经济增长、吸纳人口、质量效益、产业结构、资源消耗、环境保护	GDP、人均GDP、GDP增长率、全社会劳动生产率、外来人口规模、城镇化率、非农产业就业比重、非农产业增加值比重、万元GDP能耗*、单位工业产值用电量*、单位工业废水排放量*、单位工业废气排放量*、工业固体废物综合利用率*、建设用地利用效率

续表

类型	主体功能	考核重点	监测评估指标
农产品主产区	生产农产品，保障粮食安全	耕地保护、粮食生产、公共服务水平、人口转移	耕地保有量、有效灌溉面积比重、粮食总产、粮食单产、基础教育生师比、千人医疗机构床位数、千人医疗机构医护人员数、公路网密度、农村居民人均纯收入、城镇化率、财政转移规模
重点生态功能区	提供生态产品，保障生态安全	生态保护、生态修复、灾害防治、公共服务、人口转移	森林覆盖率、生物多样性指数、人口转移规模、生物多样性指数、财政转移规模、基础教育生师比、千人医疗机构床位数、千人医疗机构医护人员数、公路网密度、农村居民人均纯收入
禁止开发区域	保护自然、历史等遗产多样性	各类禁止开发区的保护完整性	生态红线、历史文化遗产保护紫线保护面积、财政投入规模

注：右上方标注*的指标为逆向指标，即按照主体功能区应逐年降低。

2）部分指标算法

按照易获得性和监测简便性原则，表10-3中的大部分监测指标可以直接取自省市统计年鉴（如 GDP、人均 GDP、城市居民人均可支配收入、农村居民人均纯收入、万元 GDP 能耗等）、环境质量公报（如空气质量优良天数比率、森林覆盖率等）等官方数据，无须另行测算。还有部分指标要通过来自统计年鉴的原始数据进行简要换算，其中：

$$[高新技术产业比重]=[高新技术产业增加值]/GDP \times 100\% \quad (10-1)$$

$$[出口依赖度]=[出口总额(人民币)]/GDP \times 100\% \quad (10-2)$$

$$[人口密度]=[常住人口数]/[国土面积] \quad (10-3)$$

$$[工业用地利用效率]=[工业总产值]/[工业用地面积] \quad (10-4)$$

$$[单位工业产值工业废气排放量]=[工业废气排放量]/[工业总产值] \quad (10-5)$$

$$[单位工业产值工业废水排放量]=[工业废水排放量]/[工业总产值] \quad (10-6)$$

$$[工业固体废物综合利用率]=[工业固体废物利用量]/[工业固体废物排放量] \quad (10-7)$$

$$[全社会劳动生产率]=[GDP 增加值]/[全社会从业人员数] \quad (10-8)$$

$$[外来人口规模]=[常住人口数]-[户籍人口数]+[本年度迁入户口人数] \quad (10-9)$$

$$[建设用地利用效率]=[二、三产业增加值]/[建设用地面积] \quad (10-10)$$

$$[有效灌溉面积比重]=[有效灌溉面积]/[耕地面积] \quad (10-11)$$

$$[基础教育生师比]=[基础教育学生数]/[基础教育学校教师数] \quad (10-12)$$

$$[千人医疗机构床位数]=[各类医疗机构床位数]/[常住人口数(千人)] \quad (10-13)$$

$$[千人医疗机构医护人员数]=[各类医疗机构医生和护士总数]/[常住人口数(千人)]$$
$$(10-14)$$

$$[公路网密度]=[各级公路总里程]/[国土面积] \quad (10-15)$$

$$[生物多样性指数]=[生物物种数]/[全省生物物种数] \quad (10-16)$$

$$[人口转移规模]=[上年常住人口数]-[本年常住人口数] \quad (10-17)$$

$$[财政转移规模]=[中央、省市各级财政转入规模] \quad (10-18)$$

10.5.4 总体绩效监测评估指标体系与指标算法

1) 总体绩效监测评估指标体系

主体功能区规划实施的目的在于规范空间开发秩序,控制开发强度,形成合理的国土开发空间格局,以基本公共服务均等化促进区域协调发展。因此,其总体绩效监测评估主要突出开发强度和基本公共服务均等化水平监测。监测评估指标体系见表10-4。

表10-4 省域主体功能区建设总体绩效监测评估指标体系

指标项	监测评估指标
开发强度	开发强度
基本公共服务均等化指数	基础教育均等化指数:生均教育经费支出、基础教育学校生师比、高等教育毛入学率*
	医疗服务均等化指数:千人医疗机构床位数、千人医疗机构医护人员数、医疗机构医护比*
	交通设施均等化指数:公路网密度、高等级公路占比*

注:右上方标注*的指标超出基本公共服务范畴,发达省区监测评估使用,其他省区选择性参考使用。

2) 监测评估指标算法

表10-4中基础教育学校生师比、千人医疗机构床位数、千人医疗机构医护人员数、公路网密度等指标算法同10.5.3节专项监测评估中相同指标算法,高等教育毛入学率取自统计年鉴。其他指标算法为:

$$[开发强度] = [建设用地面积]/[国土面积] \times 100\% \qquad (10-19)$$

$$[生均教育经费支出] = [财政基础教育经费投入]/[基础教育学生数] \quad (10-20)$$

$$[医疗机构医护比] = [医疗机构医生数]/[护士数] \qquad (10-21)$$

$$[高等级公路占比] = [二级以上公路里程]/[公路总里程] \qquad (10-22)$$

$$\times\times 均等化指数 = CV(\times\times) \qquad (10-23)$$

$\times\times$代表基本公共服务、基础教育、医疗服务、交通设施等，CV为变异系数，即：

$$CV = S/\bar{x} \qquad (10-24)$$

式中，S为x的方差，$\bar{x}$为x的算术平均值，x代表基本公共服务水平、基础教育水平、医疗服务水平、交通设施水平。

基本公共服务水平、基础教育水平、医疗服务水平和交通设施水平分别由对应的指标按照加权求和法求得，指标权重按照层次分析法求得。

10.6 监测评估方法

10.6.1 基础与专项监测评估方法

主体功能区基础监测评估和专项监测评估主要采用列表对比方法（表10-5），把监测评估年份指标与基期指标进行对比，结合主体功能区定位及其对指标的要求，判断指标变化趋势和状态，根据分析做出监测评估或预警结论，从而确定建设成效和建设状态。

表10-5 省域主体功能区专项监测评估列表对比法（示例）

地名	主体功能区类型	监测评估指标	监测评估期	基期	变化趋势	建设状态
某区	优化开发区域	高新技术产业占比	T1	T0	↑	符合预期
		万元GDP能耗	T1	T0	↑	违背预期
		……	T1	T0	……	……
某市	重点开发区域	城镇化率	T1	T0	↑	符合预期
		GDP	T1	T0	↓	违背预期
		……	T1	T0	……	……

第10章 主体功能区建设监测评估

续表

地名	主体功能区类型	监测评估指标	监测评估期	基期	变化趋势	建设状态
某县	农产品主产区	耕地保有量	T1	T0	↑	符合预期
		基础教育生师比	T1	T0	↓	违背预期
		……	T1	T0	……	……
某县	重点生态功能区	森林覆盖率	T1	T0	↑	符合预期
		生物多样性指数	T1	T0	↓	违背预期
		……	T1	T0	……	……
某自然保护区	禁止开发区域	财政投入规模	T1	T0	↓	违背预期
		保护区面积	T1	T0	—	符合预期

10.6.2 总体绩效监测评估方法

总体绩效监测评估虽然也采取对比方法，但需要明确具体的变化临界值范围，从而给出监测评估结论。其中，开发强度标准应是全省开发强度增长率低于GDP增长率，如高于GDP增长率则可认定为全省主体功能区建设开发强度未达到预期目标。

总体绩效监测评估的另一项指标是基本公共服务均等化，该指标预期目标是使得不同主体功能区的居民都应享有大致相当而非绝对相同的基本公共服务。因此如第10.5.4节所述，采用变异系数衡量均等化程度，并根据CV取值范围确定均等化等级（表10-6），结合CV取值及其变化趋势的组合关系，确定主体功能区建设的总体绩效与目标的吻合度，并相应发布监测预警信息。基本公共服务均等化监测评估目标吻合度和预警标准见表10-7。

表10-6 基本公共服务均等化等级判别标准

CV值	[0,0.2)	[0.2,0.4)	[0.4,0.6)	[0.6,0.8)	[0.8,1.0]
均等化等级	高	较高	中等	较低	低

表 10-7　基本公共服务均等化目标吻合度与监测预警标准

标准	目标吻合度标准		监测预警标准		
CV	CV变小	CV变大	CV变小	CV变大	
				降级	不降级
CV<0.6	吻合	基本吻合	无预警	橙色预警	黄色预警
CV≥0.6	基本吻合	不吻合	橙色预警	红色预警	红色预警

10.7　本章小结

本章主要研究了省域主体功能区建设监测评估的类型、内容、指标体系和方法。监测评估是主体功能区建设中的一个重要环节，也是持续推动主体功能区战略实施，促进国土空间规划与主体功能区建设有效衔接的重要手段。主体功能区建设监测评估按照不同的目的，应分为用于指导主体功能区划调整的基础监测评估、用于及时发现各类主体功能区建设中存在问题的专项监测评估、用于反映全省主体功能区建设成效的总体绩效监测评估等三类。各类监测评估侧重点不同，监测评估的指标体系也必然存在差异。监测评估指标选择应坚持简便易操作、内涵指向明确、数据权威且易得等原则。列表比较和标准参照法是主体功能区监测评估的主要方法。因为主体功能区建设是一个长期缓慢的过程，监测评估周期应根据监测评估类型和社会经济发展形势变化科学选择，其中专项监测评估周期为1年，其他监测评估周期为5年并保持和国民经济与社会发展五年规划期限保持一致，体现国土空间规划与发展规划的协调。

参考文献

Albrechts L, Healey P, Kunzmann K R, 2003. Strategic spatial planning and regional governance in Europe[J]. Journal of the American Planning Association, 69(2): 113-129.

Amdam R, 2002. Sectoral versus territorial regional planning and development in Norway[J]. European Planning Studies, 10(1): 99-111.

Anon, 2001. Spatial planning and multi-level governance: An international perspective[J]. International Planning Studies, 6(2): 115-116.

Archibugi F, 1993. Ecological equilibrium and territorial planning: The Italian case [C]//The Ⅶ AESOP Congress on Planning and Environment in Transforming Europe, July 14-17. Lodz, 1993.

Brenner N, 2004. Urban governance and the production of new state spaces in western Europe, 1960—2000[J]. Review of International Political Economy, 11(3): 447-488.

Brown L A, Holmes J, 1971. The delimitation of functional regions, nodal regions, and hierarchies by functional distance approaches[J]. Journal of Regional Science, 11(1): 57-72.

Cho C J, 2002. The Korean growth-management programs: Issues, problems and possible reforms[J]. Land Use Policy, 19(1): 13-27.

Conway T M, Lathrop R G, 2005. Alternative land use regulations and environmental impacts: Assessing future land use in an urbanizing watershed [J]. Landscape and Urban Planning, 71(1): 1-15.

Costanza R, Darge R, Degroot R, et al, 1997. The value of the world's ecosystem services and natural capital[J]. Nature, 387(6630): 253-260.

Daily G C, 1997. Nature's services: Societal dependence on natural ecosystems [M]. Washington, D.C.: Island Press.

Flittie E G, 1970. The delineation of a region-an alternative technique [J]. Growth and Change, 1(1): 34 – 38.

Gelli F, 2001. Planning systems in Italy within the context of new processes of 'regionalization'[J]. International Planning Studies, 6(2): 183 – 197.

Geurs K T, Van Wee B, 2004. Accessibility evaluation of land-use and transport strategies: Review and research directions[J]. Journal of Transport Geography, 12(2): 127 – 140.

Giannias D, Liargovas P, Manolas G, 2001. A method for evaluating a region's economic and environmental situation: the case of East Asian countries[J]. Journal of the Asia Pacific Economy, 6(1): 61 – 75.

Gończ E, Kistowski M, 2004. A method for environmental sustainability assessment: The case of the Polish regions[J]. Journal of Environmental Assessment Policy and Management, 6(4): 493 – 509.

Gray D, 2005. An examination of regional interaction and super-regions in Britain: An error correction model approach[J]. Regional Studies, 39(5): 619 – 632.

Guyot S, 2002. Spatial competition and the new governance framework in Mabibi (Maputaland): Implications for development[J]. Geographical Journal, 168(1): 18 – 32.

Hansen W G, 1959. How Accessibility Shapes Land Use [J]. Journal of the American Institute of Planners, 25(2): 73 – 76.

Haughton G, Counsell D, 2004. Regions and sustainable development: Regional planning matters[J]. Geographical Journal, 170(2): 135 – 145.

Johnson K P, Kort J R, 2004. 2004 Redefinition of the BEA economic areas [J]. Survey of Current Business, 11: 68 – 76.

Martin D, 2003. Extending the automated zoning procedure to reconcile incompatible zoning systems[J]. International Journal of Geographical Information Science, 17(2): 181 – 196.

Martin R C, 1979. Federal regional development programs and us problem areas[J]. Journal of Regional Science, 19(2): 157 - 169.

McConnell V, Walls M, Kopits E, 2006. Zoning, TDRs and the density of development[J]. Journal of Urban Economics, 59(3): 440 - 457.

McLoughlin P F M, 1966. Development policy-making and the geographer's regions: Comments by an economist[J]. Land Economics, 42(1): 75.

Noronha V T, Goodchild M F, 1992. Modeling interregional interaction: Implications for defining functional regions[J]. Annals of the Association of American Geographers, 82(1): 86 - 102.

Parr J B, 1987. The development of spatial structure and regional economic growth[J]. Land Economics, 63(2): 113.

Priemus H, Zonneveld W, 2004. Regional and transnational spatial planning: Problems today, perspectives for the future[J]. European Planning Studies, 12(3): 283 - 297.

Putz M, 2005. Regional governance and the role of power in strategic spatial policy making [C]// Regional Studies Association International Conference on Regional Growth Agendas, May 28 - 31, 2005. Aalborg.

Rivolin U J, Faludi A, 2005. The hidden face of European spatial planning: Innovations in governance[J]. European Planning Studies, 13(2): 195 - 215.

Sasaki K, Shibata H, 1984. Nonsurvey methods for projecting the input-output system at a small-region level: Two alternative approaches[J]. Journal of Regional Science, 24(1): 35 - 50.

Slavin R H, 1972. Identifying the major problems and issues in planning, development and control of our physical environment[J]. The Annals of Regional Science, 6(2): 86 - 95.

Tomljanovich M, Vogelsang T J, 2002. Are US regions converging? Using new econometric methods to examine old issues[J]. Empirical Economics, 27(1): 49 - 62.

Vigar G, Healey P, 1999. Territorial integration and 'plan-led' planning [J]. Planning Practice & Research, 14(2): 153 - 169.

Williams D G, 1983. Regional development as determined by alternative regional goals[J]. Growth and Change, 14(3):23-37.

包存宽,陆雍森,尚金城,等,2004. 规划环境影响评价方法及实例[M]. 北京:科学出版社.

薄文广,安虎森,李杰,2011. 主体功能区建设与区域协调发展:促进亦或冒进[J]. 中国人口·资源与环境,21(10):121-128.

操小娟,杜丹宁,2020a. 政策工具视角下的主体功能区土地政策研究[J]. 求实(6):30-41,108.

操小娟,李佳维,2020b. 主体功能区建设中农业专项转移支付的政策协同研究:基于东中西部的比较分析[J]. 软科学,34(8):30-36.

曹伟,周生路,姚鑫,等,2011. 县域主体功能分区研究:以江苏宜兴市为例[J]. 长江流域资源与环境,20(5):519-524.

曹小曙,阎小培,2003. 经济发达地区交通网络演化对通达性空间格局的影响:以广东省东莞市为例[J]. 地理研究,22(3):305-312.

陈焕珍,2013. 县域尺度主体功能区划分研究[J]. 现代城市研究,28(7):88-93.

陈佳贵,2007. 中国工业化进程报告:1995—2005年中国省域工业化水平评价与研究[M]. 北京:社会科学文献出版社.

陈磊,姜海,2019. 从土地资源优势区配置到主体功能区管理:一个国土空间治理的逻辑框架[J]. 中国土地科学,33(6):10-17.

陈雯,段学军,陈江龙,等,2004. 空间开发功能区划的方法[J]. 地理学报,59(S1):53-58.

陈雯,孙伟,段学军,等 2006. 苏州地域开发适宜性分区[J]. 地理学报,61(8):839-846.

陈潇潇,朱传耿,2006. 试论主体功能区对我国区域管理的影响[J]. 经济问题探索(12):21-25.

陈秀山,张可云,2005. 区域经济理论[M]. 北京:商务印书馆.

陈映,2016. 限制开发区域配套政策的国际经验及启示[J]. 经济体制改革(4):167-173.

陈映,张顶政,2011. 四川限制开发的农业地区配套政策探讨[J]. 农村经济(11):49-52.

陈子琦,董凯凯,张艳红,等,2022.全国重要生态功能区生物多样性保护成效区域对比评估[J].生态学报,42(13):5264-5274.

成为杰,2014.主体功能区规划"落地"问题研究:基于19个省级规划的分析[J].国家行政学院学报(1):51-58.

程克群,王晓辉,潘成荣,等,2009.安徽省推进形成主体功能区的环境政策研究[J].生态经济,25(6):41-44,51.

程岚,2014.基于主体功能区战略的转移支付制度探析[J].江西社会科学,34(1):67-71.

程烨,2001.土地利用控制与土地用途分区管制浅析[J].中国土地科学,15(4):22-25.

崔功豪,魏清泉,刘科伟,1999.区域分析与规划[M].北京:高等教育出版社.

崔功豪,王兴平,2006a.当代区域规划导论[M].南京:东南大学出版社.

崔功豪,魏清泉,刘科伟,2006b.区域分析与区域规划[M].2版.北京:高等教育出版社.

邓玲,杜黎明,2006.主体功能区建设的区域协调功能研究[J].经济学家(4):60-64.

丁四保,2009.中国主体功能区划面临的基础理论问题[J].地理科学,29(4):587-592.

丁于思,高阳,2010.重点开发区建设绩效评价指标体系研究[J].广西民族大学学报(哲学社会科学版),32(2):110-112,150.

丁芸,张昕,2007.财税政策选择与区域经济协调发展[J].经济与管理研究,28(2):21-26.

杜黎明,2006.在推进主体功能区建设中增强区域可持续发展能力[J].生态经济,22(5):320-323.

杜黎明,2007.主体功能区区划与建设:区域协调发展的新视野[M].重庆:重庆大学出版社.

杜黎明,2009.主体功能区土地政策研究[J].改革与战略,25(10):105-108.

杜黎明,2010.主体功能区配套政策体系研究[J].开发研究(1):12-16.

段学军,陈雯,2005.省域空间开发功能区划方法探讨[J].长江流域资源与环境,14(5):540-545.

樊杰,2006.基于国家"十一五"规划解析经济地理学科建设的社会需求与新命题[J].经济地理,26(4):545-550.

樊杰,2007.我国主体功能区划的科学基础[J].地理学报,62(4):339-350.

樊杰,2008."人地关系地域系统"学术思想与经济地理学[J].经济地理,28(2):177-183.

樊杰,周侃,孙威,等,2013a.人文—经济地理学在生态文明建设中的学科价值与学术创新[J].地理科学进展,32(2):147-160.

樊杰,2013b.主体功能区战略与优化国土空间开发格局[J].中国科学院院刊,28(2):193-206.

樊杰,王亚飞,汤青,等,2015a.全国资源环境承载能力监测预警(2014版)学术思路与总体技术流程[J].地理科学,35(1):1-10.

樊杰,2015b.中国主体功能区划方案[J].地理学报,70(2):186-201.

樊杰,2016.我国国土空间开发保护格局优化配置理论创新与"十三五"规划的应对策略[J].中国科学院院刊,31(1):1-12.

樊杰,2018."人地关系地域系统"是综合研究地理格局形成与演变规律的理论基石[J].地理学报,73(4):597-607.

樊杰,2019a.地域功能—结构的空间组织途径:对国土空间规划实施主体功能区战略的讨论[J].地理研究,38(10):2373-2387.

樊杰,2019b.主体功能区划技术规程[M].北京:科学出版社.

樊杰,2020a.我国"十四五"时期高质量发展的国土空间治理与区域经济布局[J].中国科学院院刊,35(7):796-805.

樊杰,2020b.资源环境承载能力和国土空间开发适宜性评价方法指南[M].北京:科学出版社.

樊杰,郭锐,2021b."十四五"时期国土空间治理的科学基础与战略举措[J].城市规划学刊,28(3):15-20.

樊杰,赵艳楠,2021b.面向现代化的中国区域发展格局:科学内涵与战略重点[J].经济地理,41(1):1-9.

樊杰,周侃,2021c.以"三区三线"深化落实主体功能区战略的理论思考与路径探索[J].中国土地科学,35(9):1-9.

方创琳,2000.区域发展规划论[M].北京:科学出版社.

方创琳,2007.区域规划与空间管治论[M].北京:商务印书馆.

封志明,潘明麒,张晶,2006.中国国土综合整治区划研究[J].自然资源学报,21(1):45-54.

冯德显,张莉,杨瑞霞,等,2008.基于人地关系理论的河南省主体功能区规划研究[J].地域研究与开发,27(1):1-5.

傅伯杰,2017.地理学:从知识、科学到决策[J].地理学报,72(11):1923-1932.

傅伯杰,王帅,张军泽,2019."分类—统筹—协作"全球加快实现SDGs的路径[J].可持续发展经济导刊(S2):21-22.

干靓,Edward J,Jepson J,等,2015.可持续发展区划:美国32个城市区划条例的评述与分析[J].城市规划学刊(1):125.

高国力,2006.美国区域和城市规划及管理的做法和对我国开展主体功能区划的启示[J].中国发展观察(11):52-54.

高国力,2007.如何认识我国主体功能区划及其内涵特征[J].中国发展观察(3):23-25.

高雁鹏,2004.试论城市发展战略规划编制的理论与方法[D].长春:东北师范大学.

Man-Hyung L,Chan-Ho K,高毅存,译,2005.韩国城市与区域规划体系发展过程与特点[J].北京规划建设(5):62-64.

顾林生,2003.国外国土规划的特点和新动向[J].世界地理研究,12(1):60-70.

顾朝林,2015.多规融合的空间规划[M].北京:清华大学出版社.

顾朝林,武廷海,刘宛,2019.国土空间规划前沿[M].北京:商务印书馆.

郭培坤,王勤耕,2011.主体功能区环境政策体系构建初探[J].中国人口·资源与环境,21(S1):34-37.

郭锐,陈东,樊杰,2019.国土空间规划体系与不同层级规划间的衔接[J].地理研究,38(10):2518-2526.

郭显光,1995.一种新的综合评价方法:组合评价法[J].统计研究,12(5):56-59.

郭显光,1998.改进的熵值法及其在经济效益评价中的应用[J].系统工程理论与实践(12):98-102.

郭亚军,2002.综合评价理论与方法[M].北京:科学出版社.

国家发展改革委宏观经济研究院国土地区研究所课题组,2007.我国主体功能区划分及其分类政策初步研究[J].宏观经济研究(4):3-10.

国家行政学院进修部,2013.主体功能区建设读本[M].北京:国家行政学院出版社.

国土资源部地籍管理司,2006.全国土地利用变更调查报告2005[M].北京:中国大地出版社.

国务院发展研究中心课题组,2008.主体功能区形成机制和分类管理政策研究[M].北京:中国发展出版社.

韩青,顾朝林,袁晓辉,2011.城市总体规划与主体功能区规划管制空间研究[J].城市规划,35(10):44-50.

郝寿义,安虎森,1999.区域经济学[M].北京:经济科学出版社.

贺庆,2021.空间政治学视域下我国主体功能区规划研究[D].南京:东南大学.

洪增林,薛惠锋,2006.城市土地集约利用潜力评价指标体系[J].地球科学与环境学报,28(1):106-110.

侯景新,尹卫红,2005.区域经济分析方法[M].北京:商务印书馆.

胡坚,2005.国内外国土规划比较研究[D].重庆:重庆大学.

胡序威,2002.我国区域规划的发展态势与面临问题[J].城市规划,26(2):23-26.

胡序威,2006.中国区域规划的演变与展望[J].地理学报,61(6):585-592.

胡云锋,张云芝,戴昭鑫,等,2018.主体功能区规划实施评价与辅助决策:京津冀地区[M].北京:科学出版社.

黄杉,朱云辰,武前波,等,2017.多规融合视角下的山地丘陵地域主体功能区划研究:以丽水市为例[J].西部人居环境学刊,32(1):83-89.

黄海楠,2010.陕西省主体功能区政府绩效评价研究[J].价值工程,29(10):114-115.

黄晓燕,曹小曙,李涛,2011.海南省区域交通优势度与经济发展关系[J].地理研究,30(6):985-999.

贾康,2009.推动我国主体功能区协调发展的财税政策[J].经济学动态

(7):54-58.

贾若祥,肖金成,2006a.日本综合规划对我国规划的启示[J].宏观经济管理(11):69-71.

贾若祥,2006b.我国限制开发分类的区域政策研究[J].宏观经济管理(11):28-31.

姜安印,2007.主体功能区:区域发展理论新境界和实践新格局[J].开发研究(2):14-17.

姜广辉,付晶,谭雪晶,等,2011.北京国土空间结构与未来空间秩序研究:基于主体功能区划框架[J].中国人口·资源与环境,21(1):20-27.

姜莉,2013.主体功能区优化开发区激励机制问题研究[J].哈尔滨商业大学学报(社会科学版)(3):34-39.

金凤君,王成金,李秀伟,2008.中国区域交通优势的甄别方法及应用分析[J].地理学报,63(8):787-798.

孔雪松,刘耀林,刘殿锋,2018.地理国情综合区划体系:维度、指标与应用[J].地理与地理信息科学,34(6):1-6.

李辉,苏昌贵,魏晓,2022.省级主体功能区规划实施效果评估与政策启示:以《湖南省主体功能区规划》实施为例[J].经济地理,42(5):45-55.

李炬霖,杨华,高旭鹏,等,2022.面向国土空间规划的省级主体功能区调整优化研究:以陕西省为例[J].西北大学学报(自然科学版),52(3):423-432.

李军,胡云锋,任旺兵,等,2013.国家主体功能区空间型监测评价指标体系[J].地理研究,32(1):123-132.

李军杰,2006.确立主体功能区划分依据的基本思路:兼论划分指数的设计方案[J].中国经贸导刊(11):45-46.

李莉,左玉强,2021.省级国土空间规划传导体系构建及运行机制研究[J].上海城市规划(3):42-47.

李力,贺小飞,孙燕红,2013.基于可开发度指数的石家庄主体功能区划分评价研究[J].规划师,29(1):60-65.

李乃强,2021.基于层次分析法的重点开发区绩效评价研究[J].测绘与空间地理信息,44(8):101-105.

李涛,廖和平,潘卓,等,2015.主体功能区国土空间开发利用效率评估:以重庆市为例[J].经济地理,35(9):157-164.

李宪坡,袁开国,2007.关于主体功能区划若干问题的思考[J].现代城市研究,22(7):28-34.

李小建,2006.经济地理学[M].2版.北京:高等教育出版社.

李小建,李国平,曾刚,等,2018.经济地理学[M].3版.北京:高等教育出版社.

李旭辉,朱启贵,2017.生态主体功能区经济社会发展绩效动态综合评价[J].中央财经大学学报(7):96-105.

李旭辉,张培钰,2019.重点开发主体功能区经济社会发展绩效评价体系构建[J].统计与决策,35(22):32-36.

李影,李宝林,祁佳丽,等,2022.国家重点功能区转移支付对生态系统格局变化的县域对比分析[J].生态学报,42(11):4369-4378.

李振京,冯冰,郭冠男,2007.主体功能区建设的理论、实践综述[J].中国经贸导刊(7):18-20.

廖晓慧,李松森,2016.完善主体功能区生态补偿财政转移支付制度研究[J].经济纵横(1):108-113.

林炳耀,1994.论市县域规划模式的变革[J].地理科学,14(1):90-97.

林航,2005.吉林省空间规划方法研究[D].长春:东北师范大学.

林坚,宋萌,张安琪,2018.国土空间规划功能定位与实施分析[J].中国土地(1):15-17.

林锦耀,黎夏,2014.基于空间自相关的东莞市主体功能区划分[J].地理研究,33(2):349-357.

刘闯,2004.中尺度对地观测系统支持下中国综合自然地理区划新方法论研究[J].地理科学进展(6):1-9.

刘传明,曾菊新,2005.对完善县域规划体系的探讨[J].城市规划,29(1):36-39.

刘传明,李伯华,曾菊新,2007.湖北省主体功能区划方法探讨[J].地理与地理信息科学,23(3):64-68.

刘传明,曾菊新,2009.区域空间供需模型与空间结构优化途径选择:功能区建设的科学基础[J].经济地理,29(1):26-30.

刘传明,卢中辉,2012.主体功能区规划驱动下的城市规划转型[J].规划师,28(8):13-17.

刘和涛,田玲玲,章小慧,2019.基于地理国情普查数据的主体功能区实施评估[J].规划师,35(S3):23-28.

刘建文,周玉科,梁娟珠,2018.基于自组织映射的北京主体功能区识别研究[J].测绘与空间地理信息,41(3):53-56.

刘军会,傅小锋,2005.关于中国可持续发展综合区划方法的探讨[J].中国人口·资源与环境,15(4):11-16.

刘金花,郑新奇,2013.基于改进生态足迹模型的市域主体功能区划[J].农业工程学报,29(13):226-236.

刘黎明,Rim SangKyu,2004.韩国的土地利用规划体系和农村综合开发规划[J].经济地理,24(3):383-386.

刘卫东,樊杰,周成虎,等,2003.中国西部开发重点区域规划前期研究[M].北京:商务印书馆.

刘卫东,陆大道,2005.新时期我国区域空间规划的方法论探讨:以"西部开发重点区域规划前期研究"为例[J].地理学报,60(6):894-902.

刘贤腾,2007.空间可达性研究综述[J].城市交通,5(6):36-43.

刘彦随,2020.现代人地关系与人地系统科学[J].地理科学,40(8):1221-1234.

刘燕华,郑度,葛全胜,等,2005.关于开展中国综合区划研究若干问题的认识[J].地理研究,24(3):321-329.

刘洋,2009.主体功能区规划的编制思路和方法初探[C]//中国城市规划学会.城市规划和科学发展:2009中国城市规划年会论文集.天津:天津科学技术出版社:303-313.

刘玉,2007a.中国区域政策[M].北京:经济日报出版社.

刘玉,2007b.主体功能区建设的区域效应与实施建议[J].宏观经济管理(9):16-19.

刘钰琪,邓永旺,王银,等,2020.吉林省主体功能区划分及配套政策研究[J].规划师,36(S2):30-35.

刘元春,廖舒萍,2004.新贸易理论:缘起及其发展逻辑[J].教学与研究

(4):35-42.

鲁的苗,朱晓东,吴成建,2018.武汉市主体功能区划细分研究[J].环境保护科学,44(1):48-55.

陆大道,1989.空间结构理论与区域发展[J].科学,41(2):108-111,159.

陆大道,1995.区域发展及其空间结构[M].北京:科学出版社.

陆大道,郭来喜,1998.地理学的研究核心:人地关系地域系统:论吴传钧院士的地理学思想与学术贡献[J].地理学报,53(2):97-105.

陆大道,2001.论区域的最佳结构与最佳发展:提出"点—轴"系统和"T"型结构以来的回顾与再分析[J].地理学报,56(2):127-135.

陆大道,2002.关于地理学的"人-地系统"理论研究[J].地理研究,21(2):135-145.

陆大道,樊杰,刘卫东,等,2011.中国地域空间、功能及其发展[M].北京:中国大地出版社.

陆锋,陈洁,2008.武汉城市圈城市区位与可达性分析[J].地理科学进展,27(4):68-74.

陆玉麒,1998.区域发展中的空间结构研究[M].南京:南京师范大学出版社.

陆玉麒,2002a.区域双核结构模式的形成机理[J].地理学报,57(1):85-95.

陆玉麒,2002b.中国区域空间结构研究的回顾与展望[J].地理科学进展,21(5):468-476.

陆玉麒,林康,张莉,2007.市域空间发展类型区划分的方法探讨:以江苏省仪征市为例[J].地理学报,62(4):351-363.

陆玉麒,2021.中国空间格局的规律认知与理论提炼[J].地理学报,76(12):2885-2897.

路征,杨荣,2007.主体功能区建设:财政转移支付必须转化成实际投资和消费[J].商场现代化(5):355.

罗静,曾菊新,2003.空间稀缺性:公共政策地理研究的一个视角[J].经济地理,23(6):722-725.

罗伟玲,王艳阳,张恒,2020.基于多源数据的主体功能区划分方法:以广州市为例[J].热带地理,40(1):110-118.

罗彦,蒋国翔,陈少杰,等,2022.基于"双评价"和主体功能区优化的国土空间规划探索[J].城市规划,46(1):7-17,52.

马海滨,2009.推进主体功能区建设的财政政策探讨:以河南省为例[J].河南社会科学,17(3):204-206.

马金强,马行云,2017.农产品主产区支持政策设计[J].中国经贸导刊(理论版)(35):27-28.

马利邦,牛叔文,石培基,等,2015.天水市国土空间功能区划与未来空间发展格局:基于主体功能区划框架[J].经济地理,35(6):68-77.

马林兵,曹小曙,2008.一种启发式A算法和网格划分的空间可达性计算方法[J].地理研究,27(1):93-99.

马涛,谭乃榕,王昊,2020."双评价"中主体功能分解与传导的理论机制[J].开发研究(4):11-19.

麦克哈格,2006.设计结合自然[M].芮经纬,译.天津:天津大学出版社.

毛汉英,余丹林,2001.区域承载力定量研究方法探讨[J].地球科学进展,16(4):549-555.

孟宝,邓伟,彭立,2019.基于地理学的空间认识及中国国土空间功能优化方向分析[J].生态经济,35(9):170-176.

孟召宜,朱传耿,渠爱雪,2007.主体功能区管治思路研究[J].经济问题探索(9):9-14.

米文宝,杨美玲,米楠,等,2016.宁夏回族聚居限制开发生态区区域发展机理与模式研究[M].银川:宁夏人民出版社.

倪绍祥,1994.中国综合自然地理区划新探[J].南京大学学报(自然科学版),30(4):706-714.

宁越敏,2003.国外大都市区规划体系评述[J].世界地理研究,12(1):36-43.

牛雄,2009.主体功能区构建的人口政策研究[J].改革与战略,25(4):42-47.

欧名豪,2001.土地用途分区体系探讨[J].南京农业大学学报,24(3):111-115.

欧阳慧,2008.推进形成主体功能区的人口迁移政策[J].宏观经济管理(6):47-49.

潘海霞,赵民,2020.关于国土空间规划体系建构的若干辨析及技术难点探讨[J].城市规划学科(1):17-22.

潘贤君,胡宝清,1997.区域自然资源综合区划的方法探讨:以大连地区陆域自然资源综合区划为例[J].海洋地质与第四纪地质,17(3):93-100.

佩鲁,1987.新发展观[M].张宁,丰子义,译.北京:华夏出版社.

乔家君,2004.改进的熵值法在河南省可持续发展能力评估中的应用[J].资源科学,26(1):113-119.

秦岭,2010.区域经济学理论与主体功能区规划[J].江汉论坛(4):10-13.

秦明周,陈云增,2000.土地利用分类及其用途管制研究[J].河南大学学报(自然科学版),30(4):58-60.

清华大学中国发展规划研究中心课题组,2009.中国主体功能区政策研究[M].北京:经济科学出版社.

丘水林,靳乐山,2021.生态产品价值实现:理论基础、基本逻辑与主要模式[J].农业经济(4):106-108.

曲卫东,2004.联邦德国空间规划研究[J].中国土地科学,18(2):58-64.

任唤麟,龚胜生,2008.编制主体功能区规划需具备三种视野[J].中国发展观察(10):40.

任启龙,王利,2016.基于主体功能区的辽宁省绩效考核研究[J].资源开发与市场,32(6):664-668.

任旺兵,蒲宇飞,李军,2014.全国主体功能区决策支持系统研究[M].北京:科学出版社.

尚会建,2006.区域空间规划的理论与方法研究:以仪征市为例[D].南京:南京师范大学.

盛科荣,樊杰,杨昊昌,2016.现代地域功能理论及应用研究进展与展望[J].经济地理,36(12):1-7.

盛科荣,樊杰,2018.地域功能的生成机理:基于人地关系地域系统理论的解析[J].经济地理,38(5):11-19.

司劲松,2007.主体功能区的公共投资政策需求及建议[J].宏观经济管理(8):38-40.

苏金明,傅荣华,周建斌,等,2002.统计软件SPSS系列应用实战篇[M].北京:电子工业出版社.

孙久文,2005.区域经济规划[M].北京:商务印书馆.

孙娟,崔功豪,2002.国外区域规划发展与动态[J].城市规划汇刊(2):48-50.

孙鹏,曾刚,2013.中国大都市主体功能区规划的基础理论体系构建:基于复合生态系统理论[J].开发研究(1):26-29.

孙姗姗,朱传耿,2006.论主体功能区对我国区域发展理论的创新[J].现代经济探讨(9):73-76.

孙玥,2009.完善约束激励机制 积极推进形成主体功能区[J].宏观经济管理(10):43-45,64.

谭雪晶,姜广辉,付晶,等,2011.主体功能区规划框架下国土开发强度分析:以北京市为例[J].中国土地科学,25(1):70-77.

唐常春,2011.流域主体功能区划方法与指标体系构建:以长江流域为例[J].地理研究,30(12):2173-2185.

唐常春,刘华丹,2015.长江流域主体功能区建设的政府绩效考核体系建构[J].经济地理,35(11):36-44.

唐景峰,2005.区域规划理论和方法的探讨[D].成都:四川大学.

万家佩,涂人猛,1992.试论区域发展的空间结构理论[J].江汉论坛(11):19-24.

万纤,余瑞林,余晓敏,等,2015.基于地理国情普查的主体功能区规划实施监测与评估研究[J].长江流域资源与环境,24(3):358-363.

汪劲柏,赵民,2008.论建构统一的国土及城乡空间管理框架:基于对主体功能区划、生态功能区划、空间管制区划的辨析[J].城市规划,32(12):40-48.

汪秀莲,张建平,2001.土地用途分区管制国际比较[J].中国土地科学,15(4):16-21.

王传胜,朱珊珊,樊杰,等,2012.主体功能区规划监管与评估的指标及其数据需求[J].地理科学进展,31(12):1678-1684.

王卉彤,石刚,2008.促进主体功能区规划实施的财政金融政策研究[J].生产力研究(12):40-42.

王靖,张金锁,2001.综合评价中确定权重向量的几种方法比较[J].河北工业大学学报,30(2):52-57.

王静,2001.关于我国县级土地用途管制分区类型的建议[J].中国土地科学,15(4):26-30.

王凯,2006.国家空间规划体系的建立[J].城市规划学刊(1):6-10.

王潜,韩永伟,2007.县域国土主体功能区划分及生态控制[J].环境保护(1):50-52.

王倩,2007.主体功能区绩效评价研究[J].经济纵横(13):21-23.

王强,伍世代,李永实,等,2009.福建省域主体功能区划分实践[J].地理学报,64(6):725-735.

王青云,冯朝阳,任亮,等,2018.推动主体功能区战略格局形成的投资政策研究[J].宏观经济管理(10):63-68,75.

王茹,孟雪,2012.主体功能区绩效评价的原则和指标体系[J].福建论坛(人文社会科学版)(9):40-45.

王瑞君,高士平,宇文会娟,等,2007.平泉县生态功能区划与主体功能区划研究[J].地理与地理信息科学,23(5):95-99.

王双正,要雯,2007.构建与主体功能区建设相协调的财政转移支付制度研究[J].中央财经大学学报(8):15-20.

王万茂,王群,2010.土地利用规划学[M].北京:北京师范大学出版社.

王新涛,王建军,2007.省域主体功能区划方法初探[J].北方经济(12):11-13.

王亚飞,樊杰,2019.中国主体功能区核心—边缘结构解析[J].地理学报,74(4):710-722.

王永明,马耀峰,2011.城市旅游经济与交通发展耦合协调度分析:以西安市为例[J].陕西师范大学学报(自然科学版),39(1):86-90.

王振波,方创琳,徐建刚,等,2012.淮河流域空间开发区划研究[J].地理研究,31(8):1387-1398.

魏后凯,2007.对推进形成主体功能区的冷思考[J].中国发展观察(3):28-30.

魏心镇,林亚真,1989.国土规划的理论开拓:关于地域结构的研究[J].地理学报,44(3):262-271.

魏宗财,肖荣波,唐勇,等,2012.广州市主体功能区规划管制指标体系研究[J].现代城市研究,27(6):25-31,37.

吴超,魏清泉,2003.新区域主义的发展观、方法论及其启示[J].城市规划汇刊(2):89-93.

吴传钧,侯锋,1990.国土开发整治与规划[M].南京:江苏教育出版社.

吴传钧,1991. 论地理学的研究核心:人地关系地域系统[J]. 经济地理,11(3):1-6.

吴桐,岳文泽,夏皓轩,等,2022. 国土空间规划视域下主体功能区战略优化[J]. 经济地理,42(2):11-17,73.

吴威,曹有挥,曹卫东,等,2007. 开放条件下长江三角洲区域的综合交通可达性空间格局[J]. 地理研究,26(2):391-402.

吴威,曹有挥,梁双波,等,2009. 中国铁路客运网络可达性空间格局[J]. 地理研究,28(5):1389-1400.

吴志强,1999. 德国空间规划体系及其发展动态解析[J]. 国外城市规划,14(4):2-5.

吴志强,李德华,2010. 城市规划原理[M]. 四版. 北京:中国建筑工业出版社.

武廷海,2000. 纽约大都市地区规划的历史与现状:纽约区域规划协会的探索[J]. 国外城市规划,15(2):3-7.

相伟,樊杰,2006. 新时期区域综合规划中的"协调"问题初探:基于京津冀都市圈区域综合规划的思考[J]. 重庆建筑大学学报,28(6):1-4.

徐保根,张复明,郭文炯,2002. 城镇体系规划中的区域开发管制区划探讨:以山西省为例[J]. 城市规划,26(6):53-56.

徐诗举,2011. 促进主体功能区建设的财政政策研究[M]. 北京:经济科学出版社.

徐诗举,2016. 对完善主体功能区差别化税收政策的建议[J]. 税务研究(9):101-104.

徐诗举,2017. 重点开发区新增建设用地指标的激励机制研究:以皖江城市带为例[J]. 铜陵学院学报,16(3):45-50.

徐伟金,2006. 关于主体功能区划有关问题探讨[J]. 浙江经济(10):17-18.

解永庆,张婷,曾鹏,2021 省级国土空间规划中主体功能区细化方法初探[J]. 城市规划,45(4):9-15,23.

许根林,施祖麟,2007. 主体功能区差别化土地政策的合理定位分析[J]. 经济体制改革(5):13-17.

许学强,周一星,宁越敏,1997. 城市地理学[M]. 北京:高等教育出版社.

阎慈琳,1998. 关于用主成分分析做综合评价的若干问题[J]. 数理统计与管理,17(2):22-25.

阎守邕,曾澜,徐枫,2002.资源环境和区域经济空间信息共享应用网络[M].北京:海洋出版社.

杨培峰,2005.城乡空间生态规划理论与方法研究[M].北京:科学出版社.

杨瑞霞,张莉,闫丽洁,等,2009.省级主体功能规划支持系统研究[J].地域研究与开发,28(1):22-26.

杨丝雨,宋云婷,王丹丹,等,2019.基于规划实施评估视角的吉林省主体功能区规划绩效评价[C]//中国城市科学研究会.2019城市发展与规划论文集.北京:中国城市出版社:39-45.

杨伟民,2007.关于推进形成主体功能区的几个问题[J].中国经贸导刊(2):23-23.

杨伟民,袁喜禄,张耕田,等,2012.实施主体功能区战略,构建高效、协调、可持续的美好家园:主体功能区战略研究总报告[J].管理世界(10):1-17,30.

杨荫凯,2006.欧盟促进地区发展的经验及对我国的启示[J].宏观经济管理(12):68-70.

杨悦,刘冬,张紫萍,等,2020.主体功能区生态环境保护政策现状与发展建议[J].环境保护,48(22):19-23.

杨悦,刘冬,徐梦佳,等,2021.国土空间开发保护新格局下的主体功能区生态环境政策研究[J].环境保护,49(22):20-26.

杨正先,韩建波,闫吉顺,等,2014.主体功能区规划中的"不确定性"与对策[J].地域研究与开发,33(3):1-4.

叶义成,柯丽华,黄德育,2006.系统综合评价技术及其应用[M].北京:冶金工业出版社.

于景元,1997.软科学研究及其方法论[J].中国软科学(6):64-71.

余瑞林,罗静,2018.基于地理国情普查的湖北省主体功能区规划实施监测[M].北京:中国经济出版社.

俞孔坚,李迪华,李海龙,2005."反规划"途径[M].北京:中国建筑工业出版社.

俞敏,李维明,高世楫,等,2020.生态产品及其价值实现的理论探析[J].发展研究(2):47-56.

袁朱,2007.国外有关主体功能区划分及其分类政策的研究与启示[J].中国发展观察(2):54-56.

岳立,郑文富,2020.新时代优化开发区绿色经济绩效评估及时空演变:基于 DDF-Global Malmquist-Luenberger 指数方法分析[J].广西财经学院学报,33(2):69-80.

曾繁盛,2008.限制开发区域的边界确定及政策支持:一个可持续发展视角[J].学习与实践(7):34-38.

曾菊新,1996.空间经济:系统与结构[M].武汉:武汉出版社.

曾菊新,刘传明,2006.构建新时期的中国区域规划体系[J].学习与实践(11):23-27.

曾咏梅,孙步忠,2020.主体功能区制度建设的合作机制[M].北京:社会科学文献出版社.

张超,杨秉赓,1991.计量地理学基础[M].2版.北京:高等教育出版社.

张广海,李雪,2007.山东省主体功能区划分研究[J].地理与地理信息科学,23(4):57-61.

张海燕,樊江文,黄麟,等,2020.中国自然资源综合区划理论研究与技术方案[J].资源科学,42(10):1870-1882.

张虹鸥,黄恕明,叶玉瑶,2007.主体功能区划实践与理论方法研讨会会议综述[J].热带地理,27(2):191-192.

张京祥,吴启焰,2001.试论新时期区域规划的编制与实施[J].经济地理,21(5):513-517.

张京祥,罗震东,2013.中国当代城乡规划思潮[M].南京:东南大学出版社.

张京祥,黄贤金,2021.国土空间规划原理[M].南京:东南大学出版社.

张可云,2005.区域经济政策[M].北京:商务印书馆.

张可云,2007.主体功能区的操作问题与解决办法[J].中国发展观察(3):26-27.

张莉,陆玉麒,2006.基于陆路交通网络的区域可达性评价:以长江三角洲为例[J].地理学报,61(12):1235-1246.

张莉,冯德显,2007.河南省主体功能区划分的主导因素研究[J].地域研究与开发,26(2):30-34.

张路路,蔡玉梅,郑新奇,等,2016.湖南省主体功能区的规划实施绩效评估研究[J].国土资源科技管理,33(3):39-45.

张沛,2006.区域规划概论[M].北京:化学工业出版社.

张弢,陈烈,慈福义,2006.国外空间规划特点及其对我国的借鉴[J].世界地理研究,15(1):56-62.

张伟,刘毅,刘洋,2005.国外空间规划研究与实践的新动向及对我国的启示[J].地理科学进展,24(3):79-90.

张文东,易轶虎,2005.复杂系统多目标综合评价方法的比较研究[J].青岛大学学报(自然科学版),18(4):85-90.

张晓瑞,宗跃光,2010.区域主体功能区规划模型、方法和应用研究:以京津地区为例[J].地理科学,30(5):728-734.

张志学,李同升,2010.基于GIS的县级尺度交通可达性研究:以陕西省为例[J].人文地理,25(1):100-104.

赵崇生,2005.国外区域规划理念初探[J].中国经贸导刊(16):50.

赵景华,李宇环,2012.国家主体功能区整体绩效评价模式研究[J].中国行政管理(12):20-24.

赵松乔,1983.中国综合自然地理区划的一个新方案[J].地理学报,38(1):1-10.

赵燕菁,2020.城规、土规与主体功能区:国家视角的国土空间规划[J].北京规划建设(3):155-158.

赵永斌,孙武,2006.土地用途分区管制在县级土地利用总体规划中的应用分析[J].云南地理环境研究,18(3):53-57.

郑度,傅小锋,1999.关于综合地理区划若干问题的探讨[J].地理科学,19(3):193-197.

郑菲,李洪庆,赵姚阳,2018.基于资源环境承载力评价的安徽省主体功能区划分研究[J].湖北农业科学,57(22):164-171.

郑文含,2005.城镇体系规划中的区域空间管制:以泰兴市为例[J].规划师,21(3):72-77.

郑涌,2011.完善转移支付制度 推进主体功能区建设[J].财政研究

(10):51-53.

中国21世纪议程管理中心,中国科学院地理科学与资源研究所,2004.可持续发展指标体系的理论与实践[M].北京:社会科学文献出版社.

钟海燕,黄宏胜,2005.国土资源空间规划体系探讨[J].广东土地科学,4(6):8-12.

周道静,徐勇,王亚飞,等,2020.国土空间格局优化中的"双评价"方法与作用[J].中国科学院院刊,35(7):814-824.

周嘉鑫,2021.政策工具视角下主体功能区自然资源政策比较分析:基于中央层面政策文本分析[J].领导科学论坛(10):21-31.

周丽旋,许振成,郭梅,2010.基于主体功能区战略的差异化环境政策:以广东省为例[J].四川环境,29(1):65-69,83.

周民良,2012.主体功能区的承载能力、开发强度与环境政策[J].甘肃社会科学(1):176-179,212.

周艺,王世新,朱金峰,2018.主体功能区遥感监测方法与应用[M].北京:科学出版社.

周颖,濮励杰,张芳怡,2006.德国空间规划研究及其对我国的启示[J].长江流域资源与环境,15(4):409-414.

朱传耿,马晓冬,孟召宜,等,2007.地域主体功能区划:理论·方法·实证[M].北京:科学出版社.

朱兴平,曹荣林,2004.生态城市建设研究:以衢州市为例[J].四川环境,23(4):24-27,26.

宗仁,1998.论规划修编后的土地用途管制[J].中国土地科学,12(4):24-26.

后 记

本书是在我的博士学位论文基础上结合近 10 年教学科研探索，进行深入研究和补充完善后撰写而成的。相对于博士学位论文，本书主要更新完善的地方有：一是调整了研究思路，使得研究框架更加完整。从主体功能区建设提出，到理论基础与模型构建，再到主体功能区划、主体功能区规划与空间规划体系、实施保障政策体系和监测评估，研究内容涵盖主体功能区建设的全过程。二是结合新发展阶段、新发展理念和新发展格局，尤其是国土空间规划体系的改革对主体功能区战略实施的影响，更新了研究观点和表述。三是增补了研究内容，如第 2 章近 10 多年研究成果的梳理、第 3 章理论基础、第 7 章主体功能区规划与空间规划体系变革、第 9 章主体功能区建设区域政策体系、第 10 章主体功能区建设监测评估。全书对博士论文内容的修改幅度超过一半。

在博士论文撰写和修改成书过程中，得到众多师长好友的大力支持。衷心感谢我的导师曾菊新教授。他博学广识、思维敏捷、治学严谨、诲人不倦，并时时刻刻诠释着"学无止境"的内涵，哪怕他已退休近 10 年仍在践行"活到老学到老"。生活中的他，仿佛永远度着激情燃烧的岁月，幽默而慈祥，处处感染着我。本书和博士论文从选题、构思到最终成稿，始终得到了曾老师的悉心指导，处处浸透着老师的心血。感谢我的硕士生导师罗静教授。罗老师年富力强、锐意进取、知识渊博、胸襟宽阔、待人诚恳。是他引导我进入研究生涯，是他带领我全程参与了湖北省主体功能区规划，为论文选题和从事主体功能区研究奠定了坚实基础。

在读研究生和攻读博士学位期间，还得到了龚胜生教授、周勇教授、刘嗣明教授、吴宜进教授、蔡靖方教授、李家清教授和李家成、朱丽霞、揭毅、聂艳、张海林、程波、吴郁玲等老师的热忱指导。在此，一并表示感谢。

特别感谢我的师兄弟冯娟、余斌、付永、李星明、李伯华、李艳、刘承良、郑大为、赖华东、李映东、戴鹏、韩晶晶、梁文洁、安然、冷青、柳晓燕、高永涛、罗圆、张舟、马婧婧等。与他们的交流和课题组的团结协作是我获取进步的重要源泉

后 记

之一。

工作以来,我得到了单位领导和同事的倾力帮助。感谢城市与环境学院朱国传、黄远志、毛广雄、张云、尚正永、曹蕾、严凤莲等领导的关心厚爱,感谢所有同事的长期支持,尤其是城乡规划系各位同事,是他们的激励和交流促使我在研究上不断前行。

感谢我的父母,是他们长年在田间劳作供我读书深造,才有了本书的出版。他们那淳朴慈祥的面容和经常说的"孩子,不要太累了"是我永远前进的动力。

最后,特别感谢我的爱人孙凤梅女士。无论在读博期间还是工作以后,她都主动承担了家务和教育抚养两个宝贝千金的重任。特别是,在我全力编写成书的这个极其炎热的暑假,我自早到晚在单位,她就一人负担起整个家,辅导完这个再督促那个,两个孩子使她忙得不能停顿。面对各种困难,她任劳任怨。在此只能发自内心地说声:"谢谢爱人!遇上你终生无悔。"还要感谢我的两个宝贝女儿,是她们的欢声笑语带走了我的忧愁,是她们天真的期待眼神给我了不断前行的动力。

刘传明
2022 年 8 月 8 日于江苏淮安